本书出版获得中国社会科学院大学中央高校基本科研业务费资助支持

中国社会科学院大学文库

大众传媒与中国农民工阶层的兴起与发展

何晶 著

中国社会科学出版社

图书在版编目（CIP）数据

大众传媒与中国农民工阶层的兴起与发展 / 何晶著. 北京：中国社会科学出版社，2024.5. —（中国社会科学院大学文库）. — ISBN 978-7-5227-4122-2

Ⅰ. G206.2；D663.2

中国国家版本馆 CIP 数据核字第 202454RG92 号

出 版 人	赵剑英
责任编辑	杨 康
责任校对	王 潇
责任印制	戴 宽

出　　版	中国社会科学出版社
社　　址	北京鼓楼西大街甲 158 号
邮　　编	100720
网　　址	http：//www.csspw.cn
发 行 部	010-84083685
门 市 部	010-84029450
经　　销	新华书店及其他书店
印　　刷	北京明恒达印务有限公司
装　　订	廊坊市广阳区广增装订厂
版　　次	2024 年 5 月第 1 版
印　　次	2024 年 5 月第 1 次印刷
开　　本	710×1000　1/16
印　　张	16.75
插　　页	2
字　　数	227 千字
定　　价	96.00 元

凡购买中国社会科学出版社图书，如有质量问题请与本社营销中心联系调换
电话：010-84083683
版权所有　侵权必究

目录

CONTENTS

第一章　导言	1
第一节　研究背景	8
第二节　理论基础	16
第三节　研究问题、研究进路及方法	37
第四节　核心概念的界定	41
第五节　全书纲要	45
第二章　中国农民工阶层的兴起	47
第一节　中国农民工阶层兴起的历史过程	48
第二节　中国农民工阶层的基本状况	58
第三节　中国农民工阶层的地位和困境	63
第三章　"农民工"在大众传媒中的话语嬗变	69
第一节　"农民工"在大众传媒中的称谓嬗变	70
第二节　"农民工"在大众传媒中的形象嬗变	100

本章小结 ·························· 111

第四章　农民工阶层的媒介话语空间 ············ 114
　第一节　农民工媒介话语空间的主要形态 ········· 116
　第二节　农民工阶层在媒介话语空间的利益表达
　　　　　——基于"讨薪"报道的个案分析 ········· 128
　　本章小结 ·························· 147

第五章　新生代农民工对互联网新媒体的意义认知 ······ 149
　第一节　互联网对于广州市新生代农民工的意义 ······ 154
　第二节　互联网对于上海市新生代农民工的意义 ······ 161
　第三节　互联网对于北京市新生代农民工的意义 ······ 168
　第四节　互联网之于京、广、沪新生代农民工的意义探究 ··· 176
　　本章小结 ·························· 182

第六章　互联网使用与新生代农民工的社会发展
　　　　——基于北京市的个案研究 ·············· 183
　第一节　传播、媒介使用与发展 ··············· 183
　第二节　"互联网使用"与"新生代农民工的社会发展"
　　　　　概念的操作化 ···················· 187
　第三节　互联网使用对新生代农民工社会发展的影响 ···· 195
　　本章小结 ·························· 212

第七章　农民工阶层的媒介困境及其突破
　　　　——解决农民工问题的重要路径之一 ········· 214

第一节　解困之道：构建维护性媒介、包容性城市、
　　　　保护性社会的联结体 …………………………… 216
第二节　解困之道：农民工信息化建设 ………………… 223
本章小结 ……………………………………………………… 238

结　语 ……………………………………………………… 240

参考文献 …………………………………………………… 243

后　记 ……………………………………………………… 257

第一章　导言

　　作为一个打工仔，他就像一个机器，整天干活干活，极少跟人家交流，他每天对着那些产品，没生命的东西，沟通交流能力不行。他在一个小棚里面，是一个井底之蛙，没有与外界去沟通，去了解自己的内心，有时候就迷茫。他不知道自己的目标，所以他就是打工啊打工，一天天地过，混日子……我不是怕给你打一年的（工），我怕打一辈子的工。

——LQJ，工人，来自访谈摘录

　　在中国自改革开放以来波澜壮阔的历史转型过程中，农民工这一新兴社会阶层的出现[1]无疑是引人瞩目的大变动之一。"在世界现代化的历史上，还从未有过如此大规模的人群（数以亿计）在短时期内从农业向工商业、从乡村向城镇、从欠发达地区向发达地区流动。"[2]

　　这一历史进程也清晰地投射在中国的传媒场域之中。1979年，广东省江门市文联创刊打工杂志《江门文艺》，这本杂志在20世纪90年

---

[1] 王春光：《农民工：一个正在崛起的新工人阶层》，《学习与探索》2005年第1期。
[2] 邴正、蔡禾、洪大用等：《"转型与发展：中国社会建设四十年"笔谈》，《社会》2018年第6期。

代成为明星农民工杂志。《人民日报》1981年12月7日的文章《南湾煤矿试行两种劳动制度》报道了山西省蒲县南湾煤矿在采掘一线试用农民合同工的消息，这是"农民合同工"作为农民工在国家主流媒体的较早亮相。1985年《文艺报》发表了《引人注目的"盲流"》一文，农民工进城成为一种被赋予负面色彩的现象。1989年，在辽宁电视台的小品《办班》中，赵本山饰演的贾木匠第一次将进城务工的农民形象呈现在电视媒体上。1990年的元旦晚会上，爆红的小品《超生游击队》将为躲避计划生育政策从农村"盲流"到城市的一对农民工的愚昧、可笑与可悲刻画得淋漓尽致。1991年，一部电视剧《外来妹》迅速走红，在改革开放前沿地带务工的一群女性农民工，以其崭新的社会形象吸引了广大电视观众的眼球，也因其奋斗精神为农民工的社会评价注入积极因素。20世纪90年代中期，在全国多数纯文学期刊陷入惨淡经营之际，一本地方文学杂志《佛山文艺》却迎来其黄金时代，在全国发行量一度超过50万册，形成中国期刊界所谓"佛山现象"，全因其"打工文学"刊物的定位。不过，在短暂的繁荣之后，90年代末至21世纪初，这本杂志逐渐转向白领趣味。1999年起，农民工被欠薪见诸报端，全国媒体开始陆续报道农民工讨薪的新闻，各地的农民工讨薪事件报道层出不穷。与此同时，农民工讨薪的手段也在不断"更新"，跳楼讨薪、爬塔吊讨薪、对联讨薪、演戏讨薪、模拟新闻发布会讨薪、娃娃讨薪……不一而足，逐渐以具有新闻性、吸引传媒报道作为策略之一，农民工的讨薪事件开始与传媒报道呈现出某种隐蔽的"共谋"。也是在这一时期，每年都有恶性讨薪事件占据媒体版面。2004年7月，中国社会科学院社会学研究所发布《当代中国社会流动》报告，指出中国2.1亿农民工已作为一个新的社会阶层崛起于中国社会。2004年9月，《农民日报》发表《正视"新工人阶层"的出现》一文，文章说，《当代中国社会流动》指出的农民工阶层崛起这一现象值得重视。同年，影片《天下无贼》大火，农民工"傻根"的淳朴善良深入人心。2009年，《时代》杂志年度人物揭晓，"中国工人"成为唯一上榜群体，《时代》评价称，在金融危机肆虐全球的时期，中国经济仍在高速发展，并逐步带领全球走出金融危机的阴影，功劳首先归功于千千万万勤劳坚韧的中国工人。舆论普遍认为这里的"中国工人"就是"中国农民工"。2011年，农民工歌唱组合旭日阳刚受邀登上春晚舞台，被视为农民工被主流文化接纳的标志性事件之一。2017年，以六位打工诗人为主人公的纪录片《我的诗篇》公映，这部获得第18届上海国际电影节金爵奖最佳纪录片奖、第52届（中国）台湾电影金马奖最佳纪录片提名（2015）和最佳剪辑提名、第13届中国（广州）国际纪录片节最佳纪录片奖和最佳音效纪录片奖、中国纪录片学院奖最佳纪录电影奖等多个重要奖项的作品，透过六位打工者，"交织成一个中国深处的故事"[①]。

同时，在中国步入网络社会的进程中，农民工也成为其中的活跃人群。2014年1月发布的第33次《中国互联网络发展状况统计报告》显示，截至2013年12月，我国网民达6.18亿，其中农村外出务工人员占4.0%，即近2500万的农民工上网。2015年4月16日《工人日报》的一篇文章直接以"农民工是我国8.7亿移动互联网用户中的主力军"为题。2016—2017年的一项调查发现，手机在珠三角新生代农民工的接触比例高达96.0%，成为其最主要和最常见的媒体形式；而从媒体接触强度的调查结果来看，使用频率最高和使用时间最长的都是手机媒体。[②]过去，农民工从来没有因其对媒体的积极使用而被注意到，零散可见的讨论是关于农民工如何受媒体可接近性的限制

---

① 这是《我的诗篇》在互联网上的介绍中反复出现的一句话。
② 胡辉：《珠三角新生代农民工媒体使用影响城市融入研究》，《中国市场》2018年第2期。

而远离传统媒体。如今,他们却成为新媒体使用者中一支被重视的力量。

上述片段勾勒出一个新兴社会阶层在成长过程中的"媒介"① 轨迹。而中国农民工阶层发展壮大的历程,也恰与中国传统媒体转型和互联网新媒体兴起的媒介大变局重合。

1978年12月18—22日,党的十一届三中全会召开,以此为起点,中国新闻改革拉开序幕。② 1978年,财政部批准《人民日报》等8家中央新闻单位实行企业化管理,以此为标志,"事业单位、企业化管理"的办报模式开始取代传统的机关报模式。1979年1月4日,《天津日报》率先恢复商业广告。③ 同一天,上海电视台播出商业广告。10月1日,《人民日报》副总编辑安岗创办的《市场报》面市,由此开启了经济类报纸创办的浪潮。1980年2月15日,《北京晚报》《羊城晚报》复刊。(1982年1月1日,《新民晚报》复刊;1984年,前身为《天津晚报》的《今晚报》创刊,至此,"文革"前"四大晚报"悉数复刊。)1981年1月4日,《中国青年报》创办"星期刊",这是报纸"周末版"的先声。(日后大火的《南方周末》于1984年创刊。)1983年,首届"春晚"举行。1985年元旦,《洛阳日报》率先自办发行。1986年12月15日,广东珠江经济广播电台开始播音,并开始封闭式的信息经营活动,这是国内广播电台产业化运作的最初尝试。1988年

---

① 关于"媒介""媒体""传媒""大众传媒"等概念的辨析,详见本章第四节。
② "新闻改革"是"传媒体制改革"的通俗化表达。参见李良荣、窦锋昌《中国新闻改革40年:以市场化为中心的考察——基于〈广州日报〉的个案研究》,《新闻与传播评论》2019年第3期。李良荣认为,"按照学界、业界的共识,中国新闻改革是从党的十一届三中全会(1978年12月)开始的"。参见李良荣《当前中国新闻改革的基本特点——纪念新闻改革25周年》,《现代传播》2004年第5期。当然,从中国社会的整体转型来说,党的十一届三中全会的召开是一个具有标志性意义的时间节点。就中国新闻业的实践而言,新闻改革并不以党的十一届三中全会的召开时间严格划界。
③ 1979年1月4日《天津日报》刊登的广告以"介绍"的名义出现。所以,也有研究认为1月28日《解放日报》直接登出的商业广告是改革开放后大陆媒体刊登的第一则广告。

10月，世界著名时尚杂志《ELLE》的中文版《世界时装之苑——ELLE》出刊，此为改革开放后时尚杂志登场的开端。1990年3月14日，作为中国电视综艺娱乐节目起点的中央电视台《综艺大观》面世。1993年8月，第一本明确定位于"白领阶层"的杂志——《时尚》创刊。1993年5月1日，"东方时空"开播。1994年，第一家由媒体发起成立的股份有限公司——市广播电视东方明珠股份有限公司上市。1995年元旦，中央电视台体育频道正式开播，电视频道专业化帷幕渐开。同年，国内第一家"市民生活报"——《华西都市报》创刊，自此开启都市报的"黄金十年"。1996年，国内第一家报业集团——广州日报报业集团组建。[①] 1998年，国产贺岁片《甲方乙方》夺得中国电影票房冠军，这也是"贺岁片"第一次进入国人视野。1999年2月24日，经中宣部、新闻出版总署批准的全国第一家出版集团上海世纪出版集团成立。[②] 同年6月，全国第一家广电集团——无锡广播电视集团组建。2003年5月1日，中央电视台新闻频道试播。2005年3月被称作"中国报业的分水岭"——报业广告的月增长率同比增速呈下滑趋势，该年上半年全国报刊广告额平均仅增长7.08%，首次低于中国GDP的增幅；而此前十几年，国内报刊的广告收入平均增速高达30%以上。"报业寒冬"来临。2006年，网络报、手机报与纸质报三位一体的报纸——《青年周末》创刊，并亮明其"融合"的定位——"融合将是媒体新的服务形式"。2014年，媒体融合上升为国家战略。

在新媒体领域，1987年，手机进入中国。2001年3月，中国手机用户超过1亿，并成为全球手机用户最多的国家。中国移动和中国联

---

① 1997年1月国家新闻出版署正式批准成立。
② 出版集团1992年就开始组建试点，最早的一批包括山东出版总社、四川出版集团公司、江西出版集团。上海世纪出版集团是经中宣部、新闻出版总署批准成立的全国第一家出版集团。参见胡正荣、李煜主编《社会透镜：新中国媒介变迁六十年：1949—2009》，清华大学出版社2010年版，第290页。

通分别于 2000 年和 2002 年开始经营短信业务。2003 年 2 月 1 日，美国"哥伦比亚号"航天飞机失事，新浪网以手机短信的方式把这则新闻发送给客户，由此开创了国内手机传播新闻的先河。2009 年 1 月 7 日，工业和信息化部向移动、联通、电信三大网络服务运营商发放 3G 牌照，当年 10 月 30 日，iPhone 3G 正式登陆中国大陆，智能手机时代来临。2013 年 12 月，工信部向移动、联通、电信发放 4G 牌照。2018 年，移动电话用户达到 14.35 亿。

中国全功能接入国际互联网是在 1994 年。早在 1993 年 12 月 6 日《杭州日报》电子版就通过互联网进行了传输。1996 年 12 月 15 日，珠江经济广播电台进入互联网，成为中国第一家上网的电台。1997 年 1 月 1 日，《人民日报》网络版开通，8 月 21 日以"人民网"的品牌全新亮相。1997 年年底，网易成立。1998 年，搜狐、腾讯、新浪先后创建。1999 年元旦，央视国际网络正式运行，中央电视台成为中国第一家上网的电视台。2002 年 8 月，"博客中国"网站开通。2005 年 11 月，搜狐网推出博客频道。这一年，也是网络电视迅速发展的一年。东方网络电视、中视网络、北京网视、互联星空等相继开播。2008 年年底，中国网民数量达 2.98 亿，占全国总人口的 19.2%，互联网普及率达到 22.6%，首次超过 21.9% 的全球平均水平。2009 年新浪微博上线。2011 年微信面世。2012 年今日头条发布。2016 年抖音上线。截至 2018 年 12 月，中国网民规模达 8.29 亿，互联网普及率为 59.6%，手机网民规模达 8.17 亿，使用手机上网的网民比例达 98.6%。[1]

---

[1] 有关改革开放四十年来中国信息传媒业发展历程的概述，参见胡正荣、李煜主编《社会透镜：新中国媒介变迁六十年：1949～2009》，清华大学出版社 2010 年版；吴廷俊主编《中国新闻传播史（1978—2008）》，复旦大学出版社 2011 年版；宋守山编《传媒三十年》，南方日报出版社 2009 年版；方兴东、陈帅《中国互联网 25 年》，《现代传播（中国传媒大学学报）》2019 年第 4 期。

改革开放四十年,是传统媒体大踏步进行市场化转型、新兴媒体蓬勃发展、新老媒体逐渐走向融合的四十年。

中国农民工阶层的兴起发展历程与中国传媒的改革发展历程同步,农民工在传媒场域不断变化的符号景观不由让人思考,在农民工阶层兴起和发展的过程中,媒介扮演了怎样的角色?在改革开放以来中国社会整体转型的大背景下,传媒业的变革与社会阶层的变动具有怎样的关系?

在英国和韩国工人阶级形成的过程中,工人期刊、报纸曾经起到了形成阶级意识的作用。① 类似地,在美国、阿根廷中产阶级的形成过程中,杂志、报纸等纸质媒体也起到了构建想象中的阶级共同体的作用。② 同时,作为英美资本主义国家资产阶级相对一方的工人阶级,又经历了被主流媒体污名化、边缘化的过程,这体现了不掌握媒体资源的社会阶级所承受的来自主流阶级的媒介霸权。互联网则表现出为边缘人群构建表达空间使其声音"被听见"③,使其通过表达建立"共同社区"④ 的力量。新媒体更多地被研究者们视为农民工阶层的"助力器",在他们的城市适应与发展以及对抗资方的过程中发挥了积极作用。由是观之,媒介与阶层的关系是多向度的,特定阶层与不同类型的媒介之间的关系也是多元的。

---

① [英] E. P. 汤普森:《英国工人阶级的形成》,钱乘旦等译,译林出版社 2013 年版,第 211、835—878 页;Hagen Koo, *Korean Workers*: *The Culture and Politics of Class Formation*, Ithaca: Cornell University Press, 2001.

② Mark Liechty, *Suitably Modern*: *Making Middle - Class Culture in A New Consumer Society*, Princeton: Princeton University Press, 2003; Matthew B. Karush, *Culture of Class*: *Radio and Cinema in the Making of A Divided Argentina*, *1920 – 1946*, Durham & London: Duke University Press, 2012.

③ Ananda Mitra, "Voices of the Marginalized on the Internet: Examples from a Website for Women of South Asia", *Journal of Communication*, Vol. 54, No. 3, 2004.

④ Bharat Mehra, Cecelia Merkel and Ann Peterson Bishop, "The Internet for Empowerment of Minority and Marginalized Users", *New Media & Society*, Vol. 6, No. 6, 2004.

诚然，媒体往往既被视为再生产不平等和固化社会结构的力量，又被视为推动社会变革的力量。当我们以前一种视角来看待媒体与农民工阶层的关系时，前者对后者的话语暴力不过是中国长期存在的农民工问题在媒介场域的再现，并通过文化再生产的方式进一步强化农民工阶层的弱势地位。以后一种视角审视二者间的关系，则会令人对新媒体赋权农民工阶层、助力其改变弱势地位的可能性抱有期待。而无论上述哪一条路径，都关系到在这样一个信息社会、媒介社会中农民工阶层的生存与发展前景。因此，本书试图检视自改革开放以来中国社会有代表性的几种媒介形态与农民工阶层的关系，尤其是媒介在中国农民工阶层兴起与发展的过程中所扮演的角色，进而思考服务于农民工的中国式媒介"道路"。

第一节　研究背景

从1984年中央一号文件允许农民自备口粮进城、农民被许可进入城市务工开始，至2018年年底，中国已有近3亿农村劳动力进入城镇就业。① 这一波澜壮阔的城市化浪潮，所引起的中国社会巨变是令人瞩目的。2亿多农民进城，不仅改变了城乡面貌，加快了城市化进程，使农民可以享受经济发展带来的好处，也产生了一系列社会问题，尤其使长期以来城乡区隔的矛盾集中显现出来，农民工建设城市却不能享有与城市居民平等的就业权、居住权、社会保障权、子女受教育权等权利，身在城市却无法扎根城市，农民工对城市的需求与城市所能提供的供给差距甚大，"农民工问题"凸显。

中国的农民工问题引人注目，一方面，是因为这一庞大的群体在

---

① 2018年农民工总量为28836万人。参见国家统计局《2018年农民工监测调查报告》，http://www.stats.gov.cn/tjsj/zxfb/201904，2019年5月10日。

城市的生存境况堪忧，不仅是需要被扶持的对象群体，也因为伴随其改善生存境况所采取的对抗性行动往往被视为影响社会稳定的因素，从社会治理的角度而言，是需要政府和社会共同关注的对象。另一方面，这一群体的出现和生存现状带有道德指向。中国农民工既是社会转型的产物，也是国家发展政策的产物，说到底，是新中国成立后在人口膨胀、资源短缺的条件下追求发展工业化，导致城市持续从农村汲取资源的后果。长期以来，农村人多地少，土地生产率高而劳动生产率低，[①] 农民不得不进城谋生，因此农民工应运而生。农民工为国家做出了巨大贡献，他们为工业化和城市化提供了源源不断的廉价劳动供给。同时，作为劳动力市场的重要组成部分，农民工为改革开放以后中国民营经济的发展和腾飞奠定了坚实基础，而由民营经济推动的国家自下而上的市场转型道路也成为中国经济转型的一大特色，被视作"中国经济奇迹的谜底"[②]。但是，城乡二元户籍制度使农民工难以得到与城市人口平等的生存和发展机会，由此造成长期持续的农民工问题，也逐渐形成被社会学界称为三元社会的新型社会结构，即在城乡二元社会结构的基础上，又增加了一个处于城市社会和乡村社会之间的边缘社会，[③] 三元社会对应的主体分别为城市居民、农村居民和农民工。[④] 农村人口向城市的转移是世界各国工业化过程中的普遍现象，农民工问题产生的根源不在农民工自身，而是由历史原因导致的后果。在中国步入新的改革时期之际，关注中国农民工的生存境况和未来发展，具有不言自明的重要意义。

[①] 温铁军：《"三农"问题与制度变迁》，中国经济出版社2009年版，第9、43页。
[②] [美] 倪志伟、[德] 欧索菲：《自下而上的变革：中国的市场化转型》，阎海峰、尤树洋译，北京大学出版社2016年版，"序言"第2页。
[③] 徐明华、盛世豪、白小虎：《中国的三元社会结构与城乡一体化发展》，《经济学家》2003年第6期。
[④] 李强：《农民工与中国社会分层》（第二版），社会科学文献出版社2012年版，第388页。

学术界对于农民工的关注始于20世纪上半叶,史国衡的《昆厂劳工》是对农民工适应工厂生活的经典研究。① 20世纪80年代以来,有关农民工的研究开始持续出现,并以经济学、人口学、社会学领域的研究为主。1981年,齐管在《劳动工作》上发表《煤矿掘进的新用工形式——对平顶山矿使用农村副业队承包井下工程的调查》一文,报告了平顶山矿使用农民工的情况,② 这是国内较早关于农民工研究的学术论文。1989年,马侠出版《当代中国农村人口向城镇的大迁移》一书,这是较早的专著。这一时期,农民工研究的文献数量呈增长趋势。从2001年开始,发文数量呈爆炸式增长,2001—2010年被称为农民工研究的"黄金十年"③。自2011年开始,热度有所下降,但研究的绝对总量依然很大。可以说,自20世纪八九十年代以来,农民工研究便成为国内外学术界观察中国工业化和城市化进程的一个重要窗口。

在这一领域,国内代表性的专著有莫荣的《"民工潮"的背后:中国农民的就业问题》(1993)、龚维斌的《劳动力外出就业与农村社会变迁》(1998)、李培林主编的《农民工:中国进城农民工的经济社会分析》(2003)、崔传义的《中国农民流动观察》(2004)、李强的《农民工与中国社会分层》(2004)(该书于2012年出第2版)、谢建社的《新产业工人阶层:社会转型中的农民工》(2005)、杨思远的《中国农民工的政治经济学考察》(2005)、张国胜的《中国农民工城市化:社会成本视角的研究》(2008)、简新华与黄锟的《中国工业化和城市

---

① 邴正、蔡禾、洪大用等:《"转型与发展:中国社会建设四十年"笔谈》,《社会》2018年第6期。
② 齐管:《煤矿掘进的新用工形式——对平顶山矿使用农村副业队承包井下工程的调查》,《劳动工作》1981年第6期。很多论文中提到庄启东、张晓川、李建立发表在《计划经济研究》1982年第1期上的《关于贵州省盘江、水城矿务局使用农民工的调查报告》一文,认为其是最早关于国内农民工的调查。事实上,1981年齐管的这篇文章就是对平顶山矿务局使用农民工情况的调查,只是文章标题没有出现"农民工"。
③ 李卓、左停:《改革开放40年来中国农民工问题研究:回顾、反思与展望》,《云南社会科学》2018年第6期。

化过程中的农民工问题研究》(2008)、蔡禾等的《城市化进程中的农民工：来自珠江三角洲的研究》(2009)、宋艳的《进城农民工弱势地位改变研究：政府人力资源管理的视角》(2010) 等。2013 年起，吕途先后出版"中国新工人"研究三部曲，即《中国新工人：迷失与崛起》《中国新工人：文化与命运》(2014)、《中国新工人：女工传记》(2017)。2015 年，池子华以近代进城务工的青年女性为研究对象的专著《近代中国"打工妹"群体研究》面世。代表性的学术论文有赵树凯的《正确对待农民流动》(1993)、李培林的《流动民工的社会网络和社会地位》(1996)、王汉生等的《"浙江村"：中国农民进入城市的一种独特方式》(1997)、池子华的《中国"民工潮"的历史考察》(1998) 等。2005 年，中国学者潘毅的《中国制造：全球化工厂下的女工》(*Made in China: Women Factory Workers in a Global Workplace*) 获评美国社会学界米尔斯奖 (C. Wright Mills Award)[①] 2005 年最佳书籍。

就国外的研究而言，较早地对包括迁移问题在内的中国人口问题进行较为全面介绍与研究的著作，是 1992 年美国殷实出版社 (Plenum Press) 出版的《当代中国人口》(*The Populatioh of Modern China*)，在该书中悉尼·哥德斯太因教授 (Sidney Goldstein) 对中国的人口迁移与城市化问题做了一定的研究。1994 年，我国人口学者马侠与林肯·H. 德 (Lincoln H. Day) 合编了《中国的人口迁移与城市化》(*Migration and Urbanization in China*)。[②] 2002 年，爱尔兰学者瑞雪·墨菲 (Rachel Murphy) 出版了《农民工改变中国农村》(*How Migrant Laboris Changing Rural China*) 一书。

[①] 米尔斯奖 (C. Wright Mills Award) 是国际社会学界最有声望的图书奖之一，以美国著名社会学家 C. 赖特·米尔斯之名设立，始于 1964 年。该奖颁发给米尔斯及其致力于寻找对个体与社会间关系的精妙理解的传统之下写就的最为出色的著作。参见 https://www.sssp1.org/index.cfm/m/259/C_Wright_Mills_Award/。

[②] 有关农民工研究的更多成果参见詹玲《关于农民工问题的研究综述》，《当代经济》(下半月) 2008 年第 7 期；何爱国《中国农民工问题研究述论》，《当代中国史研究》2009 年第 4 期。

大众传媒与中国农民工阶层的兴起与发展

已有研究成果蔚为大观，从农民工进城流动的历史背景、现实影响、农民工的现实境遇、涌现的问题及治理之道等方面进行了全方位的梳理和分析，①核心议题包括农民工社会保障、农民工城市融入、新生代农民工、农民工与城市化等，主要持现代化视角、社会资本与社会网络、制度主义和社会化视角，采用了社会资本、社会排斥、社会距离、社会认同和生命历程等理论或范式。②不同学科领域对于农民工的关注，应该说涉及广泛的议题，并且问题意识很明确，以改善农民工现存处境、保障农民工权益、实现城乡协调发展为旨归。

上述关于农民工阶层的代表性研究表现出对这一群体生存发展中那些经济、社会、政治因素的关注，并且显然已取得了深入的成果，但是，对于同样重要的文化和话语面向的要素却关心甚少。正如很多研究中指出的，利益表达③是包括农民工阶层在内的弱势阶层权益维护和生存发展中至关重要的一环，那么，农民工利益表达的话语空间在哪里？表达的机制是什么？并且，回到更基础的问题上，针对农民工这样一个新兴社会阶层，其社会身份和社会形象是如何建立起来的？哪些力量形塑了公共话语空间中的农民工形象？遵循何种机制？同时，新兴媒介技术越来越表现出强有力的"赋权"和"赋技"功能以及相应的助力"发展"效用，那么，这些技术对于农民工阶层究竟具有何种意义，发挥何种作用？农民工阶层与其他社会阶层的相对关系在媒介场域何以体现？这些问题对于把握中国农民工的演变机理，探寻其发展困境的解决之道，都有其来自文化政治的独特解读路径，但在主流的农民工问题研究中，这些视角一直以来是被忽视的。

---

① 詹玲：《关于农民工问题的研究综述》，《当代经济》（下半月）2008年第7期。
② 李卓、左停：《改革开放40年来中国农民工问题研究：回顾、反思与展望》，《云南社会科学》2018年第6期。
③ 孙立平：《博弈：断裂社会的利益冲突与和谐》，社会科学文献出版社2006年版，第32页。

自 21 世纪初以来,农民工与传媒的关系开始进入新闻传播学界的研究视野,也引起了一部分社会学研究者的关注,产出了一定的有质量的成果,近年几本有代表性的专著如陶建杰的《中国新生代农民工研究:信息获取与传播的角度》①、李红艳的《观看与被看 凝视与权力——改革开放以来媒介与农民工关系研究》②、郑欣等的《进城:传播学视野下的新生代农民工》③、邱林川的《信息时代的世界工厂:新工人阶级的网络社会》④、澳大利亚华人学者孙皖宁的《底层中国:农民工、媒体和文化实践》(Subaltern China: Rural Migrants, Media, and Cultural Practices)⑤ 等,可以被看作学术界对这一议题持续关注的结果。只是由于研究还相对零散,尚未形成与其他学科对话的强有力的力量。

综观中国农民工与传媒的关系研究,已有成果主要沿三个路径展开,形成两种主要的分析框架,体现出两种研究视角。

第一,功能研究。研究媒体在农民工的城市生存中所起到的作用,如信息获取⑥、工作匹配⑦、城市融入⑧、身份认同⑨、构建社会

---

① 陶建杰:《中国新生代农民工研究:信息获取与传播的角度》,上海交通大学出版社 2016 年版。
② 李红艳:《观看与被看 凝视与权力——改革开放以来媒介与农民工关系研究》,中国言实出版社 2016 年版。
③ 郑欣等:《进城:传播学视野下的新生代农民工》,社会科学文献出版社 2018 年版。
④ 邱林川:《信息时代的世界工厂:新工人阶级的网络社会》,广西师范大学出版社 2013 年版。
⑤ Wanning Sun, *Subaltern China: Rural Migrants, Media, and Cultural Practices*, Lanham Boulder, New York, London: Rowman & Littlefield, 2014.
⑥ 陶建杰:《中国新生代农民工研究:信息获取与传播的角度》,上海交通大学出版社 2016 年版。
⑦ 何军、黄昊舒:《新媒体能给农民工带来更匹配的工作么?——基于长三角四市的调查研究》,《南京大学学报》(哲学·人文科学·社会科学) 2018 年第 5 期。
⑧ 郑欣等:《进城:传播学视野下的新生代农民工》,社会科学文献出版社 2018 年版。
⑨ 雷蔚真:《信息传播技术采纳在北京外来农民工城市融合过程中的作用探析》,《新闻与传播研究》2010 年第 2 期;Angel Lin, Avin Tong, "Mobile Cultures of Migrant Workers in Southern China: Informal Literacies in the Negotiation of (New) Social Relations of the New Working Women", *Knowledge Technology & Policy*, Vol. 21, No. 2, 2008.

身份①、建立社会关系②、获得个体自主性③等。第二,建构研究。研究报纸④、电视⑤、电影⑥等传统大众传媒对农民工的议题、形象和身份建构。第三,赋权和抗争研究。主要研究新媒体对农民工的赋权⑦及农民工借助媒体所进行的抗争行为⑧。此外,还有关于农民工话语权的研究,着眼于对农民工在大众传媒中话语缺失的审视,⑨但为数不多。

上述研究所形成的主要结论是新媒体在农民工城市化进程中发挥了积极的作用,在其城市生存和发展的若干方面都有所助益,尤其是为其赋权,使其获得了前所未有的抗争的力量,虽然这种力量也是有

---

① 杨嫚:《消费与身份构建:一项关于武汉新生代农民工手机使用的研究》,《新闻与传播研究》2011年第6期。

② 李红艳:《手机:信息交流中社会关系的建构——新生代农民工手机行为研究》,《中国青年研究》2011年第5期。

③ 丁未、宋晨:《在路上:手机与农民工自主性的获得——以西部双峰村农民工求职经历为个案》,《现代传播》2010年第9期。

④ 乔同舟、李红涛:《农民工社会处境的再现:一个弱势群体的媒体投影》,《新闻大学》2005年第4期;李艳红:《一个"差异人群"的群体素描与社会身份建构:当代城市报纸对"农民工"新闻报道的叙事分析》,《新闻与传播研究》2006年第2期;韩燕:《媒体对"农民工议题"的建构方式及趋势》,《当代传播》2006年第2期;许向东:《一个特殊群体的媒介投影——传媒再现中的"农民工"形象研究》,《国际新闻界》2009年第10期;曾润喜、刘琼:《公共议题的媒体建构与政策变迁:基于农民工媒介形象》,《现代传播(中国传媒大学学报)》2017年第4期。

⑤ 冯资荣、王桃花:《央视春晚中农民工形象的审美流变》,《当代电视》2011年第9期;李红艳:《观看与被看 凝视与权力——改革开放以来媒介与农民工关系研究》,中国言实出版社2016年版。

⑥ 于文辉、张琪、厉倩:《从城市边缘人到新市民——35年,中国电影农民工形象的变迁》,《中国工人》2014年第11期。

⑦ 邱林川:《信息时代的世界工厂:新工人阶级的网络社会》,广西师范大学出版社2013年版。

⑧ 汪建华:《互联网动员与代工厂工人集体抗争》,《开放时代》2011年第11期;Jack Qiu, "Social Media on the Picket Line", *Media, Culture & Society*, Vol. 38, No. 4, 2016; Siyuan Yin, "Alternative Forms of Media, ICTs, and Underprivileged Groups in China", *Media, Culture & Society*, Vol. 40, No. 8, 2018.

⑨ 卫凤瑾:《大众传媒与农民话语权——从农民工"跳楼秀"谈起》,《新闻与传播研究》2004年第2期;叶继红、王元元:《城市融入进程中的农民工传媒话语缺失与重构》,《重庆社会科学》2009年第10期。

限的。传统媒体对农民工及其相关议题的报道,则存在突出的问题,如体现出传播者的偏见、歧视与冷漠,[1] 高度类型化的叙事方式生产了高度类型化的农民工"受难形象"和"负面行为者"形象,带有偏见的报道使得农民工被他者化和边缘化,这样的报道虽然促进了城市社会对农民工群体的理解和认同,但也造成了市民对农民工的歧视,阻碍了农民工在城市社会获得文化承认。[2] 媒体对于农民工所具有的种种负向效应,主要源于农民工话语权的缺失。农民工"失语"问题的成因则在于媒体的商业利益驱动、精英结盟与话语垄断、农民工自身权利缺失以及文化区隔的存在。针对这一突出问题,主要的解决思路在于强调媒体的社会责任。[3]

既有研究提示了在审视农民工阶层与媒介间关系时应该聚焦的议题,也为进一步的探索指明了方向。就现有的研究发现来看,似乎传统媒体更多地起到了负面作用,它们或漠视农民工的话语权,或为农民工构建了不那么有利的社会形象。然而若仔细审视这些结论的来源,前者更多的是研究者对这一现象的定性,缺少经验验证。后者主要基于媒介文本分析,但分析对象多覆盖短时段的媒介表现,或者是有限数量的媒体(最多四五份报纸)。若拉长我们审视的时间距离,在中国农民工阶层兴起和发展的整个过程中,更大范围的大众传媒究竟表现如何呢?它们如何呈现农民工话语,又如何构建其社会形象?

已有研究似乎也表明,新媒体是农民工城市化转型过程中的积极

---

[1] 许向东:《试论农民工报道中传播者的偏见与歧视现象》,《国际新闻界》2008年第2期。

[2] 李艳红:《一个"差异人群"的群体素描与社会身份建构:当代城市报纸对"农民工"新闻报道的叙事分析》,《新闻与传播研究》2006年第2期;许向东:《一个特殊群体的媒介投影——传媒再现中的"农民工"形象研究》,《国际新闻界》2009年第10期。

[3] 卫凤瑾:《大众传媒与农民话语权——从农民工"跳楼秀"谈起》,《新闻与传播研究》2004年第2期;叶继红、王元元:《城市融入进程中的农民工传媒话语缺失与重构》,《重庆社会科学》2009年第10期。

力量，它们在其城市生存的若干面向上发挥了促进作用，尤其是在为农民工赋权、帮助他们进行抗争这一方面，新媒体功能显著。但是，已有研究更多地将重点放在新媒体之于农民工的效用结果上，却较少关注农民工对新媒体的意义认知，而意义认知才是行为后果的前端环节。并且，就分散在不同研究中的那些新媒体之于农民工的多种功能而言，它们最终导向的其实是农民工的社会发展，那么，这二者之间是什么关系？多样化的功能如何最终作用于农民工的社会发展，其间的逻辑关联是怎样的？

过往研究最大的遗憾还在于分析的维度较为单一，或囿于传统媒体与农民工阶层的关系探讨，或囿于新媒体与农民工阶层的关系探讨，有没有可能将传统媒体和新媒体结合起来展开分析呢？

整体而言，既有研究构建了两个主要的分析框架，即资方—工人、精英—底层的社会阶层关系框架和媒体—弱势群体的关系框架，赋权和抗争研究主要涉及前一框架，建构研究主要涉及后一框架。大体形成了两种主要的研究路径——建构的和冲突的，前者主要聚焦媒体在农民工阶层城市化转型中的功能性作用，后者主要聚焦媒体在农民工阶层所处的劳资关系和文化实践中的抵抗与抗争作用。那么，对于农民工阶层和媒体间关系的解读而言，建构和冲突是充分且准确的路径吗？

这些问题成为"站在前人肩上"自然生成的疑惑，也构成本书的起点与终点。而要回答上述问题，需要先回到"媒介与阶层"的理论传统去寻找思路。

第二节　理论基础

本书的理论基础是关于媒介与阶层研究的理论。

自 20 世纪 90 年代中期以来，随着中国全方位改革的逐渐深入，社会阶层分化明显、贫富差距加大的问题就引起了广泛关注。进入21世纪，阶层分化加剧及由此引起的社会冲突更成为中国社会面临的突出问题，也是未来中国稳定和进一步发展的掣肘。在大众传媒领域寻求社会公平和各阶层沟通对话、共同发展的可能性，则具有重大的现实意义。阶级/阶层分析是研究社会现象最具解释力的路径之一，而在传播学领域里，对于大众传媒与社会阶层相互关系的探讨也由来已久。大众传媒在社会阶层形成的过程中起到了什么样的作用？在不同社会阶层间关系的形成中起到什么样的作用？不同的社会阶层如何使用媒体？媒体在他们的政治、经济、社会和文化实践中扮演何种角色？在不同阶层共存的社会，大众传媒扮演了何种角色？尤其是社会不平等的形成和演进与媒体有何关系？在追寻平等与民主的道路上，媒体如何发挥积极的作用？这一系列问题都是审视大众传媒与现代社会间相互关系的重大命题。既有研究也在上述方面产生了诸多成果。

一 媒介与阶层研究的传统

"媒介与阶层"一直是欧美传播学研究的经典领域之一，有丰富的积累，形成了四大分析视角，即冲突的视角、建构的视角、对话的视角和"知沟"研究的视角。

（一）冲突的视角

大众传媒被认为是阶级对立、控制和斗争的场域，这也是批判传播研究的传统视角之一。作为西方马克思主义思潮的重要组成部分，批判传播研究延续了将阶级分析置于研究核心的传统。作为社会机构的大众传媒、国家、阶级结构之间的权力关系，是批判传播研究的中心问题。[1] 从葛兰西、法兰克福学派，到文化研究学派、传播政治经济

---

[1] Vincent Mosco and Janet Wasko, *The Critical Communications Review* (Vol.1): *Labor, the Working Class, and the Media*, Norwood, New Jersey: Ablex Publishing Corporation, 1983.

学派、格拉斯哥小组等，无不将大众传媒视作工人阶级与资产阶级话语博弈的空间，控制与抗争是关键词。

第一，葛兰西以"文化领导权"思想为核心的阶级博弈论。

安东尼奥·葛兰西（Antonio Gramsci）提出的文化领导权思想是对列宁政治领导权思想的有力补充。所谓文化领导权，是统治阶级在谋求被统治阶级"同意"的过程中，以"自愿的"同意为基础而形成的对意识形态的控制，其要点在于不以强力谋求统治，而以柔性的"同意"实现统治，其间容纳与被统治阶级的冲突、对话和协商。文化领导权的实现在与政治社会相对的市民社会之中进行，通过有机知识分子的组织与传播，以教育、文化传媒为主要传播形态。文化领导权是不同社会阶级博弈、协商的结果，也是统治阶级合法性的来源之一。

虽然文化领导权以不同阶级间的协商为突出特点，但归根结底还是在阶级对立的框架内来审视上层建筑的动态结构，以阶级统治的实现为旨归。大众传媒作为不同阶级的意识、理念、主张冲突与对话的场域，与阶级斗争和阶级统治存在紧密联系。"借助人们在日常生活中广泛接触的报纸、书籍、新闻、文学作品等物质载体，代表一定阶级利益的意识形态得以为人们所了解，进而在与民众'常识'、信仰等形式有效融合的前提下逐步以'健全的常识'的形式被民众自觉服从。"[①]

作为西方马克思主义的鼻祖，葛兰西的文化领导权思想也为后人所倚重，文化研究学派、传播政治经济学派以及法兰克福学派二代学人哈贝马斯等无不延续和发扬了这一思想。

第二，法兰克福学派的阶级控制论。

---

① 潘西华：《葛兰西文化领导权思想研究》，社会科学文献出版社2012年版，第144页。

以马克斯·霍克海默（M. Max Horkheimer）和西奥多·阿多诺（Theodor W. Adorno）1947年的纲领性文章《文化工业：作为大众欺骗的启蒙》为标志，法兰克福学派对资本主义社会大众文化生产的批判立场鲜明——大众传媒被看作阶级控制的工具，以资产阶级对大众文化生产的全面控制，以及在此基础上实现对工人阶级隐蔽的欺骗与控制为特点。法兰克福学派的另一主将赫伯特·马尔库塞（Herbert Marcuse）进一步揭示了资产阶级对工人阶级的诱骗和柔性控制，即借由大众传媒推广消费主义的意识形态，从而将工人阶级引向"单向度的人"，丧失其本该具有的否定性、批判性和超越性，任其精力耗费在世界大同的文娱节目中，而忘却其"资产阶级掘墓人"的历史使命。"单向度思想是由政策的制定者及其新闻信息的提供者系统地推进的。"[①]

第三，文化研究学派以"编码/解码"理论为代表的阶级抗争论。

由于其独特的历史背景，自20世纪六七十年代兴起的英国文化研究素来关注阶级分析，尤其是"工人阶级文化"，这一学派的先驱理查德·霍加特（Richard Hoggart）、雷蒙·威廉斯（Raymond Williams）和爱德华·汤普森（Edward P. Thompson），无不关注资产阶级文化和意识形态与工人阶级文化和意识形态的分殊，[②] 70年代之后的伯明翰学派则有"文化研究的葛兰西转向"之说。斯图亚特·霍尔（Stuart Hall）的"编码/解码"理论继承了文化领导权的思想，霍尔所总结的"主控—霸权式解读""对抗式解读""协商式解读"三种受众解读模式，[③] 实

---

① ［美］赫伯特·马尔库塞：《单向度的人：发达工业社会意识形态研究》，刘继译，上海译文出版社2006年版，第14页。
② ［美］汉诺·哈特：《传播学批判研究：美国的传播、历史和理论》，何道宽译，北京大学出版社2008年版。
③ Stuart Hall, "Encoding and Decoding in the Television Discourse", in Stuart Hall ed., *Culture, Media, Language*, London: Hutchinson, 1980.

际上是文化领导权基本思想在受众分析中的体现,即在统治阶级与被统治阶级的意识形态斗争过程中,基于同意、反抗与协商的不同斗争形态。随后戴维·莫利(David Morley)所做的实证研究证实了在媒介信息的解读过程中工人阶级话语抗争的存在。①

第四,传播政治经济学派以"受众商品论"为代表的阶级剥削论。

传播政治经济学派对大众文化生产经济逻辑的分析,凸显了大众传媒是阶级剥削的场域这一基本事实。传播经济学派的奠基者达拉斯·司麦斯(Dallas W. Smythe)最先揭示了工人阶级不仅在工作时间遭受剥削,甚至在休闲时间也遭受剥削的秘密——他们作为受众的信息被媒介生产商悄悄卖给广告商,却得不到分毫补偿,不仅如此,还要在购买消费品时购买附加其上的广告费,"受众商品"所经受的双重剥削使工人阶级在大众传媒领域所处的境地暴露无遗。除此之外,作为工人阶级一员的传媒产业从业者,也在其日常工作中经受资产阶级的盘剥。② 随着全球传播时代的到来,跨国媒介集团更在全球范围内制造出大量以"新闻民工"为代表的媒介产业工人,大众传媒领域的阶级剥削也具有了全球化的特征。

第五,阶级冲突在媒介形象分析中的传统。

这种冲突的视角始终存在于有关媒体对工人、工会和工人罢工运动报道的分析中,经典研究是英国格拉斯哥媒介小组20世纪70年代对英国工会与媒体报道的研究③和后来对80年代英国媒体关于煤矿工人罢工运动报道的研究,④ 它们都揭示了由资本所控制的媒体有选

---

① David Morley, *The Nationwide Audience: Structure and Decoding*, London: British Film Institute, 1980.
② Vincent Mosco and Janet Wasko, *The Critical Communications Review (Vol. I): Labor, the Working Class, and the Media*, Norwood, New Jersey: Ablex Publishing Corporation, 1983.
③ Peter Beharrell and Greg Philo, eds., *Trade Unions and the Media*, London: Macmillan, 1977.
④ Greg Philo, *Seeing and Believing: The Influence of Television*, London: Routledge, 1990.

择地"诋毁"工人和工人运动的真相。美国的同类研究结论与其相似。绰尔·罗迪诺（Troy Rondinone）通过对自美国内战到"二战"期间媒介报道的研究发现，罢工被定义为对现有秩序的背离，工人总是作为"敌人"的身份出现，采取威胁共和政体的行动，而回归既有秩序被看作赢得战争的方向。① 杰瑞·罗灵斯（Jerry Rollings）通过对80年代美国媒体报道的研究也发现，媒体不仅很少报道工人和工会，甚至在有限的报道中工会也被描绘为"暴力的""可耻的""妨碍（正常秩序）的"。② 90年代经济复苏期间美国UPS工人罢工运动的情况似乎略有不同，在运动初期，有组织的工人阶级挑战了媒体有利于大公司的传统，成功利用媒体构建了"观点的公开市场"③。但毫无疑问，这样的研究同样是在资产阶级、工人阶级对立的阶级框架中展开的。

近年来，冲突视角这一研究路径有趋热的倾向，除了前面提到的罗迪诺的研究，马修·卡鲁世（Matthew B. Karush）有关20世纪20—40年代阿根廷的广播电影文化如何加剧国家内部阶层分化的研究，④ 戴安娜·坎德尔（Diana E. Kendall）有关美国的报纸和电视娱乐节目如何通过刻板化呈现不同社会阶层的形象从而固化不平等社会阶层结构的研究，⑤ 以及温德林·福斯特（Gwendolyn A. Foster）对于美国电

---

① Troy Rondinone, *The Great Industrial War*: *Framing Class Conflict in the Media*, *1865 – 1950*, New Brunswick, New Jersey and London: Rutgers University Press, 2010.

② Jerry Rollings, "Mass Communications and the American Worker", in Vincent Mosco and Janet Wasko, *The Critical Communications Review (Vol.Ⅰ)*: *Labor, the Working Class, and the Media*, Norwood, New Jersey: Ablex Publishing Corporation, 1983.

③ Deepa Kumar, *Mass Media, Class, and Democracy*: *The Struggle over Newspaper Representation of the UPS Strike*, Critical Studies in Media Communication, Vol. 18, No. 3, 2001.

④ Matthew B. Karush, *Culture of Class*: *Radio and Cinema in the Making of A Divided Argentina*, *1920 – 1946*, Durham & London: Duke University Press, 2012.

⑤ Diana E. Kendall, *Framing Class*: *Media Representations of Wealth and Poverty in America*, 2nd ed., Lanham: Rowman & Littlefield Publishers, 2011.

影传承阶级身份的分析,[①] 都显现出研究者日益关注大众传媒在社会阶层分化和社会不平等形成与延续的过程中所扮演的角色。

(二) 建构的视角

大众传媒被认为是阶级意识和阶级身份建构的重要来源。这一视角与社会学领域阶级研究的"文化转向"有密切联系。"在经验上,结构与行动、经济与文化是相互交织的。也就是说,不仅经济不平等受到社会('文化')不平等的支持,而且文化(观念、符号、生存方式)在维持和再生产阶级不平等方面也发挥着重要的作用……文化并不只是阶级位置的结果,而且也是阶级地位由此形成的核心机制。"[②] 从汤普森对英国工人、具海根(Hagen Koo)对韩国工人的研究,到理查德·奥曼(Richard Ohmann)对美国中产阶层、马克·莱希特(Mark Liechty)对尼泊尔中产阶层的研究,都体现了这一传统。

在有关传媒与阶级建构的研究中,历来以工人阶级和中产阶层为关注重点。

汤普森在其筚路蓝缕之作《英国工人阶级的形成》中,将工人文化视作英国工人阶级形成的重要建构力量。其中,工人阶级报刊是工人文化的重要组成部分,工人具有使用报刊来表达观点和凝聚自身力量的积极要求。在他对英国工人阶级形成过程的考察中还发现,产业革命时期激进的"中等阶级"的形成也遵循了同样的路径。[③] 这与詹姆斯·柯伦(James Curran)和琼·基顿(Jean Seaton)对19世纪英国工人阶级媒体和激进媒体发展历程的分析相互呼应。在他们看来,

---

[①] Gwendolyn A. Foster, *Class–Passing: Social Mobility in Film and Popular Culture*, Carbondale: SIU Press, 2005.

[②] [英] 罗丝玛丽·克朗普顿:《阶级与分层》(第三版), 陈光金译, 复旦大学出版社2011年版, 第161—162页。

[③] [英] E.P. 汤普森:《英国工人阶级的形成》, 钱乘旦等译, 译林出版社2013年版。

当时新生的工人阶级媒体强化了工人群体的阶级意识,在精神上团结了工人阶级。① 具海根在研究韩国工人的发展史时,延续了汤普森的视角,他也论证了"(韩国)80年代出现的另一种重要的工人阶级制度是工人报纸",这一制度是韩国工人形成的重要建构力量。② 通过对20世纪30年代美国工人对当时流行的"和谐"概念的解读,詹姆斯·垂西(James F. Tracy)也印证了阶级意识如何在这一过程中形成。③

早期关于工人阶级形成与媒介建构的研究都着力于研究工人报纸的功用,随着媒介技术的发展,其他媒介形态的阶级建构作用也日益得到关注。韩国学者李珲玉(Hun-Yul Lee)关于韩国移民工人的媒介使用研究发现,移民工人电视台客观上起到了构建"移民工人"这一具有共同利益的阶级的作用。④ 马修·卡鲁世对阿根廷的研究也表明,在阿根廷由于自身殖民地经历所导致的边缘现代化的进程中,国际传媒力量的渗入带来本土文化的抗争,内外大众文化要素的融合使得阿根廷形成独特的文化形态,并经过广播、电影等电子媒体广泛传播,这一文化形态并未带来通常学者们所认为的工人阶级文化被中产文化、消费文化所取代,反而促使工人阶级文化的再度整合,并使国民更认同下层工人阶级,他们团结、宽容和诚实的品格被视为国家的根基。正如陶德·沃夫森(Todd Wolfson)和彼得·冯克(Peter N. Funke)所指出的,要重视新自由资本主义时期同心化

---

① James Curran and Jean Seaton, *Power without Responsibility*: *Press, Broadcasting and the Internet in Britain*, Abingdon: Taylor & Francis, 1995.

② Hagen Koo, *Korean Workers*: *The Culture and Politics of Class Formation*, Ithaca: Cornell University Press, 2001.

③ James F. Tracy, "'Smile While I Cut Your Throat': Mass Media, Myth, and the Contested 'Harmonization' of the Working Class", *Journal of Communication Inquiry*, Vol. 25, No. 3, 2001.

④ Hun-Yul Lee, "At the Crossroads of Migrant Workers, Class and Media: A Case Study of A Migrant Workers' Television Project", *Media, Culture & Society*, Vol. 34, No. 3, 2012.

的媒介实践（Concentric Media Practice）是如何整合分裂的工人阶级的。正因如此，他们也强调"媒介与传播必须被概念化为阶级形成的重要结构面向"①。

中产报刊之于中产阶层的身份建构，是建构视角中成果丰富的另一主题。从 20 世纪 50 年代莱特·米尔斯（Wright Mills）对美国中产阶层的研究，到 20 世纪 90 年代理查德·奥曼对美国中产阶层的持续关注，再到 21 世纪初马克·莱希特对尼泊尔中产阶层的研究，都围绕着同一个命题——大众传媒建构了中产阶层的社会身份。

早在 1951 年中产阶层研究的经典之作《白领：美国的中产阶级》一书中，莱特·米尔斯就富有洞见地指出大众传媒对这个阶层的强大影响。一方面，大众传媒不断地"强化"甚至"再创造"了中产阶层的群体形象；另一方面，大众传媒也造就了这个阶层普遍的"政治冷漠"。② 理查德·奥曼对于 19 世纪 20 世纪之交美国杂志市场变化的研究表明："在（中产阶层）作为一个新的社会阶层形成的过程中，杂志扮演了（重要）角色。"③ 这些杂志"进入家庭以建立和宣示他们的社会地位，并提供特定的信息和兴趣点，这些信息和兴趣点可以成为连接同样生活圈子的读者们的谈资并在全国范围内将具有相近想法的人们从文化上组织起来。这样，他们（读者们）经由新的消费方式和消费意义共同形成一个社会空间"。④ 在奥曼看来，通过消费针对中产阶层的杂志，中产阶层人员实现与本阶层想象中的认

---

① Todd Wolfson and Peter N. Funke, "Communication, Class and Concentric Media Practices: Developing a Contemporary Rubric", *New Media & Society*, Vol. 16, No. 3, 2014.
② [美] C. 莱特·米尔斯：《白领：美国的中产阶级》（第 2 版），周晓虹译，南京大学出版社 2016 年版，"导言"第 1—12 页、第 319—326 页。
③ Richard M. Ohmann, *Selling Culture: Magazines, Markets, and Class at the Turn of the Century*, London, New York: Verso, 1996, pp. vii, 220.
④ Richard M. Ohmann, *Selling Culture: Magazines, Markets, and Class at the Turn of the Century*, London, New York: Verso, 1996, pp. vii, 220.

同。在对20世纪90年代尼泊尔首都加德满都市新兴中产阶层文化实践的研究中，莱希特也表达了相似看法："媒介产品在中产阶层家庭之间的流通和共同消费已成为中产阶层文化经济交流的主要方式。"[1]大众传媒通过两种途径实现其对中产阶层身份的建构功能：一是成为某种具有中产身份象征意义的消费品，通过商品使用价值的实现进行该阶层的身份确认；二是赋予媒介中所呈现的某些商品以身份意义，唤询着中产阶层通过对这些商品的消费来进行身份确认。并且，提供特定内容的大众传媒还在建构特有的中产阶层文化。吉恩·罗卡（Gene L. Roca）所提供的法国经验尤其强调媒体在中产阶层生活方式和生活规范形成中的作用。"报纸和杂志，尤其是'妇女杂志'，对'阶级意识'的形成做出了重大贡献。对于媒体来说，至关重要的是如何以一种显示出与其他群体截然不同的方式，以一种能够轻易地被识别为特殊群体的生活方式进行吃喝、恋爱、购物、教育小孩、工作、享受生活等。"[2]

关于阶级的文化建构视角，已成为20世纪90年代以来工人阶级和新中产阶层研究的一股热潮。[3]而媒体在文化建构中的作用，毋庸赘述。

（三）对话的视角

大众传媒被认为是社会（各阶层）公众平等参与、理性沟通的场域。这以尤尔根·哈贝马斯（Juergen Habermas）对公共领域的讨论为代表。[4]

---

[1] Mark Liechty, *Suitably Modern: Making Middle-Class Culture in A New Consumer Society*, Princeton, N. J.: Princeton University Press, 2003, p.259.

[2] ［法］吉恩·路易斯·易卡：《政治交叉、社会表征与学术干预：中产阶级在中国的形成》，《江苏社会科学》2008年第4期。

[3] 关于阶级的文化建构，罗丝玛丽·克朗普顿在其《阶级与分层》一书中也有相关论述。可参见［英］罗丝玛丽·克朗普顿《阶级与分层》（第三版），陈光金译，复旦大学出版社2011年版，第161—201页。

[4] ［德］哈贝马斯：《公共领域的结构转型》，曹卫东等译，学林出版社1999年版。

哈贝马斯所指认的公共领域"首先意指我们的社会生活的一个领域，在这个领域中，像公共意见这样的事物能够形成。公共领域原则上向所有公民开放"①。大众传媒是公共领域的重要机制之一。当然，公共领域虽然是一个平等参与的理想类型，但不论是从其产生来看，还是对于现实世界中公共话语空间的构成而言，它都是一个以阶层差异为基本特征的不平等场域。根据哈贝马斯对于18世纪和19世纪英国、法国、德国公共领域演进的分析来看，它是白种男性资产阶级人士用于公开讨论社会公共事务的一个话语空间，女性、有色人种、劳工阶层等下层人士这样的社会构成是被排除在外的。也正因如此，哈贝马斯对于公共领域的分析不断遭遇质疑。② 后来哈贝马斯本人也认识到，以工人、青年或其他社会群体为主体的"亚公共领域"也有其存在的现实性与合理性，而现代民主社会的合理制度之一正在于这些不同社会构成在公共话语空间中的理性沟通和平等协商。随着政治和经济势力对公共领域的入侵，出现了公共领域的再封建化，这一场域的不平等性进一步加深，而政治、经济势力的背后恰是拥有这些力量的强势阶层，换言之，公共领域再封建化的表现正是社会强势阶层对于弱势阶层话语空间的挤压和控制。由此可见，无论是公共领域的起源，还是其现实发展，都体现出具有社会阶层差异和不平等的内在特征。

但是，作为一种理想类型，"公共领域"所诉求的，始终是平等参与、理性沟通与多元对话，这一主旨从未改变过。而大众传媒作为公

---

① 汪晖、陈燕谷主编：《文化与公共性》，生活·读书·新知三联书店1998年版，第125页。

② Nancy Fraser, "Rethinking the Public Sphere: A Contribution to the Critique of Actually Existing Democracy", in Craig Calhoun ed. , *Habermas and the Public Sphere*, Cambridge: The MIT Press, 1992; Geoff Eley, "Nations, Publics and Political Culture: Placing Habermas in the Nineteenth Century", in Craig Calhoun ed. , *Habermas and the Public Sphere*, Cambridge: The MIT Press, 1992.

共讨论的话语平台，便天然地成为公共领域的重要机制之一，具有了实现不同社会阶层平等协商和理性沟通的使命。

（四）"知沟"研究①的视角

作为美国经验学派的经典研究，"知沟"假说的提出也是始于对社会阶层差异所导致的信息接收和知识差距的认识。20世纪60年代，是美国历史上经济高度繁荣同时也是各种社会运动风起云涌的年代，贫富分化成为这一时期广受关注的社会问题。社会阶层地位不同所导致的信息差异问题引起人们极大的兴趣，电视这一当时的新兴媒体被寄予了缩小不同阶层间知识差距的希望，作为一种政策上的回应，60年代末面向所有儿童播出的知识性节目《芝麻街》问世，以期通过无差别的知识传播来缩小不同社会阶层儿童的知识差距。孰料，菲利普·蒂奇诺（Phillip J. Tichenor）及其研究小组的实证分析却表明，电视无差别的节目播出非但没有缩小反而扩大了这一鸿沟。随即有了知沟理论的经典表述——随着社会信息总量的增加，不同社会阶层人群的知识差距会被拉大。知沟理论作为传播学经典理论之一，后续成果蔚为大观。之后出现的大量探讨不同社会阶层媒介使用差异的研究，实际上是对这一传统的延续。② 此处不予赘述。虽然不像传播批判学派那样在资产阶级和工人阶级的对立框架下来看待由大众传媒所引起的信息差距，但知沟理论实质上同样是以社会阶层差异为研究的基本出发点。

上述四大路径为分析大众传媒与社会阶层结构之间的关系提供了基础性框架，也体现了看待大众传媒社会功能的不同视角。冲突的视

---

① George A. Donohue, Phillip J. Tichenor, Clarice N. Olien, "Mass Media and the Knowledge Gap: A Hypothesis Reconsidered", *Communication Research*, Vol. 2, No. 1, 1975.

② Amy B. Jordan, "Social Class, Temporal Orientation, and Mass Media Use within the Family System", *Critical Studies in Media Communication*, Vol. 9, No. 4, 1992.

角强调大众传媒作为阶级对立、冲突、控制与剥削的场域功能,建构的视角更强调其形成阶级意识和阶级身份的功能,对话的视角突出其协商、沟通的功能,"知沟"研究的视角则呈现了大众传媒对社会不平等的再造功能。同时,虽然冲突视角与知沟理论都与社会不平等这一主题有关,但由于二者背后的哲学思想和社会理想不同,二者的差异也是明显的,即作为批判理论的冲突视角是以对现有媒介制度和政治制度安排的批判与否定为旨归的,而立足于功能理论的"知沟"假说鲜明地体现了美国经验学派的行政研究取向,即虽着眼于解决与媒介使用相关的社会不平等问题,但无意触碰现有制度安排。

四大路径的特点见表1-1。

表1-1　　　　　　　　　　四大路径特点

	冲突的视角	建构的视角	对话的视角	"知沟"研究的视角
聚焦阶级/阶层关系的面向	对立、冲突	阶级的形成	协商、沟通	阶级差异的再造
研究范式	冲突论	功能论	功能论	功能论
与社会不平等的关系	关于社会不平等的再造	不过多涉及社会不平等问题	追求社会平等	关于社会不平等的再造

二　改革开放四十年以来中国的大众传媒与社会阶层结构变迁

自新中国成立至改革开放之前的近三十年时间里,中国社会保持了"两个阶级、一个阶层"(工人阶级、农民阶级和知识分子阶层)的稳定社会结构。大众传媒的功能被限定为"党和政府的耳目喉舌",其主要功能是宣传。自1978年开始,随着从经济到社会的全面改革,中国社会的阶层结构发生了巨大变化,一方面,新兴社会阶层如中产阶层、农民工阶层等不断涌现，甚至有中国社会已形成"十大阶层"之说，社会结构中的"阶级"概念也逐渐被"阶层"概念所取代；另一方面，阶层关系持续调整，自 20 世纪 90 年代中期以后逐渐显现"断裂"社会的运作逻辑，[1] 并且社会阶层结构有趋于固化的态势[2]。中国社会阶层变迁的过程恰好与中国大众传媒事业的改革进程同步。从"喉舌论"到"信息论"，从"意识形态属性"到"信息产业属性"的传媒定位变迁，以及 1992 年之后传媒业的"市场化"改革，不仅为传媒业自身带来了翻天覆地的变化，也使传媒事业与包括社会阶层结构在内的其他社会系统呈现出复杂的关系。

可以观察到的事实是，大众传媒至少在以下几个方面体现出与社会阶层结构变迁的紧密关系。

（一）媒介构建新兴阶层的话语空间，促进新兴阶层的身份认同

最为突出的表现是大众传媒对中产阶层的话语建构现象。自 20 世纪 90 年代中后期以来，国内媒体出现了引人瞩目的"中产热"现象——明确提出"中产阶层"概念并热烈讨论、大力塑造本土"中产"人物身份形象、为"中产阶层"量身定制推出报刊媒体。媒体话语在官方话语和学术话语的基础上形成了自己对中产阶层的界定标准，也相应地对中产阶层的人物形象赋予了丰富和多样的内涵。就针对中产阶层的议题建构来说，围绕特定的议题，初步形成了一个以"建设性的批判"为出发点的、与国家意识形态保持方向上的一致性同时又在一定程度上相分离的话语空间。以 1993 年《时尚》杂志创刊、1996 年《中国经营报》扩版、2000 年《中国新闻周刊》创办为阶段性标

---

[1] 孙立平：《我们在开始面对一个断裂的社会?》，《战略与管理》2002 年第 2 期。虽然关于中国社会的宏观结构有不同看法，如孙立平的"断裂社会"之说，李强等人的"中产社会"之说，李春玲的"碎片化"社会之说，等等，但时至今日，即便是出于生活经验，中国社会贫富差距的惊人和在各个领域的"断裂"也令人感受明显。

[2] 孙立平：《利益关系形成与社会结构变迁》，《社会》2008 年第 3 期。

志,中国报刊媒体相继从生活方式、财产地位和政治诉求三个层面实现了对中国中产阶层地位的确认,同时也实践着对该阶层从形象到话语空间的全面建构。①

除此之外,媒体对私营企业主、农民工等改革开放后出现的新兴社会阶层也进行了广泛的报道,虽然报道角度多是从问题出发,但客观上起到了确认该阶层社会身份的作用。

(二)在媒介话语空间的占有上,阶层分化与媒介分化的对位

2002年,中国社会科学院社会学研究所发布《当代中国社会阶层研究报告》,报告中提出的"十大阶层"可以被归为三大类,即以高级领导干部、大企业经理人员、新富群体等为主体的上层,以政府中层公务人员、企业白领阶层等为主体的中层和以农民、工人、无业、失业、半失业人群等为主体的下层。从各自所占据的社会资源来看,这三个群体又可以被分为两大类——优势阶层(上层、中层)和弱势阶层。值得关注的是,反观媒介空间的划分,社会阶层中的优势阶层,同样是媒介空间的优势阶层;社会阶层中的弱势阶层,同样是媒介空间的弱势阶层。典型现象就是大众传媒对新富阶层和中产阶层读者的追捧,对农民、工人(包括下岗工人和农民工)等弱势群体的漠视。② 以新富阶层和中产阶层为目标受众的媒介产品比比皆是,而面向农民或工人的寥寥无几,这从街头报刊亭琳琅满目的报纸和杂志的读者定位便可知道。造成这一现象的原因主要是市场力量的驱动,这是市场化经营条件下媒介组织生长的内生动力。对于市场化经营的媒体来说,二次售卖的传媒经济基本流程和受众细分的经营基本法则

---

① 何晶:《大众传媒与中国中产阶层的兴起:报刊媒介话语中的中产阶层》,中国社会科学出版社2009年版,第4页。
② 相关研究可参考戴锦华《大众文化的隐形政治学》,《天涯》1999年第2期;何晶《大众传媒与中国中产阶层的兴起:报刊媒介话语中的中产阶层》,中国社会科学出版社2009年版;亶海鹏《解读大众文化:在社会学的视野中》,上海人民出版社2003年版。

都使得新富阶层和中产阶层成为最具吸引力的目标受众,因为他们最有可能为媒体换回巨大的广告收入。而不同社会阶层在媒介话语空间占有上的不平衡,将直接导致公共意见表达的失衡,因为它违背了公共话语空间的平等进入原则。

(三) 在媒介领域的话语权上,阶层差异明显

关于这一点,以汪晖的批判最为尖锐:"在我们的媒体中,甚至在我们为争取言论自由的斗争中,问题经常集中在某些精英阶层的发言权问题上,工人、农民的发言权问题,其实常常是在人们关注的问题之外的,似乎他们的声音与言论自由问题无关。"[1] 精英阶层或者直接掌握媒体资源,或者与媒体具有紧密联系,在当下的媒介话语空间中,具有强大的话语权。而下层社会由于其经济地位偏低、知识储备不足、缺乏组织文化等,既难以占有一定的媒体资源,获得稳定而相对独立的媒介表达平台,也难以在这一场域发出自己的声音。"在媒体中,我们听不到农民的声音,听不到普通工人的声音,这个问题与阶级问题不能说无关吧?"[2] 社会阶层的不平等直接投射于传媒话语权的不平等,社会歧视与传媒歧视共同造就了下层社会的话语权劣势,这也是因何会出现农民工不惜"跳楼"以博得媒体关注、以生命换取话语权的极端事件。[3]

(四) 在媒介的接触与使用能力上,不同阶层的差距明显

仅就互联网使用而言,据中国互联网络信息中心发布的第43次《中国互联网络发展状况统计报告》,截至 2018 年 12 月底,我国网民

---

[1] 汪晖、许燕:《"去政治化的政治"与大众传媒的公共性——汪晖教授访谈》,《甘肃社会科学》2006 年第 4 期。
[2] 汪晖、许燕:《"去政治化的政治"与大众传媒的公共性——汪晖教授访谈》,《甘肃社会科学》2006 年第 4 期。
[3] 卫凤瑾:《大众传媒与农民话语权——从农民工"跳楼秀"谈起》,《新闻与传播研究》2004 年第 2 期。

规模达8.29亿,网民中农村人口占26.7%。从职业结构来看,学生群体是网民中规模最大的群体,占25.4%;个体户/自由职业者占20.0%;企业中管理人员和一般职员占12.3%;党政机关事业单位中领导干部和一般职员占2.8%;专业技术人员占5.2%;农村外出务工人员占3.9%;无业/下岗/失业群体占8.8%。在这一用户构成中,弱势阶层所占比例较低。数字革命的到来令人更加担忧以掌握数字技术为生存基础的时代会将那些弱势阶层远远抛在精英知识阶层的后面。"数字革命带来的远远不是改善每一个人生活的普世运动;日益增加的证据表明,它在增加特权者的优势而将边缘穷困者有系统地排除在外。"[1]

(五)媒介对不同社会阶层的形象建构,差别化、刻板化效应突出

如对社会优势阶层如中产阶层积极、正面形象的建构和对弱势阶层如农民工阶层的受难者与负面形象的呈现。自20世纪90年代以来,无论是新闻、生活类报刊,还是影视作品,都将中产阶层打造成一个积极向上的社会中坚阶层,他们往往努力奋斗、执着敬业,同时充分享受劳动成果、追求"物质生活里带来的精神富足"等,他们不仅被塑造为大众榜样,也被赋予了中国社会的中坚力量这一积极的身份定位。[2]而同样作为改革开放之后出现的一个新兴阶层和对中国城市化建设做出巨大贡献的群体,农民工在媒体中的形象呈现却截然相反。负面行为者与境遇悲惨的受难者是最常见的农民工形象。对于他们的讴歌与赞扬之声少有耳闻,而作为城市社会

---

[1] Graham Murdock and Peter Golding, "Dismantling the Digital Divide: Rethinking the Dynamics of Participation and Exclusion", in Calabrese, Andrew and Colin Sparks, eds., *Toward A Political Economy of Culture: Capitalism and Communication in the Twenty - First Century*, Lanham: Rowman and Littlefield Publishers Inc., 2004, p.244.

[2] 何晶:《大众传媒与中国中产阶层的兴起:报刊媒介话语中的中产阶层》,中国社会科学出版社2009年版,第92—134页。

秩序的威胁者和品行素质低下者这样的负面形象却占据媒体报道的大量篇幅。[①] 虽然"受难者"的形象会在一定程度上激发社会对农民工群体的关注，但仅有同情显然不足以在全社会范围内建立对他们应有的尊重。凡此种种，均表明媒体缺乏平等看待农民工阶层的意识。

(六) 底层社会的媒介话语抗争开始显现

传统媒体时代，普通大众难以在公共话语空间发声。新媒体时代，尤其是微博的出现，使得这一切有了可能。中国新兴社会阶层对于新媒体的自觉使用有两个阶段。第一个阶段是中产阶层通过互联网发声，以2003年孙志刚事件为代表；第二个阶段是底层社会通过微博发声，以2010年宜黄拆迁事件为代表。事实上，中国社会的群体性事件在2010年以后越来越呈现出与微博同步的特征，而相当一部分群体性事件的主体是农民或农民工，这一群体开始使用微博这一新媒体技术来实现利益诉求和社会动员。这两个阶段意义重大，表明在传统媒体时代不占有公共话语资源的社会阶层开始具有与包括精英阶层在内的其他社会阶层进行对话的空间和能力。底层社会的抗争性政治[②]在传媒领域有了相应的呈现。

应该说，改革开放四十年以来，中国社会的阶层变迁与分化在传媒领域已有了非常清晰的投射，而大众传媒显然也对发生在社会结构领域的这一历史性变化有其独特的作用，如何来描述和解释二者之间的关系，是亟须回应的理论问题。

---

① 李艳红：《一个"差异人群"的群体素描与社会身份建构：当代城市报纸对"农民工"新闻报道的叙事分析》，《新闻与传播研究》2006年第2期；许向东：《一个特殊群体的媒介投影——传媒再现中的"农民工"形象研究》，《国际新闻界》2009年第10期。

② 参见于建嵘《抗争性政治：中国政治社会学基本问题》（人民出版社2010年版）的相关论述。

三 媒介与阶层研究在中国的进路

媒介是强化了等级制度和社会不平等，还是向它们提出了挑战？或者根据不同的情况，二者兼而有之？这些问题在海外的媒介研究中，被关注多年。而在国内，还乏人问津。在中国社会转型与媒介改革同步的进程中，如何去揭示大众传媒与社会阶层变迁的同构关系，已然是一个不容回避的重要命题，也是中国新闻传播学界未来研究的面向之一。[①] 其实，在国内学术界，有关大众传媒与社会阶层关系的探讨自20世纪90年代起已开始出现，但一直若隐若现，未成声势。这些关注主要来自社会学界、文学研究界和新闻传播学界，主要体现在三个面向。一是有关媒介对中产阶层的建构和赋权研究。在对90年代以来中国中产阶层兴起这一重大社会变化的关注中，一批学者注意到了媒体对中产阶层的过度关注和定制化生产，以及在此基础上中国中产阶层话语空间的扩张。[②] 二是对以农民工阶层为代表的工人的媒介报道、形象建构与工人及其子女的媒介使用研究。围绕着工人、农民工、农民工子女等不同身份群体，新闻传播学界开展了不少以文本分析和调查为主要方法的研究。如有关报刊对工人议题的报道研究[③]、农民工的媒介形象呈现研究[④]、农民工的新媒体使用及抗争研究[⑤]、农民工子女

---

① 赵月枝：《传播与社会：政治经济与文化分析》，中国传媒大学出版社2011年版，第46—57页。

② 孙立平：《断裂——20世纪90年代以来的中国社会》，社会科学文献出版社2003年版；戴锦华：《大众文化的隐形政治学》，《天涯》1999年第2期；孟繁华：《传媒与文化领导权——当代中国的文化生产与文化认同》，山东教育出版社2003年版；何晶：《中国大陆传媒"中产阶级热"现象的成因初探》，载《北大新闻与传播评论》第一辑，北京大学出版社2004年版；扈海鹂：《解读大众文化：在社会学的视野中》，上海人民出版社2003年版；郑坚：《当代传媒的中产化倾向研究》，《新闻界》2007年第3期。

③ 夏倩芳、景义新：《社会转型与工人群体的媒介表达——〈工人日报〉1979—2008年工人议题报道之分析》，《新闻与传播评论》2008年第1期。

④ 李艳红：《一个"差异人群"的群体素描与社会身份建构：当代城市报纸对"农民工"新闻报道的叙事分析》，《新闻与传播研究》2006年第2期。

⑤ 汪建华：《互联网动员与代工厂工人集体抗争》，《开放时代》2011年第11期。

的互联网使用研究①等。三是认识到与社会阶层分化相对应的媒介分化,以及媒介对社会阶层不平等再造的作用,②但讨论尚未深入。

可以看到,国内传播学界对于不同社会阶层与大众传媒的关系是有一定关注的,也已积累了一定的成果。但是,很少有研究明确地在"媒介与阶层"的框架下来展开研究,目前还缺乏这一理论自觉。前文所梳理的媒介与阶层研究的传统,或许可为未来国内传播学界在这一主题之下的探索提供参考。

(一) 冲突视角下的研究

虽然以西方马克思主义为思想基础的这一路径传统上以资产阶级和工人阶级的对立冲突为基本分析框架,但其实质在于揭示占据不同社会资源的群体在媒介话语空间的不平等关系,因此,可以借用于分析中国的传媒生态,只是需要厘清我们讨论的前提是不存在对立的阶级关系,关注的是各社会阶层在传媒空间的不平等关系。当然,阶级/阶层分析用于研究当下中国社会的适用性这一问题在阶级/阶层研究的传统领域——社会学中早已解决。③

在这一视角之下,有关媒介空间占有不平等的问题、媒介话语权分配不平等的问题、底层社会的话语抗争问题,以及媒介对不同社会阶层的差别化、刻板化形象建构问题,都可以寻找到丰富的理论渊源,也有助于对这些现象研究的深化。尤其是传播政治经济学派的路径,将会为剖析当前中国传媒系统背后所隐藏的政治、经济、各利益群体间错综复杂的关系提供有效工具,展露由"媒介资源差异—社会阶层差异——利益格局差异"层层递进的理路,也实现向媒介与社会研究

---

① 何晶:《从网络聊天透视农民工子女的心理状态——基于与北京市青少年的比较》,《当代传播》2010年第1期。

② 段京肃:《社会的阶层分化与媒介的控制权和使用权》,《厦门大学学报》(哲学社会科学版)2004年第1期;孙玮:《多重视角中的媒介分层现象》,《新闻大学》2002年第3期。

③ 刘剑:《阶级分析在中国的式微与回归》,《开放时代》2012年第9期。

核心问题的复归。

（二）建构视角下的研究

在新兴社会阶层形成的过程中，媒体起到了什么样的作用？在已有社会阶层的变迁过程中，媒体扮演了何种角色？关于社会阶层关系的调整，媒体又产生了什么样的影响？这些都是观察媒体对社会影响的极好视角，而我们又恰逢这样一个变革的年代，因此，可以就上述主题进行探索。遗憾的是，相对于现实所提供的丰富课题而言，学界的关注还是有限的。在当下传播学界，对大众传媒在中产阶层兴起的过程中扮演的角色有了一定的研究，而对其他新兴社会阶层的关注很少，如农民工是如何进入媒体视野的，媒体对这一阶层的报道在其身份认同、阶层意识的形成方面有何作用等，尚未得到研究。

（三）对话视角下的研究

由哈贝马斯"公共领域"理想类型所生发出来的这一视角关注媒介话语空间的平等进入和理性沟通，让具有不同利益诉求的社会阶层和群体进入媒介话语空间，展开理性对话，不仅有助于以协商而非对抗的方式解决问题，也能在一定程度上缓释社会情绪。仔细探究我国传媒公共领域的构成，区分出不同类型的次公共领域，梳理其表达主体、主要诉求、话语模式，进而在此基础上探寻在不平等的社会结构之下，媒介如何能够促进不同社会阶层在公共话语空间的良性对话机制，或至少保证弱势阶层对媒介话语空间的进入，在理论和实践层面都具有突出的价值。

（四）知沟理论视角下的研究

知沟研究重在呈现不同社会阶层在信息接触和使用上的差距，除了通过精心设计的研究来检测不同变量对于"知识"差距的影响之外，其实践意义在于对信息领域存在的阶层差距提供客观的数据支持，以为进一步的政策干预提供依据。目前国内的"知沟"研究聚焦于"社会阶层"这一变量并将研究结果应用于现实干预，致力于探寻行之有效的缩小"知沟"，或促进弱势阶层知识增长之道的成果还不多见。无论是作为对一项经典假说的本土化验证，还是契合这一理论背后的政策隐喻，都有必要还原"知沟"的本来面貌，在科学、规范的前提下对当前中国社会不同阶层的知识/信息差距有客观的呈现与分析。

就大众传媒与社会阶层关系的研究而言，上述四种视角已基本覆盖媒体角色的主要方面，也提供了不同的路径——建构视角和知沟视角重在呈现现实，冲突视角重在揭露现实背后的权力结构，对话视角重在提供解决思路。对于大众传媒与社会阶层变迁这一兼具理论色彩与实践取向的主题而言，每一种分析路径都有其不可替代的优势。

鉴于前文所及在传播学理论谱系中"媒介与阶层"研究的深厚传统，这一传统在解读媒介与宏观社会结构关系上强大的理论基础，以及中国的社会实际和国内传播学界在这一主题之上的学术积累，本书认为，是时候重视对"媒介与阶层"这一经典路径的梳理、深入和本土化研究的尝试了，有必要将阶级/阶层分析带入当下国内传播研究的视野，以为探索大众传媒在中国社会阶层结构变迁中的重要作用寻找一个具有强大理论基础的出发点。这也意味着，未来在这一路径之下的探索，将更多地把传媒实践放在中国社会阶层动态演进和阶层关系形成的视角下来审视，并将直面社会结构性变化中所出现的核心问题。

第三节 研究问题、研究进路及方法

基于前述对中国农民工研究、中国农民工与媒介研究现状的分析，以及媒介与阶层研究传统及其在分析中国问题时可能的进路的梳理，本书想要探讨的核心问题是作为大多数国家现代化转型都会经历的一个过程，"农民进城"在中国的媒介场域呈现出怎样的景观，这样的景观折射出怎样的媒介与阶层关系。

这一问题可从媒介—阶层的双向关系进一步细化为以下问题。

作为改革开放后大规模兴起并持续壮大的一个新兴阶层，"农民工"是如何进入大众传媒的话语空间的？具体而言，对于农民工这样一个既是新兴社会阶层，同时又是社会底层的构成，在其产生和发展的过程中，作为社会主流意识形态代表的大众传媒是如何对其命名的？如何建构其社会形象的？又是如何赋予其社会意义的？农民工阶层在大众传媒的话语空间中地位如何？具体而言，大众传媒是否以及如何赋予农民工话语权？后者是否拥有自己的话语空间，能够进行充分的利益表达？

作为一种技术的媒介，尤其是新兴媒介，如何被这一新兴阶层采纳和使用，如何作用于这一阶层的社会发展，对其具有何种意义？这个维度主要通过农民工阶层对大众传媒的使用来观察后者的作用，更突出农民工阶层作为媒介使用者的主动性。

在对上述问题做出回答的基础上，继而追问，在社会实践意义上，大众传媒在农民工阶层兴起和发展的过程中究竟发挥了怎样的作用？应该发挥什么样的作用？对于农民工阶层应有社会地位的形成，大众传媒有何可为？

在理论发展意义上，中国农民工阶层与大众传媒之间的关系模型对于理解媒介场域的社会阶层关系以及中国的社会结构变迁有何意义？对于媒介与阶层研究这一传统而言，有何理论贡献？

对于以上问题的回答，本书采用了多点透视的方法，通过选取有代表性的研究议题，勾勒农民工阶层与大众传媒关系的整体面貌。这是因为媒介与阶层的关系是复杂的，仅就媒介对某一社会阶层的作用研究或某一阶层对媒介的使用分析,可供展开的角度都是多元的,可资分析的材料都是难以计数的,如何入手,同时入乎其中又出乎其外,厘清二者间的关系,实为难题。因此,本书尝试多点透视,以点带面。这也意味着,必定有本书未能容纳的议题和向度,留待日后持续跟进和完善。

具体而言,本书将分别从传统媒体和新媒体两个维度透视大众传媒与农民工阶层的关系,并将其统摄于媒介与阶层这一研究主题之下。鉴于前文所及传统媒体和新媒体与社会阶层间关系不同的作用重点,即传统媒体尤其是主流传统媒体作为现代社会的公共话语权威,在身份确认和形象建构、体现社会层面的话语赋权方面作用明显;新媒体平权化的技术特性,则使其在基于使用之上的技术赋权功能尤为显著。一方面,本书从传统媒体对农民工阶层的话语建构入手,观察大众传媒话语对这一阶层的命名、形象建构、话语空间的开拓和利益表达;另一方面,本书从农民工对于互联网的认识和使用入手,来了解新媒体对于农民工的价值与意义,以及后者在行动层面上所表现出来的使用特点,并由此审视新媒体使用对农民工社会发展的作用。并且,这一部分在对研究主体的选择上,以农民工阶层中最具活力、对新技术最敏感的构成——新生代农民工为观察对象,这也是考虑到新生代农民工更能代表农民工阶层的发展方向。

当然,这一安排并不意味着本书认为新媒体在对农民工阶层的命名、形象建构、话语空间开拓和利益表达等方面没有重要的作用,以及农民工阶层对传统媒体的使用不重要,而是兼顾研究内容的完整性和研究操作的可行性的结果。目前这种安排,考虑到了分析大众传媒和农民工阶层关系的问题时最主要的方面,有助于相对全面地对核心议题展开分析。

本书将综合运用内容分析法、深度访谈法、问卷调查法和个案研究法来获取不同分析维度上的经验资料，并以经验研究的成果为基础，以思辨的方法力图在更高的层次上探求应该如何的问题，以实现经验研究和规范研究的统一。这也是超越新闻传播学领域中同样存在的规范问题与经验问题相分离的现象的一种尝试。1984年，戴维·里奇（David Ricci）在其著作《政治科学的悲剧》中指出政治科学中出现的规范研究与经验研究相脱节的现象。他认为，在传统的政治科学中，"正义""国家""权利""爱国主义""社会""美德""暴政"等规范性的、充满感情色彩的概念占据着主导地位。如今，规范性的概念大多消失了，取而代之的是诸如"态度""认识""社会化""系统"等中性的、技术性的概念，政治科学变成了一个充斥着海量数据和政策分析的新领域。里奇认为，当代政治科学的焦点已经从研究政治与民主根基的批判性、规范性问题转向对经验控制和政治收益等问题的分析。这种为了达到经验精确和统计概况的目的而牺牲政治上的关联性、迫切性议题的转变，是当代政治科学的悲剧，也是这一学科自身的危机所在。[1] 里奇在三十多年前指出的政治科学研究范式危机，同样潜伏在当前中国的新闻传播学研究中。以统计计量和经验精确为核心的研究大量存在，微观效果研究和对策研究甚为流行，而新闻与传播活动中那些具有价值底色和对于社会共同体至关重要的议题，则少之又少。对于以公共性为基本属性之一的新闻传播实践而言，经验问题与规范问题恰恰是同样重要、不可偏废的，甚至在某种意义上，后者比前者更重要。因此，对于"大众传媒与农民工阶层"这一与"公平""正义"等基本原则具有关联性的议题，本书力图在经验和规范两个层面上都有所讨论，并将二者结合起来，这既是对这一议题进行完整分析的内在要求，也

---

[1] 转引自［瑞典］博·罗思坦《正义的制度：全民福利国家的道德和政治逻辑》，靳继东、丁浩译，中国人民大学出版社2017年版，第2页。

可在一定程度上看作对中国新闻传播学学科内部二者间离的一次"缝合"尝试。

通过这样的尝试，本书期待勾勒出自改革开放后中国农民工阶层再度踏上历史舞台以来，这一新兴阶层与大众传媒间相互作用关系的基本面貌，并对如何解决其间存在的关键问题提出一些思考，以从"媒介"和"传播"的维度对中国社会结构变迁做出解读，并对"媒介与阶层"这一传播学经典研究进路做出来自中国社会实践的回应。这或许可以被视为在理解中国的社会结构变迁、理解大众传媒在转型社会阶层关系建构中的作用，以及中国新闻传播学科研究范式转向等方面的创新性贡献。

第四节 核心概念的界定

一 大众传媒、媒介、媒体、传媒、新媒体

大众传媒，即大众传播媒介、媒体、机构的简称。[①] 所谓大众传播，是指面向大规模人群进行大批量信息生产和传递的活动。所谓媒介，在基础意义上，是信息传播的载体和中介，对应硬件（器官/器物，如口/电视机、报纸等）和软件（语言、声波、光电、电子信号传输技术等）两种表现形态。在社会意义上，是在人类社会系统中承担着信息传播/沟通功能的子系统，因此，也会见到"媒介系统"这样的表述。就媒体这一概念而言，一种含义是"媒介的集合体"，即多种媒介而非单一媒介，如广播、电视、互联网、手机等都可被称为媒体，"媒体"是属，具体的媒介形态是种差，因而也会有广播媒体、互联网

[①] 谢金文、邹霞：《媒介、媒体、传媒及其关联概念》，《新闻与传播研究》2017年第3期。

媒体之称。在实际运用中，媒体也常常被赋予机构的概念，即专事信息传播的组织。因此，传统上，大众传媒通常被定义为以大规模人群为对象、借助专业技术大批量生产和传递信息的专业机构，其具体表现形态在机构层面有出版社、报社、广播台、电视台、电影厂等，在产品层面有书籍、报纸、杂志、广播、电视、电影等，在技术层面则包含印刷技术、文字和图像处理技术、电子信号传输技术等，也就是通常所说的传统媒体。传媒，在传统媒体时代就是大众传播媒介的同义语，在今天，其覆盖的内容则已超越大众传媒，被认为"既包括多种形态的媒介设备与信息基础设施，也包括多种媒体业态或媒体组织，还包括内容生产和数据存储的机构等，是多种媒介形态、多种媒体业态以及社会信息系统乃至全球信息系统的互联互动的大系统"[①]。所以，可以将大众传媒理解为传媒体系中更为突出地具有面向大众的属性的那一部分。并且，随着互联网、手机等新兴媒介形态的出现，大众传媒的内涵也在发生变化。

新媒体的含义有广义和狭义之分。广义的新媒体，是一个相对的概念，即相对于已经存在的媒介形态而言的新型媒介，在媒介技术发展的不同阶段，都存在特定时期的新媒体。如20世纪初期刚刚出现的广播电视媒体，相对于已经存在多年的印刷媒体而言，就是当时的新媒体。狭义的新媒体，特指自20世纪60年代互联网出现以来，"基于数字技术、网络技术及其他现代信息技术或通信技术的，具有互动性、融合性的媒介形态和平台。在现阶段，新媒体主要包括网络媒体、手机媒体及其两者融合形成的移动互联网，以及其他具有互动性的数字媒体形式"[②]。当下的新媒体以数字化、融合性、互动性、网

---

① 崔保国：《2017—2018年中国传媒产业发展报告》，载引自崔保国主编《中国传媒产业发展报告（2018）》，社会科学文献出版社2018年版，第4页。
② 彭兰：《"新媒体"概念界定的三条线索》，《新闻与传播研究》2016年第3期。

络化为突出特点。

虽然新媒体有相当突出的个人色彩和社交属性,即存在大量非机构化的个人传播者,并且基于新媒体技术的很多应用具有人际传播、群体传播、组织传播的特性,从这个意义上说,新媒体具有去专业机构的特性,但毫无疑问,新媒体也具有向大规模人群传播大批量信息的能力和现实应用。并且,新媒体平台上那些由个人或其他非传统意义上专业传媒机构的组织发布的信息,在公共话语空间中越来越显现出强大的影响力,甚至成为与传统的大众传媒相抗衡的力量,本书认为,新媒体中那些大量面向公众传播的部分,也应被视为大众传播的内容。在这个意义上,新媒体也具有大众传媒的属性。正如丹尼斯和梅里尔将报纸和网络并称"大众媒体"。[①] 而自2003年起手机新闻在国内的流行也被认为是"手机真正步入大众传媒行列"的基础。[②]

因此,本书所指称的大众传媒,是一个扩展了的宽泛的概念,既包括传统媒体,也包括新媒体。

在行文中,也将根据上下文语境交替使用媒介、媒体、传媒等概念。

二 阶级、阶层、农民工、农民工阶层

在国内社会学界,关于在描述社会分层结构时究竟应该用"阶级"还是"阶层"一词,一直是一个需要被特别讨论的问题。一方面,是因为研究者对于两个概念的内涵与外延有不同看法,如有人认为,阶级概念大于阶层概念,阶级可以划分出不同的阶层类型;[③] 有人认为,

---

① [美]埃弗里特·E. 丹尼斯、约翰·C. 梅里尔:《媒介论争:数字时代的20个争议话题》(第4版),王春枝译,中国人民大学出版社2019年版,第48页。
② 吴廷俊主编:《中国新闻传播史(1978—2008)》,复旦大学出版社2011年版,第427页。
③ 安建华:《工人阶级内部的阶层差异》,《社会学研究》1994年第6期;朱光磊、韩秀发、郭道久:《当代中国社会各阶层分析》,天津人民出版社2007年版,第3页。

阶层概念大于阶级概念，阶级是一种特殊的分层。① 另一方面，是因为在改革开放前，"阶级"一词在国内话语体系中被赋予了很强的政治色彩，与其相关的"阶级斗争"这一概念则附着了特定的历史记忆。在学术界，研究者也认为，阶级概念强调了对抗阶级之间的斗争，阶层概念则包含经济收入、社会地位、政治权力等多种社会差别，强调社会整体的协调功能。② 按照刘欣和田丰的看法，"现代社会结构，既可以用阶级也可以用阶层概念予以描述。前者一般与阶级阶层分析的'关系模型'相联系，而后者则一般与阶级阶层分析的'阶梯性模型'相联系。但无论在国内还是国际学术界，对'阶级''阶层'两个概念，区分并不是十分严格"③。

就农民工这一社会构成的指称而言，首先还需要对"农民工"本身的内涵做出解释。关于农民工，一直有不同的界定。有的认为，农民工是指拥有农业户口、被人雇用去从事非农活动的农村人口，不仅包括外出务工的绝大部分农民工，而且包括在农村就地为他人从事有偿非农活动的农村人口。④ 有的则强调其"离乡又离土，进城不离农"⑤ 的特质。2006 年《国务院关于解决农民工问题的若干意见》认为，农民工是指"户籍仍在农村，主要从事非农产业，有的在农闲季节外出务工、亦工亦农，流动性强，有的长期在城市就业，已成为产业工人的重要组成部分"⑥。按照国家统计局的定义，农民工是指户籍仍在农

---

① 王煜、雷弢：《社会分层理论——方法论上的选择》，《社会学研究》1988 年第 5 期；郑杭生、李路路等：《当代中国城市社会结构：现状与趋势》，中国人民大学出版社 2004 年版，第 7 页。
② 张宛丽：《近期我国社会阶级、阶层研究综述》，《中国社会科学》1990 年第 5 期。
③ 刘欣、田丰：《社会结构研究 40 年：中国社会学研究者的探索》，《江苏社会科学》2018 年第 4 期。
④ 陆学艺主编：《当代中国社会流动》，社会科学文献出版社 2004 年版，第 307、308 页。
⑤ 黄群慧：《中国城市化与工业化的协调发展问题分析》，《学习与探索》2006 年第 2 期。
⑥ 国务院：《国务院关于解决农民工问题的若干意见》，中国政府网，2015 年 6 月 3 日，http://www.gov.cn/zhuanti/2015-06/13，2019 年 5 月 10 日。

村，在本地从事非农产业或外出从业6个月及以上的劳动者，并将农民工分为以下几类。一是本地农民工，指在户籍所在乡镇地域以内从业的农民工。二是外出农民工，指在户籍所在乡镇地域外从业的农民工。三是进城农民工，指居住在城镇地域内的农民工。城镇地域为根据国家统计局《统计上划分城乡的规定》划分的区域，与计算人口城镇化率的地域范围相一致。[①] 可见，对于农民工的认定，共同的要素是户籍在农村、从事非农产业以及受雇佣的身份，不同的界定主要在于工作和生活地是否在城市的差异。但大多数观点还是以户籍、产业类型和雇佣身份作为主要判定标准。

关于农民工的社会结构属性，已有研究认为，农民工是工人阶级的一部分，[②] 并且他们的职业地位、经济地位、社会地位、认同意识以及群体行动都已经表现出明显的阶层特性。[③]（关于农民工阶层的更多讨论，详见第二章。）本书认同"阶层"概念从属于"阶级"概念这一看法，并与农民工阶层是工人阶级的组成部分这一国内社会学界的主流判断保持一致，在指称农民工这一社会构成时，使用"农民工阶层"这一概念。

第五节 全书纲要

全书共分七章。

第一章介绍了本书的研究背景、主要理论基础、研究问题、研究进路和方法，以及对核心概念的界定。

[①] 国家统计局：《2018年农民工监测调查报告》，http://www.stats.gov.cn/tjsj/zxfb/201904，2019年5月10日。

[②] 李培林：《改革开放近40年来我国阶级阶层结构的变动、问题和对策》，《中共中央党校学报》2017年第6期。

[③] 王春光：《农民工：一个正在崛起的新工人阶层》，《学习与探索》2005年第1期。

第二章呈现了在改革开放以来中国社会全面转型的背景下农民工阶层兴起和发展的过程，以及这一阶层的现状和当下所面对的诸多问题，并探讨了大众传媒作为理解农民工问题的一种视角的意义。

第三章至第六章对中国农民工阶层与大众传媒的现实关系进行了实证分析，分别从农民工相关称谓在大众传媒话语空间的演变过程、大众传媒对农民工形象的建构、以农民工为服务对象的媒体在中国传媒场域中的地位、传媒对事关农民工切身利益的议题的建构、新生代农民工对新媒体的意义认知和使用五个维度展开，以求对农民工阶层与大众传媒的关系进行全景呈现。

第七章在前述实证分析的基础上提出了农民工"媒介困境"这一概念，并对农民工媒介困境的解决方案提供了基于规范研究的思考结果。媒介困境指涉在大众传媒场域农民工阶层所面对的被动定义、缺乏有力的话语平台和话语权、对新兴媒介技术的应用能力薄弱等困境。借用阿马蒂亚·森（Amartya Sen）的发展理念，本书认为，农民工阶层所面对的媒介困境已成为其发展的阻碍，由此会使其陷入相对的发展困境。有鉴于此，大众传媒组织和政策制定者都应有所作为。对于大众传媒而言，坚守媒介正义是彰显其扶助弱势、促进社会正义之职责的自然选择，也是在商业化浪潮的冲击下坚守这一社会力量核心价值的必然道路。同时，从国家的维度来说，在规范层面上矢志不渝地推进正义城市和正义社会建设，在操作层面上构建以新媒体运用为核心的农民工信息化指标体系，推进有针对性的农民工信息化政策，则是实现信息领域公平正义的重要路径。

在结语部分，对在中国农民工阶层兴起的过程中所体现的媒介—阶层关系范式进行了再总结，审视其对于理解中国改革开放以来社会变迁所具有的作用，并在以中国为方法的意义上讨论了这一个案对于媒介—阶层研究的价值。

第二章　中国农民工阶层的兴起

农民工阶层的出现是基于发展转型，即一个经济体由农业社会向工业社会、现代化社会转型过程中对劳动人口的需要，是城市化进程的伴生物。世界上任何一个开始工业化的国家和地区都曾经历农民进城务工这一过程，英国、法国、荷兰就是典型的例子。[①] 在中国，农民工阶层的出现同样是工业化过程的伴生物。早在19世纪30年代，在中国第一次尝试发展民族工业的时期，长三角、珠三角地区就曾经短暂出现过农民进入城市工厂做工的潮流。进入民国时期，城市近代化进程加快，类似今天"民工潮"的现象日渐显现，[②] 只是国内时局的变幻动荡使得这股潮流未能延续太久。新中国成立后，农民向城市的流动几经反复。随着改革开放大幕的拉开，农村释放出的大量剩余劳动力，在城市工业化建设和中国加入全球化进程的巨大牵引之下，开始持续地涌入城市，汇聚成世界历史上规模最大的农民工流动浪潮。国家统计局发布的《2018年农民工监测调查报告》显示，2018年中国农民工总数已达28836万人。

农民工阶层的出现也是新中国成立以来中国社会阶级阶层结构整

[①] 厉以宁主编：《中国道路与农民工创业》，商务印书馆2017年版，"序"第Ⅰ页。
[②] 池子华：《中国"民工潮"的历史考察》，《社会学研究》1998年第4期。

体性变迁的结果。新中国成立后到改革开放前，中国社会的阶级阶层结构相对单一，有学者以"两个阶级一个阶层"，即工人阶级、农民阶级和知识分子阶层予以概括。改革开放以后，随着中国社会的全面转型，原有的社会阶级阶层结构发生变化。中国社会科学院社会学研究所在2002年提出的"十大阶层"模式，是对新的社会阶级阶层结构较具代表性的划分。其以职业分类为基础，以组织资源、经济资源、文化资源占有状况作为划分社会阶层的标准，把中国的社会群体划分为十个阶层，即国家与社会管理阶层、经理阶层、私营企业主阶层、专业技术人员阶层、办事人员阶层、个体工商户阶层、商业服务人员阶层、产业工人阶层、农业劳动者阶层和城市无业、失业和半失业阶层。这十大阶层又分属于五种社会地位等级，即社会上层、中上层、中中层、中下层和底层。农民工阶层是产业工人阶层的一部分，同时又是传统的阶级划分意义上工人阶级内部的一个新阶层。

第一节　中国农民工阶层兴起的历史过程

中国农民成规模地进入城市从事非农产业始于20世纪30年代。"进入民国时期，民族资本主义工商业几度获得较快发展，通商口岸、商埠、自行开放的口岸城市不断增多，外资、合资企业大量兴办，城市近代化进程加快，近代交通的进步以及自然经济体系的断裂，农村破产程度加深，推拉合力增大，类似今天'民工潮'的现象日见显现。""1500万大致可以确定为20年代末30年代初'民工潮'的基本面貌。"[1] 但之后的战争中断了这一历史进程。新中国成立后，农民向城市的流动几经反复，从20世纪90年代初期开始呈现出较为稳定的态势，农民进城务工常态化，"农民工"也逐渐成为对于进城务工农民

---

[1] 池子华：《中国"民工潮"的历史考察》，《社会学研究》1998年第4期。

的一种身份称谓。21世纪初,这一群体的政治地位得到认可,被视为中国工人阶级的组成部分。

新中国成立以来,中国农民工的发展大致经历了五个主要阶段。①

一 新中国成立到20世纪70年代末,反复"进出"城市的阶段

(一) 1949—1952年:相对自然的流动时期

新中国户籍工作的基本原则是"保证人民居住迁徙之自由",这一时期大约有1500万农村人口迁入城市。

(二) 1953—1960年:时有反复的快速流动时期

1953年,我国进入以第一个"五年计划"为主要内容的大规模经济建设时期,一方面,大力发展重工业,实行计划经济和农业集体化,农产品"统购统销",优先保证城市供应和工人生活改善,通过工农产品价格之间巨大的"剪刀差",使得城乡生活水平差距不断拉大,农民希望进入城市改善生活;另一方面,国家为新建工厂、矿山、铁路、水利等大型项目,从农村征调大量农民进入城镇、厂矿去做工人,② 这促成了新中国成立后的第一次农村人口流动高峰。

很快,"农业合作化"和"城市社会主义改造"运动,促使1955年进城农民向农村回流。但同年,国务院发布的《农村粮食统购统销暂行办法》和《市镇粮食定量供应暂行办法》又拉大了工农业"剪刀差",导致1956年、1957年大量农村劳动力受利益驱使涌入工矿企业。

---

① 关于这段历史过程的梳理,主要参见陈安民、刘晓霞等《中国农民工——历史与现实的思考》,华龄出版社2006年版;金慧东《1958年—1978年中国户籍制度:城乡户口实行严格登记管理》,http://cn.chinagate.cn/news/2015-08/21。关于这一历史时期的阶段划分,前四个阶段借用了陈安民、刘晓霞等的划分模式,并在此基础上延伸出第五个阶段——"新市民"时代。

② 孙中伟、刘林平:《中国农民工问题与研究四十年:从"剩余劳动力"到"城市新移民"》,《学术月刊》2018年第11期。

同时，由于1956年农业合作化冒进引发农民恐慌、统购统销购了过头粮，加上有的地区遭受严重自然灾害，导致大批农民流入城镇，形成全国范围内的"盲流"现象。

国务院于1956年年底发出《关于防止农村人口盲目外流的指示》，并于1957年对该指示做了补充后再次下发。1957年12月，国务院第65次会议通过《国务院关于各单位从农村中招用临时工的暂行规定》，明确禁止企业、单位私自招收流入农民。同时通过的还有《中共中央、国务院关于制止农村人口盲目外流的指示》，要求城乡户口管理部门严格户籍管理，切实做好制止农业人口盲目外流的工作。1958年1月，全国人大常委会第91次会议通过了我国第一部户籍管理法规——《中华人民共和国户口登记条例》。该条例不仅明确规定中华人民共和国公民都应当依照条例的规定履行以户为单位的户口登记，还正式确立了户口迁移审批制度和凭证落户制度，并首次以法规形式限制农村人口迁往城镇。这是城乡二元分割体系正式形成的开端。

1958年后，由于发动"大跃进"造成城镇劳动力瞬间短缺的假象而导致大量农村青壮劳动力被招工进城，城市人口再度膨胀。1958年，全国职工人数增长了85%。1959年3月，中共中央、国务院再次联合发出《关于制止农村劳动力盲目外流的紧急通知》，指示各省、市将"盲目流入"城市和工业矿山地区的农民收容、遣返。

（三）1961—1978年：转移倒流和逆城市化时期

为解决城镇失业问题，1961—1963年有近2000万城市职工被遣返原籍农村。1961年，中共中央发出的《关于减少城镇人口和压缩城镇粮食销量的九条办法》和公安部转发的《关于当前户口工作情况的报告》，以及1962年《中共中央、国务院关于进一步精减职工和减少城镇人口的决定》、公安部出台的《关于加强户口管理工作的意见》等，都贯彻了减少城镇人口和严格控制人口流动的基本精神，这也是第一个转移倒流的浪潮。

1967—1968年，有1000万市民被下放农村；1968年，开始号召2000万青年学生上山下乡。由此出现了逆城市化现象，即城市人口向农村转移，城镇人口占总人口的比例由1960年的19.7%下降到1972年的17.1%。

1975年通过的《中华人民共和国宪法》和后来历次修改的《中华人民共和国宪法》，都不再有关于人口迁移的条文。1977年11月，国务院批转《公安部关于处理户口迁移的规定》，确立了处理户口迁移的主要原则："从农村迁往市、镇（含矿区、林区等，下同），由农业人口转为非农业人口，从其他市迁往北京、上海、天津三市的，要严加控制。从镇迁往市，从小市迁往大市，从一般农村迁往市郊、镇郊农村或国营农场、蔬菜队、经济作物区的，应适当控制。"

新中国成立以来，农村人口几度涌入城市，同时也几经波折，屡次遭受抑制，甚至还出现了城市人口向农村转移的逆城市化现象。在这一时期逐渐形成的城乡隔离制度，使得大量剩余劳动力被积聚在农村。

二 1978—1989年："农民工"时代的序幕

（一）1978—1983年：小规模的农民流动开始出现

党的十一届三中全会于1978年12月召开，标志着中国步入改革开放的新时期。江苏、浙江地区由地方政府和村集体主导，大力发展乡镇企业，吸纳了大批农村劳动力。这一时期，中国农村劳动力向非农产业转移的主要方式是通过乡镇企业，其主要特点是"离土不离乡、进厂不进城"，被誉为中国式的独特的城市化道路。[①] 1980年开始，深

---

① 李培林：《流动民工的社会网络和社会地位》，《社会学研究》1996年第4期。

圳、珠海、厦门、汕头等经济特区相继开始动工建设，吸引了一批农民工投入其中。据统计，这一时期，全国流动人口数量达到200万人。由于对廉价劳动力需求旺盛，广东省、江苏省、浙江省等地区本地过剩劳动力很快被吸纳殆尽，跨区域农村剩余劳动力迁移开始出现，这一时期也被视作"农民工时代"的序幕。①

（二）1984—1989年：农民工大规模跨区域流动

1984年，我国彻底废除了人民公社制，并且，以城市为重点的经济体制改革全面推开，经济进入加速发展期，政府采取了允许农民工进城"务工、经商、服务"的政策。1984年，《关于1984年农村工作的通知》允许并鼓励"农民自理口粮进城务工经商"，标志着农民向城市迁徙的严格限制政策开始松动，由此出现了农民进城务工的小高潮。这一年出台了一系列分行业的农民工使用政策，如1984年6月国务院发布的《矿山企业实行农民轮换工制度试行条例》，10月劳动人事部和城乡建设环境保护部发布的《国营建筑企业招用农民合同制工人和使用农村建筑队暂行办法》，12月劳动人事部发布的《交通、铁路部门装卸搬运作业实行农民轮换工制度和使用承包工试行办法》，等等。1984年10月，《国务院关于农民进入集镇落户问题的通知》发布，为农民工进入城镇后户口、居所、回迁等方面提供政策保护和支持；1985年7月，《公安部关于城镇暂住人口管理的暂行规定》颁布；1985年9月，全国人大审议通过《中华人民共和国居民身份证条例》。这些政策的出台放宽了农村劳动力进入城镇的限制，使农村劳动力迅速向城镇和非农就业产业转移。据统计，这一时期，全国流动人口数量达到3000万，比1980年增加了近15倍。

---

① 孙中伟、刘林平：《中国农民工问题与研究四十年：从"剩余劳动力"到"城市新移民"》，《学术月刊》2018年第11期。

三 1989—2000 年："农民工"时代

（一）1989—1991 年，控制盲目流动阶段

20世纪80年代后半程以来的民工潮也对城市管理提出了新的挑战。1989年3月和4月，《国务院办公厅关于严格控制民工盲目外出的紧急通知》《民政部、公安部关于进一步做好控制民工盲目外流的通知》先后下发。1991年2月，《国务院办公厅关于严格控制大量民工盲目流入广东省的通知》要求各地人民政府采取有效措施严格控制当地民工盲目外出。并颁布《关于收容遣送工作改革问题的意见》，将收容遣送的对象扩大到三证（身份证、暂住证、务工证）不全的流动人员。这次治理整顿将不少农民工从城市清理出去，同时，在治理整顿过程中，集体乡镇企业在资金上面临紧缩压力，也解雇了一部分农民工。由此造成了改革开放后第一次农民工回流农村和农业的高峰。①

（二）1992—2000 年：规范流动和再次回流阶段

20世纪90年代，中国进入向市场经济转轨的大发展阶段，1993年，《中共中央关于建立社会主义市场经济体制若干问题的决定》发布，鼓励农村剩余劳动力转移。特别是国有企事业单位改制后，农民工大量进城，出现了又一次大规模的"民工潮"。

1993年11月，劳动部印发《农村劳动力跨地区流动有序化——"城乡协调就业计划"第一期工程（1993.10—1996.12）》。1994年11月，劳动部颁布《农村劳动力跨省流动就业管理暂行规定》。1995年5月，下发《劳动部关于抓紧落实流动就业凭证管理制度的通知》。1995年8月10日发布的《公安部关于加强盲流人员管理工作

---

① 王春光：《农民工：一个正在崛起的新工人阶层》，《学习与探索》2005年第1期。

的通知》中,将"三无"盲流人员解释为"流动人口中无合法证件、无固定住所及无正当工作或经济收入的人员,多为盲目外出找工作或流浪乞讨人员"。1997年11月,国务院转发劳动部等部门《关于进一步做好组织民工有序流动工作意见的通知》。这一系列措施使得"民工潮"被纳入有序渠道,农村劳动力的有序流动带动了流入地区经济的发展。据统计,20世纪90年代,全国流动人口数量达到7000万。

20世纪90年代末期,具体来说,1998—2000年,国有企业改革和乡镇企业改制引发了改革开放后第二次农民工回流高峰。国有企业改革提出"下岗分流、减员增效"的口号,释放出大量下岗工人,农民工被视为与下岗工人抢饭碗的对手,由此不少城市出台了一些限制农民工就业的歧视性政策,造成一部分农民工在城市找不到工作而返乡。与此同时,从1996年开始,乡镇企业面临发展困难,以苏南为代表的乡镇企业纷纷改制,将原有的一些乡镇企业工人解雇,使其重返农业。[1]

四 2000—2008年:"产业工人"时代

2000年7月,劳动和社会保障部、国家发展计划委员会、农业部、科技部、建设部、水利部、国务院发展研究中心联合发布的《关于进一步开展农村劳动力开发就业试点工作的通知》指出,应当取消各类对农村劳动者流动就业的限制。2001年3月,《国民经济和社会发展第十个五年计划纲要》发布,提出"取消对农村劳动力进入城镇就业的不合理限制,引导农村富余劳动力在城乡、地区间的有序流动"。2002年11月,党的十六大报告指出:"农村富余劳动力向非农产业和城镇转移,是工业化和现代化的必然趋势。"

---

[1] 王春光:《农民工:一个正在崛起的新工人阶层》,《学习与探索》2005年第1期。

2003年1月,《国务院办公厅关于做好农民进城务工就业管理和服务工作的通知》发布。2003年2月,《城市生活无着的流浪乞讨人员救助管理办法》出台。2003年8月,实施了二十多年的《城市流浪乞讨人员收容遣送办法》被废止,从制度上为农民工进城务工扫除了障碍。2003年9月召开的中国工会十四大提出,"农民工已经成为我国工人阶级的新成员和重要组成部分"。

2003年12月,《最低工资规定》颁布。2004年《关于促进农民增加收入若干政策的意见》明确指出:"进城就业的农民工已经成为产业工人的重要组成部分。"2004年3月,《最低工资规定》实施。2004年8月,国家发改委会同多个机构联合下发《关于进一步清理和取消针对农民跨地区就业和进城务工歧视性规定和不合理收费的通知》,严禁地方政府为"农民工"流动和进城务工设置障碍。2004年12月,《国务院办公厅关于进一步做好改善农民进城就业环境工作的通知》下发,要求进一步做好促进农民进城就业的管理和服务工作,切实维护农民进城就业的合法权益,进一步健全完善劳动力市场,以改善农民进城就业环境。农民工外出务工迎来新一轮大潮。据统计,2004年,全国农民工数量达到1.2亿。

2005年,《中共中央国务院关于进一步加强农村工作提高农业综合生产能力若干政策的意见》明确鼓励农民进城打工。2006年,《国务院关于解决农民工问题的若干意见》发布,从工资支付保障、社会保障、住房保障等多个方面保护农民工的权益,并建立农民工工作联席会议制度。国务院研究室发布了《中国农民工调研报告》。

2007年,《劳动合同法》《就业促进法》和《劳动争议调解仲裁法》相继出台,为农民工依法维护自身劳动权益提供了强有力的保障。

2008年是中国农村改革30年，首次出现农民工人大代表。全国优秀农民工表彰大会在京召开，1000名优秀农民工代表和100个先进集体获奖。2008年年末，《国务院办公厅关于切实做好当前农民工工作的通知》发布。同年，受国际金融危机和国内经济形势变动的影响，2000多万农民工失去工作返乡。

这一时期，从国家政策方面来说，是农民工发展的黄金时期，农民工的历史贡献和政治地位得到认可，一系列保障农民工基本权益的政策出台，为农民工阶层的壮大提供了良好的制度保证。

五 2009—2018年："新市民"时代

在农民工作为工人阶级成员的政治身份得到确认的同时，推进农民工融入城市的一系列政策纷纷出台，农民工的转型与发展迎来新的历史时期。

2008年以来，最为显著的变化是新生代农民工开始成为农民工的主体。这一代农民工与老一代农民工具有截然不同的发展诉求，他们有在城市定居的强烈意愿。农民工的城市融入成为解决农民工问题的重点工作。

2009年中央经济工作会议指出："要把解决符合条件的农业转移人口逐步在城镇就业和落户作为推进城镇化的重要任务。"地方政府也开始实施"新市民工程"。2010年《中共中央国务院关于加大统筹城乡发展力度 进一步夯实农业农村发展基础的若干意见》提出，要"采取有针对性的措施，着力解决新生代农民工问题"，把新生代农民工的市民化问题提上了议事日程。2011年12月，《民政部关于促进农民工融入城市社区的意见》下发，为农民工参与社区生活并真正融入城市提供了制度依据。2013年11月，党的十八届三中全会提出要健全城乡发展一体化体制机制，创新人口管理，推进农业转移人口市民化。

2014年3月,第十二届全国人民代表大会第二次会议政府工作报告指出,今后一个时期,着重解决好现有"三个1亿人"问题,促进约1亿农村转移人口落户城镇,改造约1亿人居住的城镇棚户区和城中村,引导约1亿人在中西部地区就近城镇化。这"三个1亿人"基本上就等于农民工群体。2014年7月,《国务院关于进一步推进户籍制度改革的意见》印发,提出促进有能力在城镇稳定就业和生活的常住人口有序实现市民化,稳步推进城镇基本公共服务常住人口全覆盖,并明确提出取消农业户口。

2015年11月发布的《中共中央关于制定国民经济和社会发展第十三个五年规划的建议》提出,提高户籍人口城镇化率,使更多的"新市民"成为真正的市民。12月的中央经济工作会议明确指出,要通过加快"农民工"市民化,推进以满足新市民为出发点的住房制度改革。

这一时期的各项政策,使得农民工站在了一个历史的转折点上,农民工向市民转化的进程已然开始,农民工"终结"的帷幕正徐徐落下。[1]

回溯过往可知,农民工兴起的历史背景是改革开放以来中国的大转型。改革开放以来的中国社会,经历了多个层面的重大转型,如从计划经济到市场经济的转型;从农业社会向工业社会、信息社会,农业社会向城市社会的转型;从封闭社会到开放社会的转型。在某些学者看来,中国国家转型的独特性在于中国是一个双重转型的国家。第一种转型是发展转型,即从农业社会向工业社会、现代化社会的转型;第二种是体制转型,即从计划经济体制转向市场经济体制。对中国来

---

[1] 韩长赋:《中国农民工的发展与终结》,中国人民大学出版社2007年版,第3、164—172页。

说，这两个转型是重叠在一起的，全世界没有先例。[①]

应该说，迄今为止，中国的经济体制转型已基本完成，发展转型尚在持续推进中。2010年，党的十七届五中全会提出"三化同步"，即"在工业化、城镇化深入发展中同步推进农业现代化"的战略要求。2012年，党的十八大报告进一步扩展至"四化同步"，即"促进工业化、信息化、城镇化、农业现代化同步发展"。一是推动信息化与工业化深度融合，二是推动工业化与城镇化良性互动，三是推动城镇化与农业现代化相互协调。

在中国的大转型过程中，一个新兴社会阶层的出现引人瞩目。作为一脚站在农村，一脚迈入城市的"中间人群"，农民工具有中国从农业社会向工业社会、信息社会、城市社会转变的现实表征意义。

第二节 中国农民工阶层的基本状况

1980年起，深圳、珠海、厦门、汕头等经济特区的建设吸引了农村劳动力跨区流动，江、浙地区发展乡镇企业也吸纳了大量农村劳动力，这为中国的"农民工时代"拉开帷幕，此阶段全国流动人口数量约200万人。及至2018年，农民工已经发展成为一个拥有近3亿人口的新产业工人阶层。

一 整体状况

（一）规模、分布及流向

根据国家统计局《2018年农民工监测调查报告》发布的数据，截至2018年，农民工总量达到28836万人。其中，在乡内就地就近就业

[①] 厉以宁、林毅夫、周其仁等：《读懂中国改革.1，新一轮改革的战略和路线图》，中信出版社2017年第2版，第213页。

的本地农民工为11570万人，到乡外就业的外出农民工为17266万人。在外出农民工中，进城农民工为13506万人。

在外出农民工中，到省外就业的农民工为7594万人，在省内就业的农民工为9672万人。省内就业农民工占外出农民工的56%。

从输出地上看，东部地区输出农民工为10410万人，占农民工总量的36.1%；中部地区输出农民工为9538万人，占农民工总量的33.1%；西部地区输出农民工为7918万人，占农民工总量的27.5%；东北地区输出农民工为970万人，占农民工总量的3.4%。

从输入地上看，在东部地区就业的农民工为15808万人，占农民工总量的54.8%。其中，在京津冀地区就业的农民工为2188万人，在长三角地区就业的农民工为5452万人，在珠三角地区就业的农民工为4536万人。在中部地区就业的农民工为6051万人，占农民工总量的21.0%。在西部地区就业的农民工为5993万人，占农民工总量的20.8%。在东北地区就业的农民工为905万人，占农民工总量的3.1%。

（二）基本特征

在全部农民工中，男性占65.2%，女性占34.8%。其中，在外出农民工中，女性占30.8%；在本地农民工中，女性占38.6%。

在全部农民工中，未婚的占17.2%，有配偶的占79.7%，丧偶或离婚的占3.1%。其中，外出农民工有配偶的占68.1%，本地农民工有配偶的占90.8%。

50岁以上农民工占比逐年提高。农民工平均年龄为40.2岁。从年龄结构上看，40岁及以下农民工所占比重为52.1%，50岁以上农民工所占比重为22.4%。从农民工的就业地上看，本地农民工平均年龄为44.9岁，其中，40岁及以下所占比重为35.0%，50岁以上所占比重为33.2%；外出农民工平均年龄为35.2岁，其中，40岁及以下所占比重为 69.9%，50 岁以上所占比重为 11.1%。

新生代农民工中超半数为"80 后"。1980 年及以后出生的新生代农民工占全国农民工总量的 51.5%，老一代农民工占全国农民工总量的 48.5%。在新生代农民工中，"80 后"占 50.4%，"90 后"占 43.2%，"00 后"占 6.4%。

在全部农民工中，未上过学的占 1.2%，小学文化程度的占 15.5%，初中文化程度的占 55.8%，高中文化程度的占 16.6%，大专及以上文化程度的占 10.9%。在外出农民工中，大专及以上文化程度的占 13.8%；在本地农民工中，大专及以上文化程度的占 8.1%。

（三）就业状况

在第三产业就业的农民工比重过半。从事第三产业的农民工比重为 50.5%。一是从事传统服务业的农民工继续增加。从事住宿和餐饮业的农民工比重为 6.7%；从事居民服务、修理和其他服务业的农民工比重为 12.2%。二是脱贫攻坚开发了大量公益岗位，在公共管理、社会保障和社会组织行业中就业的农民工比重为 3.5%。从事第二产业的农民工比重为 49.1%。其中，从事制造业的农民工比重为 27.9%，从事建筑业的农民工比重为 18.6%。农民工月均收入为 3721 元。

（四）进城农民工居住情况

进城农民工人均居住面积为 20.2 平方米，户人均居住面积在 5 平方米及以下的农民工户占 4.4%。在 500 万人以上城市中，人均居住面积为 15.9 平方米；在 50 万人以下城市中，人均居住面积为 23.7 平方米。

在进城农民工户中，购买住房的占 19%。其中，购买商品房的占 17.4%，租房居住的占 61.3%，单位或雇主提供住房的占 12.9%。

在进城农民工户中，享受保障性住房的占 2.9%。其中，租赁公租房的占1.3%，自购保障性住房的占1.6%。

在进城农民工户住房中，有洗澡设施的占82.1%，使用净化处理自来水的占87.7%，独用厕所的占71.9%，能上网的占92.1%，拥有电冰箱、洗衣机、汽车（包括经营用车）的比重分别为63.7%、63.0%和24.8%。

（五）进城农民工社会融合情况

一是城镇归属感较为稳定。在进城农民工中，38%认为自己是所居住城镇的"本地人"。其中，已定居农民工中该比例为79.2%，对所居住城镇高度认同。城市规模越大，农民工的归属感越低。在500万人以上大城市中，该比例仅为16.8%。从对所在城镇的适应情况来看，19.6%表示自己非常适应，61.5%表示比较适应。其中，在已定居农民工中，该比例分别为34.8%和57.8%。

二是组织化程度进一步提高。在进城农民工中，26.5%参加过所在社区组织的活动，其中，3.5%经常参加，23.0%表示偶尔参加。15.3%参加过人大代表选举，加入工会组织的进城农民工占已就业进城农民工的比重为9.8%。在已加入工会的农民工中，经常参加工会活动的占26.0%，偶尔参加的占56.3%。[①]

二 农民工阶层的身份归属、阶层意识和阶层行动

1985年，蒙晨和邹农俭在《人口学刊》上刊发的一篇文章中提出"亦农亦工阶层"这一概念，文中明确"本文所说的亦工亦农阶层，是指户口在农村而工作在工厂，同时或多或少地与农业劳动保持一定联系的这样一层人的总和。从社会结构的观点来看，这批人是从农民转变为工人的过渡阶层，它即（既）不同于完全意义上的农

[①] 以上均来自国家统计局《2018年农民工监测调查报告》，http：//www.stats.gov.cn/tjsj/zxfb/201904，2019年5月10日。

民，又不同于吃商品粮的工人，而是兼具上述两种人的特性，所以我们称之为亦工亦农阶层"①。这代表了学术界对于农民工阶层最初的认识和判断。

几年后，农民工被定义为"中国特有的一个阶层"，且仍然是农民阶级的组成部分。1989年，中国社会科学院社会学研究所研究员陆学艺在其《重新认识农民问题——十年来中国农民的变化》一文中指出，自1980年前后在农村实行以家庭联产承包责任制为中心的一系列改革开放政策之后，中国的农民阶级已经分化为八个有不同利益要求的阶层——农业劳动者阶层、农民工、雇工阶层、农民知识分子阶层、个体劳动者和个体工商户阶层、私营企业主阶层、乡镇企业管理者阶层、农村管理者阶层。农民工"是中国特有的一个阶层"，他们常年在第二、第三产业劳动，取得个人及其家庭的全部或大部分收入，但因国家户籍管理制度严格限制"农转非"，因而户籍还在农村，身份仍是农民。他们约占农民总数的24%，是农民阶级中人数仅次于农业劳动者阶层的部分。②

进入21世纪后，中国农民工呈现出新的特征。从农民工的社会经济地位、阶层意识和认同、阶层行动三个方面来看，农民工都已具有了新工人阶层的特性。就其社会经济地位而言，农民工从事与城镇工人相似的非农职业，虽然还没有达到城镇工人的阶层地位，经济地位也较低，但他们是工人而非农民。也有人将农民工称为"新工人"，以区别于原有的国有企业职工（也被称作"老工人"）。就阶层意识和行动而言，农民工在维护自身权益的过程中越来越多地诉诸集体行动，在这样的行动中，他们逐渐意识到群体和阶层的力量，以及

---

① 蒙晨、邹农俭：《关于亦工亦农阶层状况的调查》，《人口学刊》1985年第4期。
② 陆学艺：《重新认识农民问题——十年来中国农民的变化》，《社会学研究》1989年第6期。

组织的重要性，并有组建工会的要求，组织化进一步唤醒了农民工的阶层意识。①

总体而言，中国农民工是一个数量庞大、经济收入水平较低、文化水平较低、尚处于与城市社会的融合过程之中的新阶层。

第三节　中国农民工阶层的地位和困境

伴随着农民工进城历程的是其地位的不断变化。他们最初只是单纯的劳动力，随着其社会贡献的日益凸显或者说随着社会对其重要贡献的认识不断明确，农民工也获得了相应的认可。但是，由于历史问题所导致的长期负面效应以及新的不利因素的叠加，农民工政治地位的提升并未能带来其居于劣势的经济、社会、文化地位的快速提升，农民工依然面对诸多现实困境。在解读和解决这些困境的若干路径中，大众传媒具有独特意义。

一　中国农民工的地位

农民工是改革开放后中国经济腾飞的重要劳动力基础。中国的农民工，不仅为国家大力推进的工业化、城市化进程解决了劳动力短缺的问题，为城市劳动力队伍特别是第二、第三产业持续提供了新鲜血液，同时也是中国经济改革的重要基础，作为劳动力市场的重要组成部分，农民工为改革开放以后中国民营经济的发展和腾飞打下了坚实基础，而这一由民营经济推动的国家自下而上的市场转型道路也成为中国经济转型的一大特色，被视作"中国经济奇迹的谜底"②。

2003年9月22日，中国工会第十四次全国代表大会报告特别提

---

① 王春光：《农民工：一个正在崛起的新工人阶层》，《学习与探索》2005年第1期。
② ［美］倪志伟、［德］欧富菲：《自下而上的变革：中国的市场化转型》，阎海峰、尤树洋译，北京大学出版社2016年版，"译者序"第2页。

到,"进城务工人员是工人阶级队伍的新成员,在促进城乡经济发展、巩固工农联盟方面发挥着重要作用"①,这是"农民工加入工会被首次写入大会报告中"②。2004 年,《中共中央国务院关于促进农民增加收入若干政策的意见》明确指出,"进城就业的农民工已经是产业工人的重要组成部分"。改革开放 40 年来,我国阶级阶层结构出现的重大变化之一就是工人队伍空前壮大,农民工成为新生力量。2016 年,在整个非农从业人员中,农民工约占工人队伍的 60%,并且是我国基础设施建设、生产流水线、一般建筑业和日常服务业的骨干支撑。③

二 中国农民工的现实处境

作为一个为中国的工业化和现代化做出巨大贡献的群体,农民工所得到的回报却远远不能与其贡献对等。1995—2009 年的数据分析显示,农民工数量增加对总劳动生产率增长的平均贡献率为 19.96%,对总产出增长的平均贡献率为 13.41%;农民工劳动生产率对总劳动生产率增长的平均贡献率为 17.60%,对总产出增长的平均贡献率为 16.58%。但是,农民工对经济成果的平均分享率却只有 9.65%,远低于其对经济增长的贡献。并且,农民工对经济成果的分享总体呈下降态势。④ 除了经济上的劣势地位,城乡二元户籍制度所造成的农民工群体在城市的身份问题,使得这一群体成为社会的下层。最近十几年来,随着中国经济的高速增长和劳动力供给的持续增长,农民工的绝对收入水平也显著上升。但是,数据分析表明,

---

① 王兆国:《在中国工会十四大上的报告》,http://www.acftu.org/template/10041/file.jsp?aid=259,2018 年 4 月 2 日。
② 袁建达:《民工:工人阶级队伍的新成员》,《人民日报》2003 年 9 月 26 日第 5 版。
③ 李培林:《改革开放近 40 年来我国阶级阶层结构的变动、问题和对策》,《中共中央党校学报》2017 年第 6 期。
④ 杨晓军:《农民工对经济增长贡献与成果分享》,《中国人口科学》2012 年第 6 期。

2006—2015年农民工的相对收入水平和社会地位自评都在下降,社会经济地位呈现出"逆成长"的态势,①并因其在就业、住房、医疗、养老、子女受教育等多个方面的困境而形成一个突出的社会问题——农民工问题。

农民工问题的形成,有历史原因,简单地说,基本上是"一个人口膨胀而资源短缺的农民国家追求工业化的发展问题"②。这导致了城乡二元结构以及长期以来对农民和农村的剥削。"三农"问题是从工业化加速开始的,是从全球化严峻的。"计划体制当初建立时,有两大支柱:一是国有企业体制,二是城乡二元体制。这两大支柱支撑着整个计划经济。在城乡二元体制下,户籍分为城市户籍和农村户籍,城乡被人为地割裂开来,城市和农村都成为封闭性的单位,生产要素的流动受到十分严格的限制,城市居民和农民的权利是不平等的,机会也是不平等的。"③

"农民工可以在城镇和企业中工作,但他们却是劳动力市场中最弱势的受雇群体。农民工与城市居民的身份不同,农民工的权利受限制,而雇用农民工的单位或企业相对于农民工而言,是强势的。双方地位的不对称性,大于城市居民中的受雇者和单位之间地位的不对称性……二元劳工市场的存在使求职者受歧视,农民工只能进入低级劳工市场,无法进入高级劳工市场。在这方面,农民受到的歧视比城市居民求职者更为突出。"④

除此之外,由于中国经济转型所具有的特殊性,农民工还面临着

---

① 田丰:《逆成长:农民工社会经济地位的十年变化(2006—2015)》,《社会学研究》2017年第3期。
② 温铁军:《"三农"问题与制度变迁》,中国经济出版社2009年版。
③ 厉以宁:《当前中国经济改革首先抓哪些方面》,载厉以宁、林毅夫、周其仁等《读懂中国改革·1,新一轮改革的战略和路线图》,中信出版社2017年版,第141页。
④ 厉以宁:《当前中国经济改革首先抓哪些方面》,载厉以宁、林毅夫、周其仁等《读懂中国改革·1,新一轮改革的战略和路线图》,中信出版社2017年版,第144—145页。

更严重的结构性危机。"这里所说的经济转型是特指一个国家的工业化和经济发展从外延型增长阶段向内涵型增长阶段的转型。……外延型增长阶段的一个基本的特征就是,经济的增长主要是以工业中的劳动力人数的增加为基础的。因此,在这个阶段上,急剧扩张的工业对劳动力有着旺盛的需求。而到了内涵型增长阶段,经济的增长将转而以技术的进步和劳动生产率的提高为基础,对劳动力的需求会出现停滞或下降。也就是出现技术排挤劳动力的现象。"[1] 中国在工业能够大量吸纳劳动力的外延型增长阶段没有完成农村剩余劳动力的城市化这项任务,即没能及时消化掉农村剩余劳动力,因此,当21世纪以来改革逐渐进入深水区,开始由外延型增长转向内涵型增长,即进入技术排挤劳动力阶段之时,却又面临着大批劳动力继续涌入城市的局面,这就造成了劳动力需求减少和劳动力供给增加的矛盾,在很大程度上增加了农民工在城市就业的难度。

同时,二元户籍制度的存在还使得农民工进城务工的同时造成了留守儿童以及家庭分隔等社会问题,二元户籍制度造成的代际问题对于农民工的信心以及积极性也有重要影响。

总体而言,农民虽脱离农业、投身工业化过程,但由于无法得到强有力的社会支撑,很难在城市里扎根;而农村则长期被抽取资源,发展乏力,也无法解决农民工的发展需求。因此,农民工便成了徘徊在城乡的边缘人和夹心人,面对各种各样的"农民工问题"。

三 关注农民工问题的重要性及大众传媒在其中所扮演的角色

"从现实情况来看,当前我国社会阶级阶层结构,既不同于马克

---

[1] 孙立平:《断裂——20世纪90年代以来的中国社会》,社会科学文献出版社2003年版,第103—104页。

思主义经典作家设想的社会主义社会，也在本质上不同于现代资本主义社会，与改革开放以前的情况也有了很大的差异。正确地分析阶级阶层结构和阶级阶层之间的利益关系，是我们党确定政治路线和制定实施经济社会文化政策的客观依据，关系到党长期执政的阶级基础、群众基础和政策取向，关系到我国改革开放、经济发展和社会稳定，关系到坚持和发展中国特色社会主义。"[1] 自20世纪90年代以来，中国社会阶层的分化和阶层流动板结化已经日益明显，农民工的发展困境是社会发展结构性矛盾的体现，也只有依靠制度层面的结构性调整手段才能得以根本解决。

大众传媒在促进公共沟通、缓释阶层矛盾方面所具有的作用，使其对于农民工阶层的成长具有特别的意义。如前文所述，大众传媒至少在四个方面与社会阶层发生联系。一是引发阶层冲突或是促进阶层和谐。由于其对阶层形象的呈现和建构功能，大众传媒有助于社会公众对某个新兴社会阶层正面印象的形成，从而对其释放善意，双方建立起正向的互动关系；同时，大众传媒也可能具有相反的作用。二是促进阶层认同的形成或相反。通过对社会阶层的命名或是形象处理，以及借由自身作为某一阶层代言人的身份，大众传媒能够成为同一阶层人群阶层意识形成的重要介质。同样地，如果大众传媒不能对某一社会阶层进行适宜的命名或形象建构，不能为某一社会阶层提供话语空间，这一阶层也很难基于对某一身份称谓或形象的认同而形成阶层认同，或通过公开表达共同的利益诉求而建立阶层意识进而形成阶层认同。三是促进阶层对话或是分化。大众传媒最重要的政治功能之一在于通过促进多元表达实现不同利益群体和社会阶层的沟通与对话，其反面则是话语霸权或者话语失衡，即强势力量垄断话语权，挤压弱

---

[1] 李培林：《改革开放近40年来我国阶级阶层结构的变动、问题和对策》，《中共中央党校学报》2017年第6期。

势人群的表达空间,这将造成公共表达场域的阶层分化。而当通过大众传媒进行表达的制度性利益表达渠道受阻,非制度化表达自然就会出现,阶层冲突便在所难免。四是"知沟"效应的存在使得大众传媒成为阶层不平等的再生场域。当然,通过提高弱势阶层的信息获取能力以缩小这种鸿沟,将有助于缓解不平等。

综上,对于农民工阶层而言,大众传媒在其身份命名、社会形象建构、话语空间建设、个人社会发展（借助媒介技术）等方面都具有重要的作用。尤其是中国同步行进在城市化、信息化的轨道上这一特殊情境,使得正确认识和处理大众传媒与农民工阶层的关系问题更具紧迫性。因为正是新媒体技术对个人发展强有力的"赋权"和"赋技"能力,注定农民工作为一个改革开放后新兴崛起的"弱势阶层",不仅要面对传统媒体时代社会形象整饰、话语空间争取的问题,还要拼命摆脱自身在"技术相对贫困化"下被双重挤压、双重边缘化的命运——既在现实世界被挤压,又在虚拟世界被挤压;在城市社会被边缘化,在信息社会依然被边缘化。

第三章 "农民工"在大众传媒中的话语嬗变

改革开放后,中国社会的全面转型和全球化进程共同造就了一个数量庞大且具有独特属性的新群体,农民工作为一个新兴社会阶层开始登上历史舞台,并日益为世人所瞩目。那么,既有主流社会如何看待这个新阶层,如何为其命名,如何描述其形象,如何赋予其社会意义,很自然地成为社会系统框架内审视一个新兴阶层兴起时会提出的问题。

要回答上述问题,有必要引入大众传媒这一变量。大众传媒往往被视为一个社会占据主导地位的阶层(主流阶层)的代言人。作为由权力阶层和社会精英所掌握并运营的大众传媒,其话语和呈现又在"知识"的社会生产和影响公共舆论的权力结构的具体化过程中具有重要作用。[1]

首先,大众传媒具有命名的功能,即它可以通过对特定的对象赋予名称,并不断重复和强化这个名称,从而起到在社会范围内为其命名的作用。

---

[1] Noam Chomsky, *Towards a New Cold War: Essays on the Current Crisis and How We Got There*, New York: Pantheon Books, 1982.

其次，大众传媒可以通过对特定对象的符号建构和形象建构，实现对其的意义赋予，即赋予这一对象某种相对稳定的内涵，并形成一种在社会范围内具有常识意义的"知识"，这主要是通过表征再现（Representation）、呈现（Presentation）和建构（Construction）来实现的。而这种意义最终也转换为特定对象的符号资本或文化资本，成为其社会性存在与发展的一种重要依托。

自农民工群体进入公共话语空间以来，所具有的称谓非常多样，"外来人员""盲流""农民工""民工""外来工""打工者""打工仔""打工妹""进城务工人员""新市民""新工人"……不一而足。就其在大众传媒中呈现出的形象而言，也经历了不同的发展阶段，从早期被排斥和看低的"外来者"到悲情的"受难者"，再到具有被接纳意味的"新市民"，始终处于变动之中。本章将对上述两个方面的变化过程进行历史梳理，以审视大众传媒对农民工群体的称谓和形象建构特点及背后的逻辑。

为使分析既全面又相对深入，本章采用了内容分析和个案研究的方法，即在借助内容分析的方法呈现大众传媒对于农民工称谓和形象呈现流变的全貌的基础上，又以"农民工"一词为个案对其内涵的形象特征进行重点解析。

第一节 "农民工"在大众传媒中的称谓嬗变

命名一直是农民工阶层兴起过程中一个广受关注的问题，对农民工称谓的讨论在过去几十年始终未曾中断。"农民工"被媒体视为"一个最受牵挂群体的集体称谓"[①]。《人民日报》曾发文《拿什么称呼你，

---

① 郭奔胜、董峻、王立彬：《8大"热词"折射中国农村改革30年》，《人民日报》（海外版）2008年10月16日第1版。

我的兄弟》①，而类似《该给第三代农民工起名吗》② 这样的文章充分说明了这一问题的延续性。

不仅媒体关注农民工的称谓问题，普通公众也表达了对这一问题的关切，呼吁为农民工更名。2006年，《农家之友》杂志发表了一封读者来信，信中说："'农民工'为城市的发展做出了巨大贡献，应当给予他们切实的国民待遇。我们总感觉到'农民工'这个称谓，带有一些歧视性的意味，应该予以改变。呼吁将'农民工'改称为'新工人'。"③

农民工的命名何以成为一个"问题"？

或许可以说，在中国自改革开放后经历的社会转型过程中，没有哪个群体像"农民工"一样，拥有过那么多个名称。综观这些不同的称谓，有的偏重职业归属，如农民工；有的偏重雇佣关系，如打工者、打工仔；有的突出相对于城市居民的外来和他者要素，如外来人员、外来工、进城务工人员；有的突出其社会身份的变化，如新工人、新市民……同样一个群体，何以拥有如此多顶"帽子"？这诸多"帽子"的内在演变理路如何？其生成逻辑如何？又是谁在为这个群体命名？其命名机制是什么？

学界对上述问题已有初步探索，如以盲流—打工仔/打工妹—农民工—进城务工人员④或流民—盲流—打工妹/打工仔—农民工—新生代农民工⑤的流变过程，讨论农民工称谓的变迁轨迹及演变逻辑。但这些对农民工称谓变迁过程的分析较为主观，缺乏数据支撑，也由于没有

---

① 周国强、刘龙、雷声等：《拿什么称呼你，我的兄弟》，《人民日报》2007年4月30日第10版。
② 曲哲涵：《该给第三代农民工起名吗》，《人民日报》"经济周刊"2011年11月14日第17版。
③ 施维：《呼吁将"农民工"称谓改为"新工人"》，《农家之友》2006年第8期。
④ 汪勇：《"农民工"称谓的历史演变及其启示》，《南京社会科学》2007年第11期。
⑤ 王道勇：《社会称谓视角下的农民工社会形象变迁》，《中州学刊》2016年第1期。

一个明确的样本框而使得分析的完整性存疑，个别称谓是不是一个时期对农民工的主流称谓也有待商榷。

如第二章所述，中国农民成规模地进入城市从事非农产业始于20世纪30年代，但这一进程因为战争而中断，农民再度进城务工发生在新中国成立之后，因此，若要追溯"农民工"对应的称谓缘起，需要数据时间跨度足够长、收录报刊种类足够丰富的数据库，故本书以读秀数据库中的"报纸"数据库为来源，并以"全国报刊索引"数据库作为补充。同时，考虑到《人民日报》作为中共中央机关报在社会主流意识形态塑造方面所具有的独特作用，且《人民日报》数据相对完整，本书又特别考察了《人民日报》的"农民工"相关报道文本，以"《人民日报》图文数据库"作为另一检索来源。由于目前国内大众期刊数据库建设相对滞后，数据不全，所以分析主要还是针对报纸，只以龙源期刊网数据库作为参考。具体而言，本书针对有关农民工群体使用较多的几种称谓，以"农民工""民工""外来人员""外来人口""外来工""外来务工人员""打工者""打工仔""打工妹""进城务工人员""新市民""新工人"等词为关键词，根据数据库设定的检索模式，读秀数据库以"全部字段"进行查询，"全国报刊索引"以"关键词"检索，"《人民日报》图文数据库"以"标题""正文"分别进行查询，尽可能地扩大数据的覆盖面。由于新中国成立后国内报刊行业也进行了大规模的调整，与之前相比，在经营性质、管理制度及办报/刊理念上都有很大的不同，同时此后的报刊业在管理体制和运行制度上，具有相对稳定性，便于观察同一意识形态体系下报刊的表现，因此，检索数据的时间段限制在1949年10月1日至2018年12月31日，以探索自新中国成立以来到改革开放四十年这一具有历史意义的时间节点范围内，国内报刊媒体有关农民工称谓大致的嬗变历程。下文所有的讨论都是基于

一 新中国成立后农民工主要称谓的嬗变历程

（一）农民工主要称谓的产生过程

1. 20 世纪 50 年代起：外来人口、外来人员

在数据检索范围内，最先出现在报纸上的有关农民工的称谓是"外来人口"。早在 1956 年 11 月 25 日，《人民日报》在关于各地整顿粮食供应工作的一篇报道中，就出现了"外来人口"一词："某些机关团体的伙食管理制度不健全，有些职工的家属和外来人口不带粮票和粮食供应证件。"① 同年 12 月 29 日，《宁波大众》刊登出一则新闻——《上海市人民委员会订出办法限制外地人口流入上海 尽可能说服外来人口回原籍》②，这是新中国成立后第一次大规模农民招工进城时期由于政策调整引发的农民回流，这里的"外来人口"就是进城务工的农民。改革开放后"外来人口"再度出现在报纸标题中，较早的是在 1988 年的《宁波日报》上，报纸报道了《外来人口私房租赁管理办法本月起实施》③。在"外来人口"的称谓之下讨论农民工问题最早的六篇文章，都出自《宁波日报》。《人民日报》第一篇以"外来人口"为题的报道出现在 1994 年。④

---

① 邝麓安：《经过初步整顿粮食供应工作 湖南粮食销售量合理地下降 山西中小城市检查调整粮食供应》，《人民日报》1956 年 11 月 25 日第 3 版。
② 佚名：《上海市人民委员会订出办法限制外地人口流入上海 尽可能说服外来人口回原籍》，《宁波大众》1956 年 12 月 29 日。该文来自读秀数据库。该库的报纸文章很多没有版次信息，且有的缺少作者信息。本章除《人民日报》文章信息来自"人民日报图文数据库"及其他单独说明数据来源的条目外，报纸文章信息均来自读秀数据库，且后面不再就作者和文章版次信息缺失单独做出说明。
③ 王达邺：《外来人口私房租赁管理办法本月起实施》，《宁波日报》1988 年 7 月 4 日。
④ 章世鸿：《上海周家桥街道开设"外来人口学校"》，《人民日报》1994 年 5 月 27 日第 3 版。

与"外来人口"同时出现的,还有"外来人员"一词,首见于1957年的《解放日报》,文章名为《各单位应做好宣传和遣送工作继续动员外来人员回乡生产 市人委昨召集各区人委和各局负责人开会讨论》,这里的"外来人员"指的就是流入城市务工的农民。① "外来人员"这个词早在1948年就在《人民日报》上出现过,不过那时没有明确的所指,是一个比较模糊的概念。② 改革开放后有关"外来人员"的第一篇报道出现在1985年的《宁波日报》上,报道的是慈城镇抓外来人员计划生育工作。③ 作为农民工称谓之一的"外来人员"一词首次出现在《人民日报》上,是在1984年的一篇首都和各省市区报纸要目中,其中转了当天《福建日报》的报道,内容为"三明市三元区北山居委会改变过去将进城经商的农民当作'无证人员'清查驱赶的做法,给五百余户长住于北山一带的外来人员发了'暂住人员户口簿'和'暂住人员登记卡',热情欢迎和支持他们搞运销"④。《人民日报》第一篇以"外来人员"为题的报道出现在1989年,是有关广东省疏散劝返春节后涌入的数万"民工"的新闻。⑤ 从报纸对"外来人员"这一称谓的整体使用情况来看,以长三角和珠三角的媒体使用居多(见表3-1)。

---

① 佚名:《各单位应做好宣传和遣送工作继续动员外来人员回乡生产 市人委昨召集各区人委和各局负责人开会讨论》,《解放日报》1957年7月23日。该文信息来自"全国报刊索引"数据库,作者信息缺失。
② 在《石家庄柯市长谈建设方针 保护发展工商业 安置好失业工人》(《人民日报》1948年1月26日第1版)一文中,提到建设石家庄市的措施之一是"禁止了某些外来人员抢购物资的现象,惩办了抢劫商店的蒋家匪徒。但文中并未明确"外来人员"具体指什么样的人,并且从上下文看,也与农民没有确定关联。
③ 周明正:《切实贯彻落实基本国策 慈城镇抓好外来人员计划生育工作》,《宁波日报》1985年10月14日第2版。
④ 《今日首都和各省市区报纸要目》,《人民日报》1984年8月27日第4版。
⑤ 梁兆明、陈学思:《广东省府采取措施 紧急疏散劝止外来人员》,《人民日报》1989年2月25日第2版。

表3–1　报道"外来人员"的报纸一览情况（1949—2018年）

报纸名称	《宁波日报》	《嘉兴日报》	《南方都市报》	《南方日报》	《人民公安报》	《张家港日报》	《检察日报》	《苏州日报》	《江苏法制报》	《浙江日报》
报道量（篇）	86	64	59	39	39	38	37	34	34	34
报纸名称	《台州日报》	《中山日报》	《青年报》	《新民晚报》	《长宁时报》	《解放日报》	《广州日报》	《钱江晚报》	《信息时报》	《常熟日报》
报道量（篇）	33	30	27	27	27	26	25	25	25	25

数据来源：据"读秀"数据库统计整理。

与其他农民工称谓有所不同的是，20世纪90年代的"外来人员"常与"犯罪"联系在一起，常见的报道标题如《鄞县推出暂停人口管理新举措 外来人员发案率明显下降》（《宁波日报》1993年8月7日第2版）、《外来人员窃车犯罪增加》（《新普陀报》1994年12月10日第3版）、《行窃屡屡得手 企业木然不知——两名外来人员盗窃不锈钢材被判刑》（《长宁时报》1997年1月9日第2版）等。由上表可见，有关"外来人员"的报道也较多地出现在了法制类报纸上，如《人民公安报》《检察日报》《江苏法制报》等，其中，《检察日报》比较集中地报道了与外来人员犯罪相关的内容。

2. 20世纪80年代起：农民工、民工、打工者、打工妹、打工仔

改革开放后较早出现的对农民工较正式的称谓就是"农民工"。该词首现于《人民日报》1981年12月7日的一篇名为《南湾煤矿试行两种劳动制度》的文章中。① 文章报道了山西省蒲县南湾煤矿在采掘一线试用农民合同工的事情，编者按写道："煤矿使用农民合同工好处应该予以肯定。今后新建煤矿，都应招收一定数量的农民合同工，采取

---

① 佚名：《南湾煤矿试行两种劳动制度》，《人民日报》1981年12月7日第2版。

两种劳动制度的办法。至于老矿中，使用农民合同工必须遵循一条原则：即固定工和农民工的总数，不得超过煤矿的定员。从目前情况看，如果现有老矿中，不是首先切实整顿企业，提高劳动效率，而是一面增加固定工，一面又无限额招收农民工，而且主要靠农民工来完成采煤任务，那将使现有煤矿超员的情况日趋严重，造成不良后果。"这里同时出现了"农民合同工"和"农民工"两个词。在1991年7月25日国务院发布的《全民所有制企业招用农民合同制工人的规定》中，将农民工合同制工人简称为"农民工"。

"民工"一词也差不多在同一时期逐渐成为农民工群体的另一个称谓。其实"民工"这个词由来已久，早在1938年的《宁波商报》上，就出现了"民工"一词，指的是参与工程建设的劳动人民。[①] 解放战争时期，《人民日报》有关"民工"配合军队作战的报道很多，在这样的报道中，"民工"是与"民兵""战士"相对的身份概念；同时，作为参与工程建设的劳动人民这一身份依然存在。新中国成立之后的报刊中，"民工"一词也很常见。在20世纪80年代之前，指的都是参加运输、道路和防洪堤坝建设等集体性工程的"劳动人民"，含义显然不同于今天的"民工"。当下意义上的"民工"一词较早出现于1983年1月29日的《宁波日报》，该报报道了《农村建筑队和民工承包工程　由建筑安装管理处审批》这条新闻。[②] 同年3月9日的《人民日报》也报道了《建筑业劳动制度的重大改革　部分民工代替专业施工队伍》，[③] 同样使用了"民工"这一称谓，用来指称进入建筑行业从事施工作业的农民。

---

① 佚名：《黄河防汛工程王郁骏召集民工训话》，《宁波商报》1938年8月4日。
② 政文：《农村建筑队和民工承包工程　由建筑安装管理处审批》，《宁波日报》1983年1月29日第1版。
③ 张绥文、鲁牧：《建筑业劳动制度的重大改革　部分民工代替专业施工队伍》，《人民日报》1983年3月9日第1版。

20世纪80年代末起,带有"打工"字样的农民工身份称谓开始出现在媒体上。最早将农民工外出务工称为"打工"的,是1987年11月17日《人民日报》上刊登的一篇文章《入黔川军弄浪潮》,文中称"近几年,四川农民入黔打工者累计约50万人"[①]。1990年的《寻找生活 寻找成功——农村外出打工者一瞥》一文,则直接将农民工称为打工者。[②] 较早地称农民工为"打工仔""打工妹"的,是《人民日报》在1989年发表的一篇文章,写道:"如上海港的码头装卸工、上海纺织行业第一线的挡车女工,就有相当一部分是农民工。在珠江三角洲的深圳、珠海、东莞等地的几千家'三来一补'企业中,数十万'打工仔''打工妹'已是当地出口创汇的有生力量。"[③] 整体来看,"打工仔"和"打工妹"这两个词,内地的报纸中广东地区用得最多(见表3-2、表3-3)。

表3-2 "打工仔"出现频率最高的五份报纸(1949—2018年)

报纸名称	《香港文汇报》	《南方都市报》	《广州日报》	《新快报》	《信息时报》
报道量(篇)	402	306	170	134	93

资料来源:据"读秀"数据库统计整理。

表3-3 "打工妹"出现频率最高的五份报纸(1949—2018年)

报纸名称	《南方都市报》	《深圳商报》	《中国妇女报》	《兰州晨报》	《大河报》
报道量(篇)	147	125	98	74	74

资料来源:据"读秀"数据库统计整理。

[①] 罗自苏、胡跃平:《入黔川军弄浪潮》,《人民日报》1987年11月17日第2版。
[②] 苏会志、蒲立业:《寻找生活 寻找成功——农村外出打工者一瞥》,《人民日报》1990年9月11日第2版。
[③] 葛象贤、屈维英:《三千多万农民异地劳动 拾遗补缺推动经济发展》,《人民日报》1989年9月9日第2版。

3. 20 世纪 90 年代起：外来务工人员、外来工、进城务工人员

进入 20 世纪 90 年代，更具规范色彩的农民工称谓开始出现。"外来务工人员"一词最早出现在 1991 年《人民日报》的一篇文章中，文章写道："西坡镇几十所煤矿上，聚集了来自 5 省 18 县的几千号外来务工人员和一万多名本地人。"① 这里的"外来务工人员"指的就是农民工，但这篇文章报道的主体还不是农民工。1996 年《宁波日报》刊发了一篇专门探讨外来务工人员权益保护问题的文章。② 1999 年 4 月 1 日，《人民日报》报道了北京将调控外来务工人员总量的消息。这篇文章标题里的"外来务工人员"在正文中具体表述为"外来务工经商人员"，并同时以"流动人口"来指称。③

自 20 世纪 90 年代起，处于改革开放前沿地带的浙江省和广东省媒体开始广泛使用"外来工"这一称谓来称呼农民工。"外来工"这个词较早见于《人民日报》，在 1988 年 7 月 9 日关于天津市静海县大邱庄女工回家问题的调查中，提到了大邱庄雇用外来工，但"外来工"并非报道主体。④ 较早有关外来工的专门报道出现在《宁波日报》上。1994 年 3 月 14 日，《宁波日报》发表《情暖外来工——镇海棉纺织厂关心外来工侧记》一文。⑤ 1995 年，《宁波日报》还组织了一组"关于'外来工'的话题"专题报道。《人民日报》有关"外来工"的第一篇报道出现在 1997 年，报道的是上海市宝安区对外来工的普法教育。⑥ 2000 年前，以"外来工"称谓来报道农民工的新闻大多刊发于长三角的

---

① 赵天祥：《吕梁后代》，《人民日报》1991 年 3 月 19 日第 3 版。
② 朱泽军：《善待异乡"客"——外来务工人员权益保护所引出的话题》，《宁波日报》1996 年 3 月 16 日。
③ 吴坤胜：《北京将调控外来务工人员总量》，《人民日报》1999 年 4 月 1 日第 2 版。
④ 陈铁刚：《大邱庄女工回家之后》，《人民日报》1988 年 7 月 9 日第 4 版。
⑤ 陈吉：《情暖外来工——镇海棉纺织厂关心外来工侧记》，《宁波日报》1994 年 3 月 14 日第 7 版。
⑥ 张华、戴有斌：《宝安对外来工进行普法教育》，《人民日报》1997 年 1 月 22 日第 3 版。

媒体上，如《宁波日报》《新普陀报》《余杭报》《长宁时报》等，又以《宁波日报》的报道量最为集中，占报道量的71%（42篇）。《人民日报》在此期间共有5篇以"外来工"为题的报道，报道量居第二。2000年起，"外来工"一词呈现出向其他地区的报纸扩散的趋势。总体而言，广东地区以"外来工"来称呼农民工的报道最多（见表3-4）。

表3-4　报道"外来工"的报纸一览情况（1949—2018年）

报纸名称	《南方都市报》	《南方日报》	《广州日报》	《佛山日报》	《羊城晚报》	《珠海特区报》	《信息时报》	《宁波日报》	《新快报》	《惠州日报》
报道量（篇）	1613	1145	748	601	594	577	534	530	437	417
报纸名称	《中山日报》	《工人日报》	《珠江晚报》	《江门日报》	《东江时报》	《福州晚报》	《晋江经济报》	《深圳商报》	《石狮日报》	《番禺日报》
报道量（篇）	404	400	354	319	303	289	277	268	261	249

数据来源：据"读秀"数据库统计整理。

1999年11月9日，《人民日报》刊载了中共中央《关于加强和改进思想政治工作的若干意见》（以下简称《意见》）的主要内容，《意见》指出："要十分注意做好下岗职工和进城务工人员的思想政治工作，满腔热情地关心下岗职工的思想和生活，为他们排忧解难。对进城务工人员，城市有关部门和用工单位要及时了解他们的思想状况，切实承担起对他们的管理和教育责任。"[①] 这是"进城务工人员"这一称谓在大众媒体中较早的使用。可以看到，"进城务工人员"这一称谓最初是媒体直接引自中央文件。

4. 21世纪起：新市民、新工人

进入21世纪，农民工又有了新称谓，"新市民"和"新工人"相

---

① 《中共中央发出文件强调加强和改进思想政治工作》，《人民日报》1999年11月9日第1版。

继出现。

  1981 年，在《瞭望周刊》一篇对杭州市农民工的调查中，将农民工称为"新市民"。文章写道："开放、搞活方针的贯彻和商品经济的发展，使我国农村劳动力相对过剩，大批农村青年涌进城市受聘合同工或合同制工人。这些脸色黝黑，操着乡音的'新市民'以自己辛勤的劳动，为城市的现代化建设做出了贡献，又接受了城市文明的洗礼。"① 只不过这一称谓一时还没有流行开来。1985 年，《人民日报》就有《拉萨"新市民"》的报道，这里的"新市民"指的是虽然没有本地户口，但已被当地群众、公安部门、工商管理部门认可的来自内地的个体工商户，② 其含义不同于当下用来指称农民工的"新市民"。早期媒体上的"新市民"通常指的是对于某个城市具有突出贡献的群体，有时跟"荣誉市民"相当。③ 从 2003 年开始，"新市民"与"农民工"被赋予的关联度越来越高。"新市民"指的是随着城镇化建设，户口由农村迁往城镇的农民。④ 2003 年 7 月 12 日，《宁波日报》发表了一篇题为《新市民的夜生活》的文章，文中所描述的新市民的主体就是农民工，文章开篇即写道："民工们在下棋。"⑤ 2003 年 7 月 15 日，《中国民族报》报道了当年 4 月以来江苏省常州市钟楼区开办 11 所"新市民夜校"，免费培训辖区内近 8 万名外来民工。⑥ 此后"新市民"逐渐成为一个在大众传媒中频频出现的词。2005 年 3 月 30 日，《人民日报》发表文章《让农民工变为新市民》⑦，当年还刊发了好几篇报道宁波市、苏州市、常州市、无锡市等地区农民工及其子女在政

---

① 吴克强、郑涛：《都市中的农民合同工》，《瞭望周刊》1986 年第 49 期。
② 郭礼华、徐祖根：《拉萨"新市民"》，《人民日报》1985 年 8 月 5 日第 2 版。
③ 刘茜：《羊城又添"新市民"》，《人民日报》1991 年 10 月 20 日第 3 版。
④ 刘成友：《城市化呼唤"新市民"》，《文汇报》2002 年 10 月 23 日。
⑤ 佚名：《新市民的夜生活》，《宁波日报》2003 年 7 月 12 日第 2 版。
⑥ 戴文华：《"新市民夜校"一举多得》，《中国民族报》2003 年 7 月 15 日第 1 版。
⑦ 龚永泉：《让农民工变为新市民》，《人民日报》2005 年 3 月 30 日第 6 版。

策指引下变身"新市民"的信息。2006年,《人民日报》又报道了多地农民工换称谓的消息,如青岛市120万名农民工将被称作"新市民",在杭州市、温州市、绍兴市、义乌市,人们逐渐不再称农民工为"打工仔"和"打工妹",而代之以"杭州新市民""新温州人""新绍兴人""新义乌人"。①

"新工人"也不是个新词汇,早在1946年的《人民日报》中,就出现了"新工人"这一名称,最早的几篇出现"新工人"的文章,主要是关于苏联国家的产业建设情况介绍。1947年一篇有关长治市工业建设事业的报道中,开始提及国内"大量培养新工人"的举措。② 但这一时期的"新工人"指的是新进厂新上岗的工人,显然跟今天的农民工不是一回事。2003年9月15日,《人民日报》基于当年8月中华全国总工会发布的要求各级工会组织农民工加入工会的通知,在《当农民工成为主角》一文中指出,农民工"已逐渐取代城市居民成为产业工人的主角"。③ 2003年9月26日,《人民日报》以《民工:工人阶级队伍的新成员》为题报道了在中国工会十四大上,农民工加入工会被首次写入大会报告中,报告还把进城务工人员定义为"工人阶级队伍的新成员"④。三天后的《人民日报》再发同题文章《当农民工成为主角》,在"编者按"中再次强调"农民工已成为产业工人的主角"。⑤ 2004年,《农民日报》发表了《正视"新工人阶层"的出现》一文,在国内报纸中第一次将农民工称为"新工人",文章提到了2003年中国社会科学院社会学研究所发表的《当代中国社会流动》报告,说这

---

① 王明浩:《变称谓还要给待遇》,《人民日报》2006年3月28日第10版。
② 佚名:《长市各厂检查生产品质数量同时提高》,《人民日报》1947年7月23日第2版。
③ 许志峰:《当农民工成为主角》,《人民日报》2003年9月15第13版。
④ 袁建达:《民工:工人阶级队伍的新成员》,《人民日报》2003年9月26日第5版。
⑤ 佚名:《当农民工成为主角》,《人民日报》2003年9月26日第13版。

篇报告指出中国2.1亿农民工已作为一个新的社会阶层崛起于中国社会,这一现象值得重视。① 2007年3月11日,《天津日报》刊发了《为"农民工"更名"新工人"》一文,报道了出席全国政协十届五次会议的委员欧成中关于改称农民工为"新工人"的建议。文章写道:"现在,大城市已经不可能离开'农民工'了,正是他们承担了最重、最脏、最累、最险的劳动。但是,对城市发展做出贡献的人,却长期在理念上被置于城市边缘群体的位置,许多人在称呼他们'农民工'的同时,含着歧视的味道,这是很不公平的。"② 这是数据检索范围内国内报纸第一次明确提及为农民工更名为"新工人"。

这一时期与"新工人"相关的还有一个称谓——"新产业工人"。《瞭望新闻周刊》2003年4月21日第16期刊发了专题报道《农民工融入城市有多难——新产业工人的崛起》,文章明确了"新产业工人"这一概念的来源——"民工正成为我国产业工人队伍的主力军,工人队伍的构成发生了巨大变化。社会学家形象地将农民工称为新产业工人。"③《半月谈·内部版》则于2003年分两期发表了《城市之内、体制之外——聚焦沿海"新产业工人"群体:上》《进城农民何时变成市民——聚焦沿海"新产业工人"群体:下》两篇文章。2004年2月16日,《中国青年报》发表《为新产业工人后代的成长圆梦》一文,该文关注的是农民工子女的义务教育权利问题,文中说道:"就在新学期开始的这个春天,他们的身份正在与父母一起发生巨变:进城就业的农民工已被视为产业工人的重要组成部分,昔日的'民工娃'、'农

---

① 鲁宁:《正视"新工人阶层"的出现》,《农民日报》2004年9月4日第3版。
② 钟杰、白俊峰:《为"农民工"更名"新工人"》,《天津日报》2007年3月11日第2版。
③ 赵东辉、吴亮:《农民工融入城市有多难——新产业工人的崛起》,《瞭望新闻周刊》2003年第16期。

民工的孩子',自然成为'新产业工人的后代'。"①《广州日报》也于2004年3月15日登出《农民工进城变新产业工人》一文。但总体来说,"新产业工人"这一称谓出现的频率较低。②

综上可见,传媒话语空间中对农民工的称谓非常多样,且始终处于变动之中,但从这些称谓的产生来看,有较为清晰的时间脉络可循,在不同的时间段会出现意义相近的一组称谓。

(二) 农民工各称谓的变化轨迹

在过去七十年的时间里,农民工拥有了各种各样的称谓,见表3-5,这些不同的称谓在传媒话语空间中有不同的曝光量,也有不同的走势,表现出多称谓并行、核心称谓突出、各种称谓亦有"兴衰更替"的特点。

从有关农民工最早的称谓"外来人员"在报纸中亮相以来,后续相继产生的各种称谓长期并存。从20世纪50年代出现的"外来人员""外来人口",到80年代兴起的"农民工""打工者"和90年代的"进城务工人员",再到21世纪的"新市民""新工人"等,大多数不同时期的农民工称谓基本上都并行存在于公共话语中,延续至今。

随着时间的流逝,有的农民工称谓逐渐淡出。"外来人口"、"外来人员"和"进城务工人员"这几个称谓持续走低,2018年的出现频率仅在100次上下浮动,有逐渐消退之势。

不过,当下有的新称谓并没有表现出强劲的发展态势。有关农民工的新兴称谓,虽然体现了国家政策的发展方向,也在学术研究和媒体评论中被赋予了重要的意义,但从其在媒体中出现的频率来看,并未表现出明显的快速增长。尤其是体现农民工政治身份的新称谓,

---

① 佚名:《为新产业工人后代的成长圆梦》,《中国青年报》2004年2月16日。
② 在读秀数据库中,以"新产业工人"在"全部字段"条件下检索,2003—2019年所得数量为40篇,在"题名"条件下检索,为33篇。

如"新工人"并没有得到广泛的应用。指称农民工的"新工人"一词，从2004年面世以来，只出现在283篇报纸文章中。2013年陡然上升至波峰（但也就出现76次），然后就迅速下降，始终在低位徘徊，最高也不过一年24篇，2016年一度掉到5篇。

从农民工相关称谓被使用的频率来看，"农民工"毫无疑问是报纸对农民工的主流称谓。根据读秀数据库的信息，1981—2018年，"农民工"共出现在31万多篇文章中，远高于位列第二的"民工"一词（出现在6万多篇文章中）。

就每一种称谓的出现频率变化轨迹来看，除"新市民"处于上升轨迹之外，其他各种称谓都已经跨越其使用高峰，呈现出下降的趋势。当然，即便从变化轨迹来看"农民工"一词的使用频率也处于下降态势，但就总量而言，"农民工"依然是当下使用频率最高的对这一群体的称谓，数据检索范围内2018年共出现在15048篇报纸的文章中（见表3-5）。

表3-5　标题含有农民工各称谓的历年报道篇目数量（1949—2018年）[①]

（单位：篇）

年份	民工	农民工	打工者	打工仔	打工妹	外来工	外来人口	外来人员	外来务工人员	进城务工人员	新市民	新工人
1949	92	0	0	0	0	0	0	0	0	0	0	0
1950	62	0	0	0	0	0	0	0	0	0	0	0

---

① 这里登记的数据是以"农民工"相关具体称谓在读秀数据库"全部字段"检索条件下所得的结果。部分称谓会存在指称不仅包括农民工群体的现象，如"盲流"在有的文章里指的就是流浪者，"打工仔""打工妹"也会用于指称农民工之外的人群如公司职员，偶尔还会有数据库里数据重复的现象，但一是总体数据量较大，逐篇文章确认、剔除，可操作性不强；二是这种指称偏差和数据重复的情况不多，对整体的影响不大；三是此处的目的只是呈现农民工各种称谓在报纸中使用频率的概貌，不基于这些数据做更精细的描述和分析，所以少量数据偏差不影响这一目的的达成。基于上述原因，此表直接使用了数据库检索自动生成的结果。

续表

年份	民工	农民工	打工者	打工仔	打工妹	外来工	外来人口	外来人员	外来务工人员	进城务工人员	新市民	新工人
1951	34	0	0	0	0	0	0	0	0	0	0	0
1952	12	0	0	0	0	0	0	0	0	0	0	0
1953	7	0	0	0	0	0	0	0	0	0	0	0
1954	2	0	0	0	0	0	0	0	0	0	0	0
1955	5	0	0	0	0	0	0	0	0	0	0	0
1956	3	0	0	0	0	0	1	0	0	0	0	4
1957	5	0	0	0	0	0	0	0	0	0	0	9
1958	16	0	0	0	0	0	0	0	0	0	0	9
1959	21	0	0	0	0	0	0	0	0	0	0	25
1960	24	0	0	0	0	0	0	0	0	0	0	3
1961	0	0	0	0	0	0	0	0	0	0	0	21
1962	5	0	0	0	0	0	0	0	0	0	0	1
1963	3	0	0	0	0	0	0	0	0	0	0	2
1964	1	0	0	0	0	0	0	0	0	0	0	3
1965	0	0	0	0	0	0	0	0	0	0	0	0
1966	4	0	0	0	0	0	0	0	0	0	0	0
1967	0	0	0	0	0	0	0	0	0	0	0	0
1968	2	0	0	0	0	0	0	0	0	0	0	0
1969	1	0	0	0	0	0	0	0	0	0	0	0
1970	3	0	0	0	0	0	0	0	0	0	0	0
1971	2	1	0	0	0	0	0	0	0	0	0	0

续表

年份	民工	农民工	打工者	打工仔	打工妹	外来工	外来人口	外来人员	外来务工人员	进城务工人员	新市民	新工人
1972	3	0	0	0	0	0	0	0	0	0	0	4
1973	0	0	0	0	0	0	0	0	0	0	0	1
1974	2	0	0	0	0	0	0	0	0	0	0	0
1975	2	0	0	0	0	0	0	0	0	0	0	0
1976	2	0	0	0	0	0	0	0	0	0	0	0
1977	0	0	0	0	0	0	0	0	0	0	0	0
1978	0	0	0	0	0	0	0	0	0	0	0	1
1979	6	0	0	0	0	0	0	0	0	0	0	2
1980	1	0	0	0	0	0	0	0	0	0	0	3
1981	3	0	0	0	0	0	0	0	0	0	0	6
1982	3	2	0	0	0	0	0	0	0	0	0	7
1983	8	1	0	0	0	0	0	0	0	0	0	3
1984	6	0	0	0	0	0	0	0	0	0	0	2
1985	2	0	0	0	0	0	0	1	0	0	1	2
1986	15	1	0	0	0	0	1	0	0	0	0	7
1987	8	2	0	0	0	0	0	0	0	0	0	0
1988	14	2	0	0	0	0	1	1	0	0	0	2
1989	23	2	0	0	0	0	0	1	0	0	0	3
1990	40	0	2	0	0	0	2	0	0	0	0	1
1991	16	0	0	0	2	0	0	0	0	0	1	0
1992	16	2	4	3	6	0	1	0	0	0	0	0

续表

年份	民工	农民工	打工者	打工仔	打工妹	外来工	外来人口	外来人员	外来务工人员	进城务工人员	新市民	新工人
1993	29	2	0	6	11	0	1	5	0	0	0	0
1994	54	3	7	20	23	6	10	5	0	0	1	0
1995	68	3	9	22	11	11	15	8	0	0	4	0
1996	51	3	10	30	8	8	5	9	1	0	0	1
1997	54	2	11	15	12	13	16	12	1	0	0	0
1998	40	6	17	20	14	12	13	7	0	0	0	0
1999	70	3	25	41	27	9	14	7	3	0	0	0
2000	177	5	43	65	54	29	24	16	5	0	1	1
2001	181	27	49	70	31	41	19	10	7	4	3	2
2002	522	65	106	67	65	72	26	18	14	0	8	0
2003	2216	661	203	127	111	127	65	77	36	64	14	1
2004	3082	2363	178	177	133	249	51	70	65	104	19	1
2005	3053	3781	228	185	168	392	105	108	128	131	53	3
2006	3270	8586	275	246	203	697	113	156	245	112	221	5
2007	5683	16605	748	543	453	1165	172	233	527	103	471	11
2008	7387	24070	847	1034	915	2749	221	308	919	279	483	9
2009	7329	40953	911	1246	870	1902	263	357	717	162	437	16
2010	7239	31987	979	1208	682	2427	270	395	1131	341	720	16
2011	6630	33789	1047	1036	592	3289	420	501	1581	547	924	30
2012	5252	29520	1172	1125	652	2681	292	622	1440	580	970	32
2013	4740	27023	994	993	478	2209	284	323	1408	531	912	76

续表

年份	民工	农民工	打工者	打工仔	打工妹	外来工	外来人口	外来人员	外来务工人员	进城务工人员	新市民	新工人
2014	3194	22200	816	837	379	1565	285	262	1157	314	839	15
2015	2639	23150	456	606	374	1106	160	171	862	301	834	24
2016	1835	20535	393	429	188	733	136	147	771	237	973	5
2017	1386	16110	256	373	119	388	88	117	605	168	1005	20
2018	1102	15048	206	268	128	311	104	88	549	93	904	20
合计	67757	316513	9992	10792	6709	22191	3178	4035	12172	4071	9798	409

数据来源：据"读秀"数据库统计整理。

二 农民工称谓的内在演进逻辑

纵观农民工身份称谓的演进历程，可以看到其内涵演变上一条清晰的脉络，即外来者、闯入者的身份—职业身份（具有农民身份的"准"工人）—被雇佣的身份—向工人过渡的身份—具有融合意味的新身份。这一嬗变过程与中国工业化、城市化建设和改革开放的演进脉络同步，也反映出具有话语权的群体对农民工的认识不断深化的过程。

对农民工最早的称谓是出现在20世纪50年代的"外来人口"和"外来人员"。这里的"外来"是相对于"城市"的"外来"，"内""外"之别就是"城""乡"之别。这两个称谓实际上是在这一时期建立起来的城乡分割政策的投射，鲜明地反映了命名者在看待从农村流入城市的这一人群时所处的"城市"立场以及随之而来的从城市的利益出发对待农民工的态度。这也是相当长一段时间内从身处城市的政策制定者到大众传媒看待农民工的基本立场，影响深远。同时也在一定程度上反映了在农民工群体出现之初，其作为一个新鲜事物，命名者还没有确定如何来称呼他们的这一实际情况。

20世纪80年代初,"农民工""民工"等称谓相继出现。"农民工"一词最早来自地方政府文件,大范围公开亮相始自1981年的《人民日报》,被称作"农民合同工",简称"农民工"。"合同工"加上前缀"农民",前者区别于工厂的正式职工,后者标明其根本身份仍是农民。这反映了对于这一新兴职业群体的关注和命名的尝试。这一命名后来得到了政府的公开认可和采纳,1991年7月25日国务院发布的《全民所有制企业招用农民合同制工人的规定》中,将农民合同制工人简称为"农民工"。"民工"则是一个有历史渊源的称谓,其主体就是农民,只是这些农民在一段时间里并未务农,而是参与运输、修筑堤坝等工程建设或协同军队作战,但这些任务并非其主要"活计",其根本身份仍是农民,临时"做工"而已。步入改革开放时期,国内大兴土木,建筑业用工需求旺盛,这些农民的"做工"场所转向了建筑工地,称其为"民工"算得上是延续旧称。"农民工""民工"在"外来人口""外来人员"之后的亮相,意味着命名者对其的称呼逐渐转向客观,即更多地从职业归属——"归农"还是"归工"来进行考量,但显然此时的身份判定还是以"农民"为重点。

20世纪80年代末期,"打工"概念被引入农民工的命名。"打工"意味着被雇佣的劳动,即农民工这一群体在劳动关系中所处的位置这一要素得到了凸显。随着80年代末90年代初农民进城务工短暂的停顿,很快迎来了第二次民工潮。伴随着市场搞活,新型经济组织形式和经济关系应运而生,对农民工的认识不再纠结于"城市—农村"向度的考量,而转向了"资本—劳动力"和雇佣关系的维度。"打工者""打工仔""打工妹"等称谓说明农民工作为劳动力要素中被雇用者的身份特性得到了强化。这是农民工身份认知和命名过程中的又一次转向。当然,"打工仔""打工妹"这样的词依然包含贬义,多少有些歧视的意味。

进入 20 世纪 90 年代，更具客观色彩的称谓开始出现。"外来务工人员""进城务工人员"这样的词去除了过去对农民工"农民"身份的强调，因"务工"指"从事工业或工程等方面的工作"。① 务工人员当属于"工人"的范畴。同时，比起"打工者""打工仔""打工妹"，"务工人员"的称谓又多了一份尊重的意味。可以说，"务工人员"的称谓是向"工人"这一名称的过渡。当然，"外来""进城"的字样依然延续了过去"城乡"二分的基础想象。

进入 21 世纪，"新市民""新工人"称谓的出现，标志着农民工与城市融合、与工人阶级融合的新阶段，也是中国城市化进程和工业化进程的重要指征。"新市民"重点在于类属"市民"，"新工人"重点在于类属"工人"，大众传媒话语中这两个词的出现，意味着中国农民工阶层的发展进入了新时期。"新市民"的称谓表明从身份归属上说，农民工已经在符号意义上跨越了城市的门槛，成为被接纳的城市成员；"新工人"意味着就职业划分而言，农民工已经不再属于农民阶级，而是工人阶级的组成部分。同时，"新"意味着农民工的身份转轨还处于起始阶段，由"新"变"老"的过程，正是农民工城市融合、职业融合的过程。应该说，在社会实践层面，农民工的市民化过程才刚刚起步，距离农民工在整体意义上完全被城市接纳还有很长的路要走；农民工真正完成工人的身份转型，也还需要时间。但大众传媒对农民工新身份的命名，体现了在符号空间农民工阶层被以大众传媒为代表的城市社会的接纳，具有象征意义。

农民工身份称谓的演进历程，体现了在身份称谓这一符号的背后所凝结的社会变迁和命名者的认知演进。

---

① 中国社会科学院语言研究所词典编辑室编：《现代汉语词典》，商务印书馆 1996 年版，第 1338 页。

三 农民工称谓的命名逻辑

追溯农民工各种称谓的来源及传播路径,会发现有几支主要的力量参与了对农民工的命名,即政府、大众传媒、学术界、社会,可将其分别对应于政治话语、传媒话语、学术话语和社会话语。这几种力量相互影响,尤其是大众传媒扮演了更为主动和有力的角色。而作为"当事人",农民工自身并未参与对其的命名,并且农民工不认可"农民工"这一应用最广的身份称谓。

(一) 命名的主体

1. 政治话语是农民工称谓的重要来源

"农民工""外来人口""盲流"等称谓都是来自政府文件,而后被媒体在报道时使用,并流传开来。如"农民工"一词,最早出现在1980年《安徽省要求进一步做好待业青年安置工作》的文件中。[①] 文章写道:"还可以结合清理非城镇人口和计划外农民工,安排待业青年顶替。"1981年12月7日,《人民日报》刊发的《南湾煤矿试行两种劳动制度》[②] 一文,使用了"农民合同工"和"农民工"两个概念。这是媒体较早使用"农民工"这一称谓。此后,"农民工"这一称谓得到了广泛使用,并成为农民工各身份称谓中使用频率最高的一个。

政治话语对于传媒话语的前置作用,更明显地体现在"农民工"一词的热度变化上。2006年3月27日,《国务院关于解决农民工问题的若干意见》发布,在文件题名中直接出现了"农民工"一词。2006年3月29日《国务院研究室负责人就〈国务院关于解决农民工问题的若干意见〉答记者问》中再次确认政府对于"农民工"这一称谓的认

[①] 《安徽省要求进一步做好待业青年安置工作》,《劳动工作》1980年第1期。
[②] 佚名:《南湾煤矿试行两种劳动制度》,《人民日报》1981年12月7日第2版。

可。这位负责人说:"《若干意见》采用'农民工'称谓,是经过反复研讨斟酌、听取多方面意见后确定的。一是采用农民工称谓,既能包括进城务工的农民,也能包括异地或就地转移到乡镇企业就业的农民;二是农民工是我国工业化、城市化过程中的特殊群体,将在一个相当长的时期内存在;三是这一称谓已经约定俗成,比较准确,比较贴切;四是党中央和国务院相关文件中都使用过农民工称谓,也有依据。绝大多数同志和专家都赞成文件继续用农民工称谓,认为对农民工歧视与否,不在于使用什么样的称谓,关键在于实行什么样的经济社会政策。"[1] 2006年10月,《中共中央关于构建社会主义和谐社会若干重大问题的决定》发布,指出要"严格执行国家劳动标准,加强劳动保护,健全劳动保障监察体制和劳动争议调处仲裁机制,维护劳动者特别是'农民工'合法权益"。这一年,政府和党中央先后为"农民工"正名,当年"农民工"一词的出现频率比上一年增加一倍多(由2005年的3781篇增加到2006年的8586篇),并在此后三年每年翻番,至2009年达到顶峰40953篇。

2. 学术话语是农民工称谓的另一个来源

如"新工人"一词,2003年起逐渐开始被大众传媒所使用,但早在近二十年前的学术刊物中,就出现了这个概念。1985年,一份关于江苏省盐城市渔港集镇弶港镇的调查报告指出,1978年后兴办的一批乡镇工厂催生了新的产业,这些工厂里的工人属于新工人阶层,在劳动方式、交往方式、生活方式、生活水平、价值观念等诸多方面都表现出与渔民的不同。[2] 此后,陆续又有很多关于新工人的学术研究面世。也正是基于对2004年中国社会科学院社会学研究所《当代中国社

---

[1] 《国务院研究室负责人就〈国务院关于解决农民工问题的若干意见〉答记者问》,《人民日报》2006年3月29日第2版。
[2] 蒙晨、邹农俭:《新的产业 新的阶层 新的社会变化——弶港镇新工人阶层的调查研究》,《社会》1985年第3期。

会流动》报告内容的介绍,《农民日报》发表《正视"新工人阶层"的出现》一文,在国内报纸中第一次正式将农民工称为"新工人"。

又如"进城务工人员"一词于1999年首见于媒体,并且是引自中央文件。但1996年第1期的学术刊物《劳动保护》上,就发表了周志奋的《应当重视研究进城务工人员安全管理问题》一文,较早地使用了"进城务工人员"这一称谓。① 虽然尚无明确证据表明中央文件参考了这一学术文献,但一直以来政府对学术界研究成果的积极采纳令人不免有这样的联想。这说明了学术话语对政府关于农民工身份称谓的确定所起到的重要参考作用。

3. 社会话语为农民工称谓的产生提供了土壤

如"民工"是大众传媒中被使用较多的一个称谓。但它不是媒体创造的,而是有其社会渊源的。"民工"由"民夫"这一民间称谓改换内涵、经政治话语重新确认而来。1947年11月10日《人民日报》刊发的陈毅的一篇讲话很好地说明了这一渊源。"某同志来信中提议改变民夫的称号,他说民夫是统治阶级奴役人民的一种轻贱的旧称呼,与我们劳动人民服务前线的自由劳动的新内容大不相称,应考虑改变。事实上有不少民夫同志讨厌承受这一旧称呼,例如有同志叫民夫同志,或夫子同志。他们即回答:'我自愿上前线替战争服务,不是强迫来当夫子的,革命同志就是革命同志,俺不听你夫呀妻呀的。'某同志又提议改称民工,名实才不矛盾,我完全同意这样改称……我想我军对人民自来采取同志的至亲的友爱态度,则民夫改称民工,对当地人民一律以同志改称这是对的。"② 作为革命时期农民群体支援军队传统的延续,在新中国成立后的国家建设时期,具有同样使命的农民群体也被

---

① 周志奋:《应当重视研究进城务工人员安全管理问题》,《劳动保护》1996年第1期。
② 《如何爱护组织民工 陈毅将军在华东人民解放军干部会上报告的一段》,《人民日报》1947年11月10日第2版。

延续了"民工"这一命名。1949—1982年,《人民日报》有大量关于民工参与各地工程建设的报道,如《苏北开挖新沂河入海道全面开工 二十四万民工切岭浚河》《40万民工顽强奋战 提前完成挖河工程》等。改革开放以后,城市建设对劳动力的需求大增,农民开始进入城市并主要从事建筑行业工作,对于这一时期进入城市务工的农民群体,大众传媒很自然地继续使用了"民工"这一称谓。可见,"民工"这一称谓最初指称服务前线的劳动人民,重在其"自由劳动"的平等身份;新中国成立后指称服务国家建设、投身各地建设工程的农民群体;20世纪80年代农民进城务工后,又用来指称进城务工的农民群体,具有了今天的含义。

像"打工仔""打工妹"这样的称谓,最初也是广东省等沿海开放地区对年轻农民工的一种常见称谓,被《人民日报》1989年率先在报道中使用,又在1991年借热播的电视剧《外来妹》迅速流行开来。因此,农民工称谓的产生有其社会话语的基础。

4. 传媒话语是主动、有力的公开命名来源

《人民日报》是很多农民工称谓较早的使用者,如"打工者""打工仔""打工妹""外来务工人员""外来工"等。同时,长三角地区的地方性报纸如《宁波日报》《宁波报》[①]《解放日报》也率先提出一部分农民工的新称谓,如"外来人员""民工""新市民"等,尤其是《宁波日报》,不论在赋予还是扩散农民工新称谓上,都扮演了积极的角色。上述事实说明,《人民日报》作为中央大报,的确具有高度的敏感性和前沿性,并具有强大的命名功能。同时,作为改革开放前沿阵地的长三角地区尤其是浙江省,其地方媒体也表现活跃,在对社会变革的洞察和反应上,领跑全国媒体。此外,《人民日报》《宁波报》

---

① 《宁波报》即《宁波日报》的前身。

《宁波日报》《解放日报》都属于党报，可见，对农民工这一新兴阶层，党报体现出突出的关切和认知上的敏感，并且就农民工的命名而言，党报相对于全国其他报纸表现出无出其右的议程设置能力。

当然，必须看到，媒体率先使用的新称谓，虽首见于媒体，但有其现实土壤，或是来自社会上老百姓口头已有的称谓，或是来自在特定实践如企业经营管理或政府行政行为中已经被使用的称谓。如数据检索显示，第一篇以"新市民"为题且讨论主体包含农民工的文章出现在2003年7月12日的《宁波日报》中，但农民工被称作"新市民"的社会实践此前已经存在。这一时期，上海市及浙江省的一些城市如无锡市、常州市等都已采取了一系列以农民工变身"新市民"为目标的行政措施，"新市民"这一概念也已在地方工作实践中被使用，[①] 媒体更大的作用体现在第一时间公开使用了这些称谓，使其广为人知。

5. "被命名"的"局外人"——农民工对于自身如何被命名话语权微弱

对于农民工的命名，较为明显的是前述政治话语、传媒话语、学术话语、社会话语四种力量，作为"当事人"，农民工阶层为自身命名的力量相形之下非常微弱，甚至可以忽略不计。他们只能对命名的结果发表看法，并且这些看法一来分散，二来声量不足，三来没有引起足够的关注和回应。

对于农民工的各种称谓，尤其是媒体使用最普遍的"农民工""民工"以及一度流行的"打工仔""打工妹"等，素有争议，大多数意见认为，这些称谓具有歧视性。农民工自身也对这些称谓抱有不接纳和反对的态度。在媒体上，时有来自农民工意见的表达。如2004年，《扬子晚报》曾报道泰州的一位打工者致电报社，呼吁改变"民工"

[①] 吴天宝、常征：《新潮渐起：农民工正在转变为新市民》，《人权》2005年第1期；胡俊生：《无锡：农民工成为新市民》，《中国社会保障》2006年第4期。

这一称谓，问能否将"民工"改称"客工"。① 2009年，《人民日报》（海外版）对皮村农民工的采访报道，也直接引用了受访者的一段话："我们不喜欢'农民工'这个称谓，这是时代的过渡性词语，我们更喜欢叫'新工人'。"② 作为一种文化现象的打工文学，在其各类作品中，对于"农民工"称谓的讨论在表达上更具情感色彩。在被称为"中国诗歌史上第一部关于女性、劳动与资本的交响诗"的诗集《女工记》中，"农民工"这一称谓被直接定义为"廉价而次等的社会身份"。

在暂住的背后你确认你的身份
尽管你没有如同我　对户籍制度　充满耻辱的感受
却仍敏感　属于乡村人的身份
比如在农民与工人之间　我们仍属于农民的血统
在农民之后加上工人的尾缀　你成为不伦不类的农民工
它与种田不种田无关　与开不开机器无关　它与性别无关
在这标签之外　你是普工　流水线插件工
初中文化　或者十八岁的年龄　"90后"
更多时候　不吃苦　难以管理的一代
廉价而次等的社会身份。③

实证研究的结果表明，农民工对"农民工"这一称谓很不认同，对社会主流话语所赋予的"农民工"身份也表现出反抗的姿态。④

可见，农民工对于公共话语所赋予其的称谓，表现出明确的不认

---

① 陈明明：《外来务工人员呼吁"民工"能否改为"客工"》，新华网，2004年8月23日，http://www.sina.com.cn，2018年6月8日。
② 王姗思、邹圣兰：《皮村"新工人"话牛愿》，《人民日报》（海外版）2009年1月23日第5版。
③ 郑小琼：《女工记》，花城出版社2012年版，第70页。
④ 陈刚、王卿：《从"寻求生存"到"渴望承认"：媒介"凝视"与农民工主体性身份再建构》，《新闻界》2019年第2期。

同，甚至反感。然而，他们最反感的"农民工"这一称谓，恰恰是得到政府认可的，并且是在大众传媒场域中出现频率最高、使用最广泛的身份名称。这些反对的声音，只是传媒空间中零星的呐喊，并未引起足够的重视和回应，大众传媒依然按照自己的逻辑，执拗地继续以"农民工"这一名称来称呼这一阶层。

(二) 命名的机制

政治话语、传媒话语、学术话语和社会话语是为农民工命名的主要力量。但是，很难看到哪一种力量可以独自作用于这一过程，而是表现出各种力量交互作用的特点。

比如政治话语毫无疑问是农民工身份及称谓的权威定义者，官方文件是媒介文本在称呼农民工时的重要依据，有时是缘起，如"农民工"等称谓的产生。但政治话语的表达是有限的，更多的意义赋予要通过大众传媒在报道中来完成。如"民工""农民工"，这些抽象的身份描述是借助传媒话语来具体化的。

在媒体对农民工的讨论中，大量借鉴了学界的研究成果。学术话语嵌入媒介话语并影响了舆论的形成。媒体不仅在报道文本中直接引用学术研究成果，同时经常推介学术研究的最新成果，刊登农民工研究专家的专题文章。《人民日报》推介了多部农民工研究的专题成果，如《中国农民工的发展与终结》（2007）、《中国工业化和城市化过程中的农民工问题研究》（2009）、《城市化进程中农民工市民化研究》（2010）、《中国流动人口发展报告2011》《进城务工人员新媒体使用情况调查报告》（2011）等，组织了由多家高校科研机构参与的"中国农民工战略问题研究"课题，专门研究社会阶层、农民工阶层的专家如中国社会科学院社会学研究所研究员陆学艺、李培林，中央社会主义学院教授魏晓东等也多次在《人民日报》发表文章或接受访谈。同时，媒体与学术界往往形成相互呼应之势。如1980年1

月,《劳动工作》的一则简讯提到了安徽省委、省革委会一项通知中使用的"农民工"一词。1981年,发表于《劳动工作》的一项学术调查则提供了农民工这一身份的更多信息。报告说:"平顶山矿务局为了解决掘进工严重不足的问题,1974年以来,经劳动部门同意,从唐河、南阳、禹县、商水等县一些人多地少、经济落后的社队,招用了一批农民工,以农村副业队的形式,从事开拓、掘进工作。目前,全矿约有4200多人,占全局实有掘进工总数的38%,是一支不可缺少的力量。"① 1981年12月,《人民日报》提出"农民合同工"和"农民工"两个概念。学界的研究为媒体关于农民工的讨论提供了学理依据,媒体的报道为学术研究提供了更多来自社会的视角,同时也为学术观点的大众化传播提供了渠道。在学界看来,"中国学界对农民工的研究推动了社会舆论的变化,这些研究始终伴随着农民工的成长和发展"②。

　　传媒话语和学术话语也会为政治话语所吸纳。就"农民工"这一称谓的产生来看,虽然最早是来自一份地方政府的文件,但一直并未被中央政府公开使用。此后,媒体和学术界围绕"农民工"展开了持续的报道或分析,直到1991年7月,国务院发布的第87号令《全民所有制企业招用农民合同制工人的规定》第一章第二条规定,"企业招用的农民合同制工人是指从农民中招用的使用期限在一年以上,实行劳动合同制的工人,包括从农民 招用的定期轮换工(以下统称农民工)",用以区别于在城市的全民所有制和集体所有制企业中拥有城市户口的工人,国家文件中才第一次使用"农民工"这一称谓。2006年3月公布的《国务院关于解决农民工问题的若干意

---

① 齐管:《煤矿掘进的新用工形式——对平顶山矿使用农村副业队承包井下工程的调查》,《劳动工作》1981年第6期。
② 李培林:《中国改革开放40年农民工流动的治理经验》,转引自邴正、蔡禾、洪大用等《"转型与发展:中国社会建设四十年"笔谈》,《社会》2018年第6期。

见》，在经过反复研讨斟酌、听取多方面意见后才确定采用"农民工"这一称谓。随后党的十六届六中全会通过的《中共中央关于构建社会主义和谐社会若干重大问题的决定》强调指出，要"严格执行国家劳动标准，加强劳动保护，健全劳动保障监察体制和劳动争议调处仲裁机制，维护劳动者特别是'农民工'合法权益"。经过这样一个长期的过程，"农民工"称谓的合法性获得了中央的认可。就"农民工"这一概念在不同话语空间的演进而言，这一过程也体现出传媒话语和学术话语对政治话语的铺垫作用。

前述"民工"一词的产生过程，则体现了社会话语和政治话语的联结关系，以及传媒话语对前述二者的采用和吸纳。

可以看到，政治话语、传媒话语、学术话语和社会话语这几种力量是相互缠绕、交互作用的。同时，大众传媒中出现的身份称谓既表现为这些力量交互作用的结果，也体现出大众传媒作为社会系统中一个子系统的相对独立性。例如，在2006年官方为农民工"正名"后，"农民工"一词使用频率大幅增长。但与此同时，"农民工"的其他称谓也依然存在，并且大多数称谓的使用频率都呈现出增长态势。一方面，是因为对农民工的称谓并非一个高度政治敏感的议题，中央政府的这一命名表态没有引发大众传媒放弃其他称谓而只使用"农民工"一词；另一方面，说明大众传媒的话语演进有其相对独立性和惯性，已经存在的各种称谓不会很快消失。

总体而言，从1956年"外来人口"一词在报纸中亮相算起，"农民工"称谓在公共话语空间经历了六十多年的发展历程，从"外来人员"到"农民工""打工者""务工人员"，再到"新市民""新工人"，整个演进过程呈现出政治话语、学术话语、传媒话语、社会话语等不同场域的命名交相渗透的情景，并且这些不同的称谓也有其兴衰历程。在经历了以政治力量为主导、以大众传媒为展现平台的"拣选"

之后，有些称谓逐渐退出了历史舞台，如"盲流"；有些称谓则得到了强化，并发展成为关于这一群体的主流称谓，如"农民工"；有些称谓预期将会得到更多的加权，如"新市民""新工人"。而随着城乡差距的逐步缩小及城乡二元结构的消除，在城市化的持续推进和农村建设的不断加强之下，农民工或者转变为留居城市的市民和从业人员，或者回到农村，回归其农民身份，"农民工"这一称谓也将随着这一身份的消失而成为历史。对农民工的命名，从早期的歧视色彩明显到中期逐渐转向中性再到走向正面，这一过程反映出国家和社会对农民工态度的变化，也植根于农民工自身社会地位的变迁。[①]

值得注意也令人遗憾的是，对农民工的命名始终是在"主体缺位"的状态下进行的，也就是说，如何称谓农民工，始终是由政府、媒体、公众来建构的，而作为"当事人"，农民工没有也无力参与对自身的命名。[②]即便他们反对已有的命名，却也无法改变现实。

第二节 "农民工"在大众传媒中的形象嬗变

与其作为一个新兴阶层所引发的命名热潮相对应，农民工在新闻传媒、影视、文学等大众传播领域，引起了广泛的关注，在多种形态的媒介产品文本中，其形象亦得到不同面向的呈现与建构。

一 主流报刊媒介中的农民工形象

已有研究显示，自农民工出现在大众媒体上以来，不同层级和地域的报纸媒体对其进行了各具特点的报道，也逐渐构建起这一阶层的集体"画像"。

---

① 汪勇：《"农民工"称谓的历史演变及其启示》，《南京社会科学》2007年第11期。
② 王道勇：《社会称谓视角下的农民工社会形象变迁》，《中州学刊》2016年第1期。

1978—2007年,《人民日报》头版对农民工形象的呈现体现出"标签化""配角化""他者化"的弊病,尤其是21世纪以前,对农民工贬低性的身份标签明显,"沐恩者"形象突出。① 从1995—2011年《人民日报》《工人日报》《南方都市报》有关工人群体的报道中可见,党报对工人群体持一种高高在上的爱护姿态,市场化媒体对工人则是负面揭露和苦难叙事。就工人内部而言,也形成了两类不同的社会形象——积极的、正大光明的劳模和弱势、被动的农民工。② 对2000年1月至2002年12月《南方日报》《羊城晚报》《广州日报》和《南方都市报》的分析则表明,农民工群体最频繁的再现形象是"受难者"与"负面行为者"。③ 另一项基于对2003年6月至2004年7月三份全国不同地域和层级报纸的内容研究,揭示了媒体将农民工的社会处境简化为经济处境并将农民工塑造为经济利益被侵害的弱势群体的单一化操作模式。④ 1984—2008年,《羊城晚报》对农民工形象的报道,大致经历了四个阶段,即改革开放初期的"时代召唤的拓荒者",20世纪80年代末期的"盲流失控的淘金者",90年代的"攻苦茹酸的外来者",2000年之后的"社会冲突的弱势群体"。⑤ 2007—2010年,《东莞日报》《东莞时报》中的农民工则更多地呈现出"被代言"的沉默者和"受惠"的弱势者形象。⑥

---

① 朱丹:《主流文化视角下农民工媒介形象建构的实证分析——以〈人民日报〉为例》,《江西师范大学学报》(哲学社会科学版) 2012年第4期。
② 苏林森:《被再现的他者:中国工人群体的媒介形象》,《国际新闻界》2013年第8期。
③ 李艳红:《一个"差异人群"的群体素描与社会身份建构:当代城市报纸对"农民工"新闻报道的叙事分析》,《新闻与传播研究》2006年第2期。
④ 乔同舟、李红涛:《农民工社会处境的再现:一个弱势群体的媒体投影》,《新闻大学》2005年第4期。
⑤ 董小玉、胡杨:《都市类媒体中农民工形象流变研究》,《新闻爱好者》2010年第20期。
⑥ 滕朋:《建构与赋权:城市主流媒体中的农民工镜像》,《西安交通大学学报》(社会科学版) 2015年第1期。

报纸媒介中的农民工呈现出有差异的形象,甚至在同一份报纸不同体裁的文本上,农民工所具有的形象特质都不是统一的。如在《人民日报》的文字报道中,农民工群体是弱势的、被动的,而在其图片报道中,农民工又是积极、正面和乐观的。① 但如果文字的"言外之意"比图片的信息更隐蔽也更真实,那么在《人民日报》的报道中,农民工弱势、被动的身份形象更居主流。

整体来看,改革开放以来的主流报纸,不管是中央级的,还是地方性的(主要在广东地区),所呈现的农民工形象具有明显的共性,即农民工或者是"弱势"的,或者是偏于负面或被动的,他们是"边缘化群体、被言说的群体、被'省略'的受众"②。

然而,需要注意的是,已有研究或者是针对某一份或几份报纸,或者是对相对有限的时间段内的文本进行的分析,难以呈现更大时空范围内农民工的媒介形象。有鉴于此,本书对1949—2018年读秀报纸数据库所包含的国内报纸文本进行了基于文章标题的全样本分析,以期初步描绘70年间国内报纸媒体所建构的农民工形象全貌。

在读秀数据库"报纸"类目中以"农民工"③为关键词在"全部字段"模式下进行检索,经去重,得到348367条数据。由于"读秀"数据库部分文章没有全文,也无法通过其他路径得到,同时,鉴于标题通常是一篇文章核心内容的体现,且标题数据信息完整,故以所有检索到的文章标题作为分析对象,首先对标题进行分词处理,得到86461个词。选择出现频率在50次以上的5026个高频词,从中

---

① 徐湛、郑欣:《镜头里的正能量:新闻图片对农民工形象的塑造及变迁——以〈人民日报〉(1980—2012)为例》,《新闻界》2013年第6期。
② 许学峰、任孟山、武闯:《城市农民工群体的传媒境遇及其成因》,《现代传播》2009年第4期。
③ 鉴于"农民工"是农民工诸称谓中使用频率最高(且频次数倍于位列第二的称谓)且内涵歧义最少的一种,故选择该词进行个案分析。

找到能够代表形象的重要形象词。将这些形象词统一作为本书的形象词库，具体包括8类。再通过词库匹配的方式，将这些形象词与标题进行匹配，得到整体数据及其所反映的农民工形象如表3-6所示。

表3-6 国内报纸上"农民工"的形象类型（1982—2018年）

序号	形象类型	形象词	涉及的报道量（篇）
1	榜样力量形象	全国劳模、劳动模范、先进个人、百优、颁奖、荣誉称号、事迹、授予、胡小燕、表彰+农民工、优秀、光荣、好样的、当选/登/入围好人、状元、英雄	6275
2	积极奋斗的形象	奋斗、致富、追梦、创业	17665
3	重要建设者的形象	财富、主力、主力军、香饽饽、技术能手	709
4	品行优良的形象	爱+大爱、爱+救+可爱、拾金不昧、勇救、救人	841
5	身处困境的弱者形象	候鸟、忧、愁、担心、无奈、心酸、辛酸、艰辛、艰难、讨回、克扣、欠薪、讨薪、追欠、忧薪、追薪、讨工钱、塔吊、下跪、血汗钱、奔波、维权、讨公道、纠纷、打官司、断指、骨折、尘肺、尘肺病、开胸验肺、结核病、职业病、弱势群体、高危、致残、打伤、重伤、坠楼、蹲地铁、蹲座椅、遭遇、骗、求助	51007
6	被关爱者和被援助者的形象	关爱、关怀、爱心、呵护、慰问、获赠；帮扶、援助、救助、法律援助、法援、撑起、撑腰；温暖、情暖、暖流、受益者、喜、欢喜、欢欢喜喜、高兴、高高兴兴	29585
7	社会秩序威胁者的形象	艾滋病+高危、艾滋病+高风险、艾滋病+重点、犯罪	468
8	被区隔的身份形象	边缘、边缘化、城里人、草根、二等公民	672
		合计	107222

表3-7　国内报纸上"农民工"形象类型的历时性变化（1982—2018年）

	榜样力量	积极奋斗	品行优良	重要建设者	身处困境的弱者	被关爱者	被援助者	被区隔的身份	社会秩序威胁者	合计
1982	2		2							4
1983	1		1							2
1986	1		1							2
1987	2		2							4
1988	2		2							4
1989	2		2							4
1992	2		2							4
1993	2		2							4
1994	3		3							6
1995	3		3							6
1996	3		3							6
1997	2		2							4
1998	6		2							8
1999	3									3
2000	16									16
2001	42									42
2002	108									108
2003	971	4			4					979
2004	3955	6			2	4				3967
2005	420	5859		12	42	59	273	3		6668
2006	5	11535	64	33	469	510	264	642	466	13988

· 104 ·

续表

	榜样力量	积极奋斗者	品行优良	重要建设者	身处困境的弱者	被关爱者	被援助者	被区隔的身份	社会秩序威胁者	合计
2007	110	110	10	10	4139	11484	10508			26371
2008	84	84	37	1	17768	6217				24191
2009	86	67	683	642	28462	5		2		29947
2010	78		2		3	15	1	25	2	126
2011	67		1			76	1			145
2012	49		1		8	24	26			108
2013	69			2	2	59	10			142
2014	58		1		15	43				117
2015	30				30					60
2016	48				48					96
2017	27			6	21					54
2018	18		15	3						36
合计	6275	17665	841	709	51007	18498	11087	672	468	107222

由表3-6可知，在报纸媒体对"农民工"的报道中，出现最多的形象是"身处困境的弱者形象"（占47.57%，将近一半），其次是"被关爱者和被援助者的形象"（占27.59%），再次是"积极奋斗的形象"（占16.48%）。与以往大多数研究不同的发现在于，总体来看，国内报纸并没有渲染农民工的负面形象（仅占0.44%）。相反，积极正面的建设者形象占据不小的比例。此外，他们作为与"城里人"相对的边缘、草根的身份特征，引起了媒体的关注和讨论。

农民工的形象变化也表现出明显的阶段性特征。2005—2009年是国内报纸上农民工形象呈现的高峰时段。并且，就其最为主要的三种形象而言，2005年、2006年其积极奋斗的形象得到了媒体的大力张扬（分别对应5859、11535条数据），2007年起身处困境的弱者形象凸显，2008年、2009年达到高峰（分别对应17768、28462条数据），并且2007年被关爱者和被援助者的"受惠者"形象最为突出（21992条数据）。图3-1为农民工形象的历时性变化。

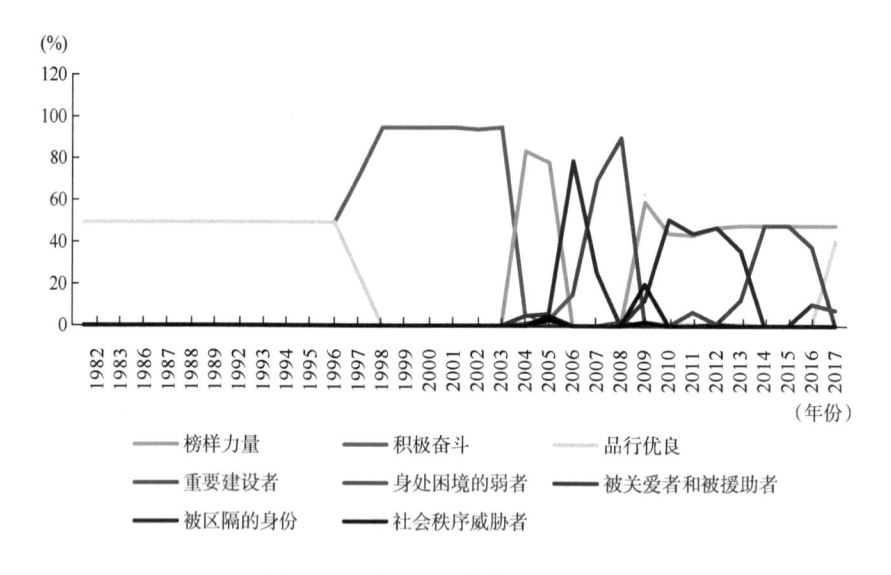

图3-1 农民工形象的历时性变化

这一变化轨迹表现出与农民工政策变化以及宏观经济形势变化的同步性。21世纪伊始，国家对农民工向城镇的迁移表现出肯定和鼓励的姿态，《国民经济和社会发展第十个五年计划纲要》、党的十六大报告都有对农村富余劳动力向城镇转移的肯定性表述，并有《关于进一步开展农村劳动力开发就业试点工作的通知》这样具体的政策支持。相应地，2000年有关农民工形象议题的条目数由此前的个位数增长到两位数，2002年增长到三位数，并集中于"榜样力量"这一正面形象。

2003年起相继密集出台一系列专门针对农民工的服务政策，如2003年的《国务院办公厅关于做好农民进城务工就业管理和服务工作的通知》《城市生活无着的流浪乞讨人员救助管理办法》，2004年的《中共中央国务院关于促进农民增加收入若干政策的意见》《最低工资规定》《关于进一步清理和取消针对农民跨地区就业和进城务工歧视性规定和不合理收费的通知》《国务院办公厅关于进一步做好改善农民进城就业环境工作的通知》等。同时积极肯定农民工的政治地位，认可"农民工已经成为我国工人阶级的新成员和重要组成部分"。这一系列明确的农民工利好政策信号为大众传媒的舆论跟进提供了政治基础，由此促进了农民工形象议题的快速增加以及对农民工正面形象的积极呈现，如2003年增至近1000条，2004年增至近4000条，并继续集中于"榜样力量"这一形象。

2005年，《中共中央国务院关于进一步加强农村工作提高农业综合生产能力若干政策的意见》发布，明确鼓励农民进城打工。2006年，《国务院关于解决农民工问题的若干意见》出台，从工资支付保障、社会保障、住房保障等多个方面保护农民工的权益，并建立农民工工作联席会议制度，国务院研究室还发布《中国农民工调研报告》。之前的政策铺垫及对农民工持续的政策关注导致了2005年和之后几年农民工形象话语的大爆发。2005年和2006年，农民工"积极奋斗"的形象大放异彩，数据量破万，同时，此前甚少出现的"弱者"形象、"被关爱者和被援助者"形象、"被区隔的身份"形象也开始出现。尤其是2006年，"被区隔的身份"形象数据陡升至600余条。这与当年《国务院关于解决农民工问题的若干意见》发布，从国家层面明确重视农民工的权益保护，亦即反向印证农民工权益受损、与城市人群区隔严重的现实密切相关。2007年，《劳动合同法》《就业促进法》和《劳动争议调解仲裁法》相继出台，集中指向农民工劳动权益受损这一事实，由此导致了这一年农民工"弱者"形象数据的急剧增多，由前一年的400余条增至4000余条。不过，增长最快、绝对数量最多的是"被关爱者和被援助者"形象数据，由前一年的700余条增长至2万余条。2008年和2009年，"弱者"形象格外醒目，数据量分别达到17000余条和近3万条。这主要是因为2008年国际金融危机，导致大批企业经营受损，拖欠工资现象严重。自2010年起，国内报纸的文章标题中对农民工形象要素的强调显著下降，这也在一定程度上标志着农民工阶层作为一个新兴社会构成的身份和形象确认工作已经基本完成，自此进入平稳发展的时期。

当然，这一部分的发现是建立在对报纸文章标题的统计分析基础之上，比起基于全文的分析会失掉更多细节，也会存在全文建构了某种形象而标题并未体现出来从而导致未能完全覆盖"形象"数据的缺憾，但这一部分最大的意义在于提供全景概览，帮助我们看到在足够长的时间范围内国内报纸媒介所建构出的农民工形象的整体面貌。

可以看出，从20世纪80年代"农民工"一词出现在大众传媒话语空间中，直到今天，媒体通过日复一日的报道清晰地勾勒出这个阶层的形象，即他们是社会的弱势人群，需要面对难以安居、劳无所获、健康受损、尊严扫地的巨大生存挑战，但同时，他们也表现出积极奋斗、品行优良的精神风貌，他们是城市的重要建设者，以及所有人学习的榜样。在他们艰难前行的过程中，得到了来自政府和社会、专业团体的广泛关爱与援助。

二　其他媒介形态中的农民工

（一）影视作品中的农民工

从改革开放初期到20世纪80年代初期，农民工的形象在中国电影中是缺失的。"1982年，电影《陈奂生上城》，让农民工进入电影的镜头。"《有话好好说》《特区打工妹》《扁担·姑娘》《小武》《落叶归根》《租妻》《泥鳅也是鱼》《盲井》《天下无贼》《疯狂的石头》《美丽新世界》等都是农民工题材电影作品的代表作。从《陈奂生上城》开始，这个身份便开始出现在银屏上，但非常模糊。从90年代中期开始，农民工的形象逐渐清晰，并开始被塑造得血肉饱满，但其角色赋予往往与"小偷、妓女"这样带有负面色彩的身份联系在一起。从2005年开始，农民工的形象呈现出融入者的新姿态。[①]

作为中国电视节目中一个极具仪式感的形态，一年一度的春节联欢晚会也是每年中国成就的一次大"展演"，农民工群体作为20世纪80年代以来城市建设中非常重要的一股力量，在春晚中也得到了相应的呈现。1983—2011年春节联欢晚会节目中农民工群体形象的流变，呈现出转变明显的四个阶段，即1983—1989年，农民工形象缺失或畸形；1990—1995年，是被嘲讽的尴尬"边缘人"形象；1996—2005年，是努力融入者和素质低下者的混合形象；2006—2011年，农民工由被同情性呈现转向被赞美性呈现，越来越表现出努力奋斗、积极进取的姿态。同时，也被构建为城市的一员和建设者。[②] 影视作品作为真实世界影像再现的媒介，其对农民工的形象塑造体现出流变的特征。

(二) 文学作品中的农民工形象研究

以农民工为主要人物的文学作品已成为当代中国文学创作成果的重要组成部分。王十月的长篇小说《无碑》、盛可以的《北妹》《到城里去》、孙惠芬的《民工》、周述恒的《中国式民工》都是这一时期农民工题材文学作品的代表文本。大量的作品边缘化、妖魔化农民工，

[①] 于文辉、张琪、厉倩：《从城市边缘人到新市民——35年，中国电影农民工形象的变迁》，《中国工人》2014年第11期。

[②] 冯资荣、王桃花：《央视春晚中农民工形象的审美流变》，《当代电视》2011年第9期。

揭示了当代中国进城农民在城乡两种文化冲击碰撞下的矛盾冲突。"农民工题材大多是悲剧作品。它反映没有文化的乡村妇女、孤立无助的民工或贫苦农民在天高皇帝远的地方,面对暴力和权力时的不幸遭遇,于是,苦难叙事成为农民工题材的一个重要主题。"①

大量文学作品中的女性农民工形象,也体现出同一向度的刻板印象和类型化叙事。"对于女性'城市外来者',这种对自己真实情感的无奈遮蔽注定了她们要时时品尝生活的苦涩,她们的身体与灵魂永远呈现出一种分裂的状态,满足是暂时的,空虚是永恒的。身体对情感的遮蔽实际是城市生活对于外来者人性的一种遮蔽。这种遮蔽体现了'城市外来者'尤其是女性'城市外来者'在追求城市文明过程中希望融入城市生活的努力带来的一种悲剧。乡村与城市的断裂状态注定了一个只以身体为资本的女性,希冀与城市人换取等值回报的不可能性,留在城市的代价只能是对自己情感的遮蔽。"②

打工诗人对自己所在群体的呈现同样也是"屈辱而卑微"的:"因血统低下出身卑微/我们这个家虽繁殖能力不错/男女均衡人口众多/但从古到今都是贱民/只能在各种可能的乡下角落/偷偷摸摸活着/不知从什么时候/几个不肖子孙经不起诱惑/跑到城市/一年后回到家乡风光一阵/于是就一群一群来到城市/这时的情况开始糟起来/除了地下没什么好落脚的地方/因为证件问题我们/从没有在大街上放心大胆地溜达过/不小心断胳膊断腿/被人抓住尾巴受了迫害/不敢呻吟也不敢哭泣/高兴时磨磨牙用方言打个电话/读一封有一半错别字的信/还得东张西望……"除了"老鼠"以外,还有用"狗""青蛙""蚂蚁""羊群"等形象来比喻农民工的诗作。③

---

① 李雪梅:《他者视域中农民工形象的现代性缺失》,《当代文坛》2007年第3期。
② 苏奎:《女性"城市外来者"形象研究》,《当代文坛》2010年第4期。
③ 张诗蒂:《"哀其不幸,怒其不争"新读——以农民工媒介形象为例》,《西南政法大学学报》2007年第6期。

而精英写作的农民工题材文学作品,虽然在一开始持有对农民工的某种理想塑造,但在农民工窘迫的生存现实冲击下,也不得不汇入更具悲情色彩的写作大潮。"进入主流文学言说空间中的'农民工'由改革之初负载着知识分子社会人生理想的时代'新人',到新世纪需要社会各界关注关怀的'生存之民工',精英作家笔下不堪重负的'农民工'形象在释放其精神能量后触底,迅速从'强者'退回到了'底层',由'知识分子'气到'农民'化。"[①]

可见,就小说、诗歌等文学作品而言,对于农民工的形象刻画大多数是向下的、灰暗的,"苦难"叙事是主流的叙事模式,"屈辱而卑微"是农民工群体呈现出来的集体形象。

前述几种主要的大众传媒载体中所呈现出的农民工形象是复杂而丰富的。从局部来看,报刊媒体的报道似乎显示出某种偏见和刻板印象,但整体观之,经过日复一日的动态呈现,构建了一个立体的阶层形象——他们是弱者,也是强者,身处困境,领受社会关爱,但积极奋斗,堪称榜样力量。影视作品也体现出跟真实世界的同步性,在其话语空间里,农民工形象经历了一个转变的过程,从初期卑微低下的边缘人转向积极向上的建设者和融入者。而文学作品,则更多地凸显了农民工生存的苦难。

本章小结

应该说,自20世纪80年代农民工开始稳定地大规模走上历史舞台以来,"农民工"已经成为一个堪与"农民""城市居民"并存的,

[①] 张立新:《由"负重"到"失重"——城市化进程中的"农民工"文学形象嬗变》,《文艺理论研究》2014年第2期。

由制度与文化共同建构的第三种身份。① 在这一身份称谓和形象形成的过程中,大众传媒扮演了重要的角色。

本章从国内大众传媒对农民工的称谓命名、形象呈现的历史脉络梳理入手,对媒介话语有关这一新兴社会阶层的认知和态度进行了基本的检视。

研究发现,报刊媒体对于农民工的命名,经历了"外来者、闯入者的身份—职业身份(具有农民身份的'准'工人)—被雇佣的身份—向工人过渡的身份—具有融合意味的新身份"这一线索清晰的过程,这既是掌握话语权的主流社会阶层对于"农民工"这一新生事物的认知演进过程,也是工业化、城市化和改革开放进程的自然投射。它反映了包括政策制定者在内的城市人群对于从农村走来的农民工阶层从排斥到逐渐接纳的过程,也反映了在政治和市场的博弈之下,农民工及其所代表的生产力势不可当的"进城"步伐。就农民工称谓的生成而言,是多方合力作用的结果,政府、媒体、学术界、公众都介入其中,交相渗透。但遗憾的是,农民工阶层自身是被排除在外的。他们并未参与对自身的命名,而只能默默接受这些称谓,哪怕有的是他们所反对的。

大众传媒通过其日复一日的内容生产,建构起复杂多元的农民工形象。与以往研究的发现不同,本章的分析显示,身份卑微、处境艰难、得到来自政府和社会多方关爱的弱者形象与积极奋斗、堪称榜样力量的自强不息者形象交织在一起,是报刊报道、影视作品、文学作品等多种媒介产品共同塑造而成的农民工形象。这一形象塑造的结果既是对现实的再现,也折射出大众传媒话语背后潜在的框架意识,其中体现了主流阶层对农民工生存境况的关注与担忧,对农民工奋斗精神和社会贡献的认可,以及对于政府和社会关爱农民工的强调,这是

---

① 陈映芳:《"农民工":制度安排与身份认同》,《社会学研究》2005年第3期。

一种既揭示问题又展示问题正在被解决的状态,既直面农民工困境又给人以希望的建构逻辑。

一个阶层的称谓也包含这个阶层的形象密码,从"外来人员""农民工""民工""打工者"到"新市民""新工人",近七十年间农民工的称谓变迁也构成其社会形象变迁的一部分。这条路径与有关农民工的海量报道对农民工形象的建构路径交相缠绕,共同完成了对一个新兴阶层的定义和知识生产——农民工是中国现代化之路重要的建设者,是生活的弱者和精神的强者,他们来路曲折,但奋斗不息。在来自政府和社会的关爱与帮助之下,他们终将融入城市,成为共享社会主义建设成就的现代公民。

就农民工形象建构变迁过程中所体现出的大众传媒的话语策略而言,媒体始终保持一种温和而富有建设性的积极姿态,既在一定程度上直面问题,又不断强调问题正在被解决的现实,同时为农民工阶层的未来发展提供了具有希望的前景。但是,在农民工阶层媒介话语的建构过程中,主体缺位是最大的问题。农民工始终是被命名、被书写的客体,自身既缺少话语空间又缺乏话语权。

第四章　农民工阶层的媒介话语空间

由于改革开放后农民工阶层的兴起和持续发展壮大,中国工人阶级队伍不断扩张,这是四十年来中国社会阶层结构发生的重大变化之一。[①] 任何一个新兴阶层登上历史舞台,必定天然地带有对表达其利益的话语空间的诉求,农民工阶层也不例外。

现代社会协调利益关系的机制包括利益表达机制、利益博弈机制和制度化解决利益冲突的机制等。其中,首要的问题是利益表达,没有有效的利益表达机制,其他的利益协调机制都无从谈起。[②] 作为政治过程的起点,利益表达有着重要的地位和作用,利益表达也是形成公共政策的首要环节。[③] 大众传媒被视为利益表达的合法渠道之一,扮演着利益表达和利益聚合平台的角色,[④] 通过媒体向政府施加舆论压力并取得社会同情被视为制度化利益表达的

---

① 李培林:《改革开放近 40 年来我国阶级阶层结构的变动、问题和对策》,《中共中央党校学报》2017 年第 6 期。

② 孙立平:《博弈——断裂社会中的利益冲突与和谐》,社会科学文献出版社 2006 年版,第 32 页。

③ [美]加布里埃尔·A. 阿尔蒙德、小 G. 宾厄姆·鲍威尔:《比较政治学——体系、过程和政策》,曹沛霖、郑世平、公婷等译,东方出版社 2007 年版,第 179 页。

④ 王立新:《试论我国社会分层中人民利益表达制度的建构》,《社会科学》2003 年第 10 期;夏洁秋:《相互承认的表达:公共政策过程中的大众传媒功能》,《南京社会科学》2007 年第 9 期。

方式之一。① 在我国的"人民利益表达制度"体系中,"大众传媒利益表达制度"也是组成部分之一。而我国的现实情况是利益表达组织发展不平衡,制度内利益表达渠道不通畅,非制度化和非法的利益表达行为不断衍生。②

观察作为中国农民工阶层利益表达重要渠道的媒介话语空间的构成及演变,成为把握这一新兴社会阶层成长路径的重要视角,也是解读中国社会变迁的一个独特维度。

话语是表达的基本内容,话语的外在形态是语言和符号。同时,按照福柯和布迪厄对于话语的解释,话语是权力的产物,是语言、符号和权力的集合体。③ 话语空间即一个社会中特定阶层、组织、人群或个体所拥有的表达其诉求的语言和符号场域。由于大众传媒产品突出的符号属性与大众传媒场域所具有的公开性和公共性,媒介话语空间往往被等同于公共话语空间。④ 由于不同社会构成在进入这一空间和对媒介的使用上具有权力差异,因此媒介话语空间是一个体现权力关系的、竞争性的场域。⑤ 对于特定社会阶层的媒介话语空间而言,包含两

---

① 王立新:《试论我国社会分层中人民利益表达制度的建构》,《社会科学》2003年第10期;王中汝:《利益表达与当代中国的政治发展》,《科学社会主义》2004年第5期。

② 王中汝:《利益表达与当代中国的政治发展》,《科学社会主义》2004年第5期。

③ [法] 米歇尔·福柯:《规训与惩罚》,刘北成、杨远婴译,生活·读书·新知三联书店1999年版;[法] 米歇尔·福柯:《疯癫与文明》,刘北成、杨远婴译,生活·读书·新知三联书店1999年版;[法] 皮埃尔·布迪厄、[美] 华康德:《实践与反思:反思社会学导引》,李猛、李康译,中央编译出版社1998年版,第186—230页。

④ 当然,对于大众传媒的公共性素有争议,尤其是在政治和经济力量入侵之下其公共性的削减以致丧失,更遭到了包括哈贝马斯在内的诸多学者的有力批判。这里的"公共"概念取中性义,即指其构建社会公众共同话语空间之意,淡化其作为事关公共利益的理性交往空间之意。

⑤ 此处使用的"场域"这一概念,即在各种位置之间存在的客观关系的一个网络,这些位置得以界定的根据是他们在不同类型的权力的分配结构中实际和潜在的处境,以及他们与其他位置的相对关系。[法] 皮埃尔·布迪厄、[美] 华康德:《实践与反思:反思社会学导引》,李猛、李康译,中央编译出版社1998年版,第131—156页。关于媒介、话语与权力的更多论述,可参见刘文瑾《一个话语的寓言——市场逻辑与90年代中国大众传媒话语空间的构造》,《新闻与传播研究》1999年第2期。

个基本维度。第一，拥有发声的媒介渠道或载体，即在整个媒介场域拥有一席之地。如中国中产阶层拥有《经济观察报》《中国新闻周刊》《三联生活周刊》等为其服务和发声的媒体。第二，拥有发声的权利，即话语权，亦即其声音能够经由媒体的报道被听见，由此其利益诉求能够在公共话语空间得到表达。本章将从以上两个维度来审视农民工阶层的媒介话语空间。

第一节 农民工媒介话语空间的主要形态

作为一支新生社会力量，中国农民工的亮相，自然吸引了媒体的注意。1981年，《人民日报》报道了山西省蒲县南湾煤矿在采掘一线试用农民合同工的消息。1983年，《中国青年报》发表社论《让农民工在建筑业大显身手》。1984年，由深圳文联主办的文学期刊《特区文学》开始发表一些反映打工生活的文学作品。[①] 自此，农民工群体逐渐进入大众传媒的视野，关于这一群体的报道也开始多了起来，并随着农民工权益受到伤害这一事实的逐渐显现相应地出现有关其权益维护的报道。媒体对农民工的报道可以被视为农民工话语空间的一种构成形式，但显然，这并非专门针对农民工阶层的特有空间。

事实上，在新闻媒体开始关注这一群体之前，随着广东省等沿海地区的经济搞活及农民工的涌入，专门以农民工为目标受众的打工杂志已经登场，如广西壮族自治区梧州市文联1972年创办的《西江月（打工纪实版）》、广东省江门市文联1979年创刊的打工杂志《江门文艺》。随后，广东地区和内地的一些城市相继出现一批打工杂志。应该

---

① 李敬泽：《当代变革中的自我认识重构——序杨宏海主编〈打工文学评论集〉》，《文艺争鸣》2010年第15期。

说，打工杂志是真正面向农民工群体，以其作为主要服务对象，并全面关注其生活、传达其呼声的话语平台。

随着媒介技术的发展，农民工阶层的媒介话语空间也经历了由报刊传统媒体向网站、微信、微博、短视频等新媒体发展的过程。在本书所确定的研究范围内，总体来看，农民工阶层主要的表达空间包括三种形态——打工杂志和打工文学、打工报纸及较重视农民工报道的报纸、农民工网站。

一 打工杂志和打工文学

打工杂志是中国农民工在新时期登上历史舞台后最具代表性的话语阵地，是真正属于农民工阶层自己的表达空间，也一度成为改革开放后公共话语空间中一支独特的力量。

较早出现的打工杂志有广西壮族自治区梧州市文联1972年创办的《西江月》（打工纪实版）、广东省江门市文联1979年创刊的《江门文艺》。20世纪八九十年代外出打工渐成风潮之际，在打工者聚集的前沿阵地，尤其是广东省，一批农民工杂志相继诞生，如韶关市文联1984年创刊《南叶》、深圳市宝安区文化局1988年创刊《大鹏湾》、佛山市文艺创作研究室1993年创刊《外来工》、佛山市期刊出版总社1996年创办《打工族》等。

与此同时，一些文学杂志嗅到时代先声，将打工作家及作品纳入其中，为农民工群体营造了一个引起多方关注的表达空间。1984年，由深圳市文联主办的文学期刊《特区文学》发表了林坚的《深夜，海边有一个人》，"这是打工者描写自己生活的第一部作品"[①]。由此开启了打工者书写打工生活的写作潮流，"《特区文学》《打工族》《大鹏湾》《花城》《广州文艺》《佛山文艺》《珠海》《湛江文

---

① 韩德信：《城镇化与当代打工文学》，《中国现代文学研究丛刊》2013年第10期。

艺》《嘉应文学》《南叶》《打工知音》等刊物陆续刊载此类题材的作品"①，并为此在刊物上设立专栏，"应该说，一直以来几乎所有的广东文学期刊都设立过打工文学专栏，载发过大量的打工文学作品。这一现象几乎成为岭南文学和岭南文化的特色，也在整体上促成了新时期广东期刊和文学的别样繁荣"②。同时，由此还形成了中国当代文学一种新的类型——打工文学。③ 20 世纪 90 年代中国期刊界的"佛山现象"便产生于这一背景之下。

"《佛山文艺》是广东省佛山市文联所办的一本地市级文学刊物，1991年，《佛山文艺》推出'众生一族'与'星梦园信箱'栏目，主要反映包括打工者在内的各个民间群体的生活，'众生一族'主要为小说，'星梦园'则以诗歌为主。1992 年，《佛山文艺》扩版，由 64 页增设至 96 页，将反映打工生活的作品从'众生一族'中分离出来，增设了'打工 OK'栏目，又设置了与读者直接交流的'华先生有约'栏目，受到读者欢迎，为《佛山文艺》成为'中国第一打工文学大刊'奠定了基础。1999 年，《佛山文艺》的子刊《外来工》推出'打工小说联展'，2004 年，子刊《打工族》推出'特别策划·文学新境界'栏目，对打工文学进行评论……十多年来，《佛山文艺》刊登了不少来自生活现场的打工作品，培养了一批知名的打工作家。"④ "打工文学"的兴盛也引起了全国性文学期刊的关注，包括《人民文学》《十月》《作品》《作品与争鸣》《小说选刊》《中国作家》《天涯》《小说界》《山花》等在内的重点文学期刊几年内相继刊发了如王十

---

① 李新、刘雨：《当代文化视野中的打工文学与底层叙事》，《东北师大学报》（哲学社会科学版）2009 年第 3 期。
② 陈超：《当代文学境遇中的"候鸟"踪迹——城市化进程中"打工文学"的生产、撒播与移植》，《甘肃社会科学》2012 年第 2 期。
③ 关于打工文学的定义以及"打工文学"能否被视为一种文学类型，一直存有争议。但经过多年的发展，"打工文学"已逐渐成为一种被普遍接受的提法。
④ 贺芒：《〈佛山文艺〉与打工文学的生产》，《文艺争鸣》2009 年第 11 期。

月、郑小琼、柳冬妩、周崇贤、罗德远等一大批打工文学群体的代表作品,鲁迅文学奖、人民文学奖、冰心散文奖等具有全国性影响力的奖项,也越来越多地授予"打工作家"。2004年,团中央专门为打工文学设立了"鲲鹏文学奖"。2005年,深圳市开始举办每年一次的"全国打工文学论坛"。2008年,深圳市又主办了"全国首届大型农民工诗歌征文大奖赛"。2011年,由广东省团省委发起、民政局注册的广东省青年产业工人作家协会(以下简称省青工作协)正式成立。其设立的两年一届的"全国青年产业工人文学大奖"是唯一一个全国性的青年产业工人文学大奖,2011年至今已举办三届,发掘了一大批优秀青年产业工人作家和作品,被誉为青年产业工人文学的"鲁迅文学奖"。①

这一时期的打工杂志和打工文学受到了打工者的普遍欢迎。当时仅为深圳市宝安区文化局内刊的《大鹏湾》,最高月发行量超过10万册。②《江门文艺》从早年的油印小报快速发展到20世纪80年代末的64页,后扩版增至80页、96页,早期发行量不过3000多册,到90年代快速发展为月刊、半月刊,月均发行量达到37万多册。③ 在20世纪90年代中期,全国多数纯文学期刊都陷入惨淡经营的同时,《佛山文艺》在全国发行量却一度超过50万册。④ 1990—2000年,成为打工杂志的黄金时代。⑤

此后,内地的一些城市也陆续出现打工杂志。如湖北知音传媒股

---

① 江冰、涂燕娜:《青年产业工人与新文学群体》,《青年探索》2017年第5期。
② 陈超:《当代文学境遇中的"候鸟"踪迹——城市化进程中"打工文学"的生产、撒播与移植》,《甘肃社会科学》2012年第2期。
③ 郁勤:《无名者的话语空间——以1990—2012年间的〈江门文艺〉为例》,《五邑大学学报》(社会科学版)2015年第2期。
④ 贺芒:《〈佛山文艺〉与打工文学的生产》,《文艺争鸣》2009年第11期。
⑤ 李灵灵:《媒介变迁与作家群落分化——以打工文学为例》,《文艺争鸣》2016年第12期。

份有限公司2000年创刊《打工知音》、全国妇联和中国妇女报社2003年联合出版《打工妹》(2005年更名为《蓝铃》)、湖北省武汉市文联2005年创刊《芳草·潮》。

打工杂志和打工文学的出现,对农民工阶层具有特殊的意义。他们成为这个阶层向社会宣示存在以及表达心声和诉求的重要空间。就"打工作者"而言,打工杂志和打工文学记录了打工群体的真实状态和他们的历史印迹,也承载着代其发声的想象。"作为打工诗歌,我认为最起码便是见证了这个打工时代,对这个打工时代的社会现实进行剖析。打工诗人对于这个打工时代必须承载我们应有的使命,有责任对当下时代进行记载,其作品必须关注打工人的生存的真实状态,而不是官方报纸上那一种形象工程式的报道。他必须对当代工人的民生、民意、民权进行独立的思考,独立的分析,独立地去接受这个打工时代给我们生命赋予的苦难与幸福。"[1]

作为打工杂志的读者,打工者也通过想象和共情去消解对现实的不满。"当时给我印象比较深刻的是《湛江文学》,上面在连载周崇贤的长篇小说。小说主人公叫刀锋,他是位有功夫的打工仔,在当时劳动法不健全,打工者易受到不公正对待,这无疑让人希望多出现像刀锋一样的英雄人物。"[2] 同时,这样的杂志也起到了使这一阶层实现想象中的认同的作用。如同当年打工杂志的一名忠实读者所言:"此后我经常利用业余时间踩单车到市里去买杂志。那时的打工类杂志可真多啊!《江门文艺》《打工妹》《打工故事》《湛江文学》《嘉应文学》《谭江文艺》《侨乡文学》等摆在书摊上十分耀眼,每次都会选上好几本,下了班就在出租屋里阅读他人的故事和经历。尽管自己因找不到

---

[1] 这是有"打工群体中崛起的天才女诗人"之誉的郑小琼在《关于打工诗歌》一文中所说的,刊登于2004年第3期的《打工族》,起始页未知,转引自杨宏海《"打工文学"的历史记忆》,《南方文坛》2013年第2期。

[2] 程厚云:《那些消失的打工杂志》,http://doc.qkzz.net/article,2018年9月16日。

工作吃了不少苦，但杂志上还有比我更苦的草根打工人。"①

正如《人民文学》前任主编李敬泽所说："通过文学，通过个人的书写，打工者们逐渐探索和形成自我意识；通过命名和评论，通过对'打工文学'的争论和评说，社会对横亘于内部的这个沉默人群获得意识，试图做出指认和反应。"②

令人遗憾的是，20世纪90年代末期开始，随着中国中产阶层的兴起以及传媒市场化进程的加快，打工杂志逐渐被挤压和边缘化，广告市场空间萎缩，一些老牌杂志陆续停办。《外来工》2000年停刊，《大鹏湾》2004年停刊，《打工族》2011年12月停刊，《江门文艺》也于2012年12月宣布停刊。有些打工杂志更是"短命"，大众传媒工作者协会2006年创办的《打工文摘》于2009年2月停刊。河南省劳动和社会保障厅2002年出版的《新劳动》则于次年停刊。有"中国第一打工文学大刊"之称的《佛山文艺》，在经历了20世纪90年代中期"打工文学"期刊的辉煌后，20世纪90年代末至21世纪，随着打工文学市场的萎缩，又转向了白领趣味。③曾经风靡一时的广州打工杂志《飞霞》则确立了都市情感杂志的定位，打工杂志全面衰落。有人将2004年具有标杆意义的打工杂志《大鹏湾》的最终停刊视为"打工杂志全面走向衰亡"的标志性事件，2012年《江门文艺》的停刊则被视为"打工杂志全面消亡"的标志。④

打工杂志的兴衰反映了中国社会阶层的变迁，也是传媒行业市场化转型的结果。当20世纪80年代农民工阶层兴起并壮大之时，作为

---

① 程厚云：《那些消失的打工杂志》，http://doc.qkzz.net/article，2018年9月16日。
② 李敬泽：《当代变革中的自我认识重构——序杨宏海主编〈打工文学评论集〉》，《文艺争鸣》2010年第15期。
③ 贺芒：《〈佛山文艺〉与打工文学的生产》，《文艺争鸣》2009年第11期。
④ 李灵灵：《媒介变迁与作家群落分化——以打工文学为例》，《文艺争鸣》2016年第12期。

一支新兴力量，很自然地吸引了一批杂志的关注。但随着90年代中产阶层的迅速兴起和被"发现"，以及同一时期大批传媒开始转向以市场收益为导向的经营模式，消费能力强、能够带来丰厚广告收入回报的中产阶层便被视为媒体的宠儿，消费能力低下的农民工的需求被搁置一旁。这就不难理解为什么从90年代中期起女性杂志、时尚杂志、财经杂志、新闻时政类杂志、都市情感类杂志这些中产取向的白领杂志异军突起，迅速占领城市的报刊亭，而《佛山文艺》《飞霞》这样红极一时的打工杂志或转向白领趣味，或转向都市情感类杂志的定位。像《大鹏湾》《江门文艺》这样的老牌打工杂志没有转型再发展，也就难以逃脱停刊的命运了。

二 打工报纸及较重视农民工报道的报纸

不像打工杂志一度成为一种媒介现象、在媒介市场上曾有一席之地，打工报纸这一种类虽然也曾出现过，但生存状态不佳，发展得很艰难，也甚少得到主流媒体的支持。它们或由个人自行创办发行，或由非政府组织（NGO）提供资助，有的申请到了内部刊号，有的没有刊号。1992年深圳市石岩镇文化站创办手抄报《加班报》，提出"为命运加班"的口号。2002年几位民间人士许强、罗德远、徐非等在广东省惠州市创办了后来著名的打工文学报纸《打工诗人》，《工友之声》创刊于深圳市宝安西乡，由深圳市手牵手咨询部主编。香港乐施会资助了《工友之声》，也一度为《打工诗人》提供过资金支持。这些报纸的大部分版面都刊登了打工作者的作品，也吸引了一大批打工者受众，在特定时期起到了聚集打工者的作用。[①] 但总体而言，这些打工报纸的影响较为有限。

---

① 张一文：《打工文学独特传播方式研究》，《传奇·传记文学选刊（理论研究）》2012年第3期。

第四章 农民工阶层的媒介话语空间

农民工报纸中有一类比较特殊的构成,是工会系列的报纸,这些报纸自2000年前后起比较重视农民工报道,甚至有的辟出专门的板块。如中华全国总工会下属的《工人日报》及各地方工会下属的《劳动午报》《劳动新闻》《黑龙江工人报》《四川工人日报》等,都有较多关于农民工的报道。2010年11月16日,《工人日报》正式推出中央主流媒体首个《农民工专刊》,"内容主要指向农民工群体中涌现出的优秀代表和他们的成功实践,及时介绍各地、各界关心、关怀农民工的好做法和好经验,随时反映农民工的心声,引导农民工正确表达自身的主张和诉求等"。[1]《农民工专刊》固定在每周二的四版出版,全国彩印。但这类报纸作为带有官方色彩的媒体,往往具有较强的宣传意味,其定位很明确。"工会媒体做好农民工报道,宜从以下几个方面入手。一是要报道与农民工相关的重要新闻事件;二是要选择优秀农民工代表,用他们的故事激励全国农民工;三是要展示中国工会真情关心农民工、服务农民工的良好形象,逐步增进农民工对工会的认识,为推进工会组织重点工作提供舆论支持;四是要呼唤全社会关心农民工,以推进农民工一系列难题的解决。"[2] 虽然从提升农民工的"社会能见度"和为农民工争取权益的角度来说,这类报纸也构成农民工话语空间的组成部分,但跟南方地区农民工自办报纸的功能定位有本质差别。

随着打工报刊的衰落和新媒体技术的迅猛发展,农民工的话语空间也开始向网络空间拓展,出现新的形态,如网站、微博、微信、抖音等,其中又以网站最具公共性。

---

[1] 王娇萍:《中央主流媒体首个〈农民工专刊〉创刊》,《工人日报》2010年11月16日第1版。

[2] 余翠平、闵丹:《工会媒体如何服务好农民工》,《劳动午报》2015年7月1日第8版。

三 农民工网站

农民工网站主要包括打工文学网,由国家三农工程项目、工会系统和各级政府所开办的官办网站,民间自办网站等几种形态。

第一,打工文学网。2012年11月24日,几乎与被视为"打工杂志全面消亡"标志的《江门文艺》停刊同时,中国第一家打工文学网——宝安日报"打工文学网"(http://idagong.sznews.com/index.htm)正式上线。这是一个意味深长的巧合,走向衰落的打工杂志似乎在网络空间找到了延续生命的道路。对"打工文学网"创建的解读是:"打工文学发端于深圳宝安。《宝安日报》于2008年7月27日创办了《打工文学》周刊,截至2012年11月24日,《打工文学》周刊已出版210期,共发表作品6000余篇(首),共1300万字左右,挖掘、推出新作者800多人次,涌现出了萧湘风、陈再见、曾楚桥、付关军等在全国、全省都有较高知名度的打工作家。为更加及时、高效、便利地服务好、引导好新生代打工人群,宝安日报社建设了全国第一个'打工文学网'。'打工文学网'主要包括四大部分内容:打工文学、生活资讯、阳光达人社区和《宝安日报》新闻。"[①] 令人遗憾的是,此网站于2019年起已无法打开。

第二,官办网站。如"中国农民工网"(http://zgnmg.org.cn/),这是全国"三农"信息一体化应用平台——中农兴业网团旗下网站之一,是贯彻落实国家《2006—2020年国家信息化发展战略》总体部署和农业部《全国农业和农村信息化建设总体框架(2007—2015)》的重点工程。中农兴业网团旗下还有"中国三农资讯网",该网站有一个"农民工频道","属互动资讯类频道,共有8个栏目,以发布农民工政

[①] 《宝安日报"打工文学网"正式上线》,cn/o/2012-11-26/085925662556.shtml,2018年10月2日。

策法规资讯、农民工求职打工资讯、农民工职业培训信息和农民工维权信息为主，兼顾农民工生活资讯、农民工文化资讯和政府及社会较为关注的农民工问题。包括综合资讯、人才天地、劳务维权、技能培训、社会招聘、打工求职、人才服务、民工联盟等内容，方便本网会员查阅"。中华全国总工会的官方网站"中工网"专门设立了"中国农民工"专版（http：//nmg.workercn.cn/，后更名为"中工打工"），也开设有专门的"农民工频道"，下设"打工生活""打工文学"等栏目，在"中工网"的"人物频道"一栏中专设有"农民工"板块。就省级平台而言，吉林省人社厅劳动关系协会创建有"农民工之家"网站，以"让农民工工作得更有尊严，生活得更加美好"为宗旨，秉持"政府主导、市场化运作、企业化运行"原则，由两大渠道、三大板块、四大格局、十大系统构成。两大渠道是线上服务渠道和线下服务渠道，三大板块是数据分析板块、管理运营板块、资源整合板块，四大格局是省级总平台、县级分平台、乡镇服务站、村屯服务点，十大系统是工资支付、技能提升、就业上岗、脱贫致富、法律维权、政策咨询、文化产业、健康保障、生活服务、教育养老系统。北京市政府网站"首都之窗"开设有农民工专版（http：//zhengwu.beijing.gov.cn/zwzt/bhnm/，2018年10月3日登录）、云南省人民政府门户网站下的"弱势群体服务专栏"有"农民工"板块（http：//www.yn.gov.cn/yn_wsbs/yn_rsqt/yn_nmg/，2018年10月4日登录）等。在市级层面上，济南市外来务工人员（农民工）综合服务中心下属有"济南农民工网"（http：//www.jnnmg.com/）等。

第三，除了上述官办农民工网站外，还有来自民间的自办平台。如"民工家园网"（已关闭），这是由多家媒体资深记者和多家律师执业机构律师、劳动保障及工会维权部门人员等自愿加盟的一家专业公益服务综合网站，旨在"打造全国民工公益性服务第一平台"。该网站的理念为"关注民工生活,共建城乡和谐社会,主动与企业进行劳务协作,积极与工会组织、人力资源和社会保障局、各驻地商会通力协作,为民工、企业搭建'互惠双赢'的桥梁纽带"。还有直接主张为农民工提供法律援助的专业网站,如北京致诚农民工法律援助与研究中心下属的"农民工法律援助网"（http：//www.zgnmg.org/about/）,该中心成立于2005年,2009年独立注册,是中国第一家依托专职律师为农民工提供免费法律服务的民间社会组织。2007年,由北京清大燕园网络科技有限公司投资创办的民工网（http：//www.mingong123.com）正式上线运营。

这几类网站性质有所不同,第一类属于官方媒体所办的网站,具有半官方性质,第二类属于官办网站,第三类属于民间网站。第一类文学属性突出,较专门化;第二类的关爱意味浓厚,全方位服务色彩突出;第三类以维权为主,更强调专业性。但是,一方面,这些网站的互动性普遍较弱,尤其是官办网站,更多的是以单向的宣传和服务为主,农民工的主动表达和参与非常有限。另一方面,这些网站的传播效果如何,有待进一步考证,至少在本书调查的农民工范围内,几乎没有人用过这类网站。从其实际的运营情况来看,也不甚理想。

自媒体出现后,农民工话语空间也开始向自媒体扩展。一批工会系统组织、报纸、电视台和公益组织纷纷借助微博、微信延伸对农民工的信息传播,也开始出现了农民工个人或群体的"双微"。如微博账号吉工家——关爱农民工在行动、辽宁省农民工法律援助大连工作站、临朐县农民工之家、农民工公益基金、农民工援助中心、农民工之友、农民工互助交流协会、最美川籍农民工、中国农民合作社、贵州卫视中国农民工等,但这些微博账号大多数很久都不更新了。又如微博超话——农民工群体协商会超话、农民工超话、农民工维权超话、关注农民工超话、农民工工资超话、我是农民工超话、农民工返乡超话、农民工被殴打超话等,但活跃度很低,多数都是"0贴"。还出现了一些农民工微信公众号,但文章的阅读量很低,且公众号的存活期很短,时有运营几个月就停止更新的。

上述以农民工为对象的新媒体平台辐射面和影响力都非常有限,很难说它们能够承载起农民工阶层公共表达的责任。值得注意的是,抖音、快手等短视频平台以其兼容并包和影像表达的低门槛特性,正在成为包括农民工阶层在内的社会底层的一个有力的表达平台。但目前来看,这些平台上的表达还非常个人化、生活化和浅表化,不具有像打工杂志或打工报纸那样能够多方位、深入细致地呈现农民工阶层所思所想所求的作用。有的以农民工为主体的表达则被进行了商业化包装和运作,已失去其自主表达的意义。此外,由于短视频还是新生事物,且正值快速发展时期,尚具变数,有待进一步观察。

应该说,中国农民工阶层从改革开放初期开始拥有自己的话语空间,最具代表性的形态是打工杂志和打工文学,它们不仅作用于农民工阶层自身,成为其阶层认同的载体,同时还表现出向外辐射的影响力,一度进入主流话语空间,成为公共话语空间中的一支力量。遗憾的是,这类空间存续时间有限,几乎可以说是昙花一现。从21世纪头十年开始,出现了农民工阶层传统媒体话语空间的衰落和新媒体话语空间的勃兴。然而,若仔细分析,则会观察到看似兴盛的新媒体话语空间实则凋敝。这些面向农民工或者以农民工为主体的互联网平台和自媒体一方面活跃度较低,另一方面影响力有限,辐射面不过是少数农民工人群,很难对这一阶层之外的更广大人群产生影响。而新兴的短视频平台在实现农民工阶层的利益表达方面前景不明。从这个意义上讲,现今农民工阶层的媒介话语空间逼仄,风雨飘摇。

第二节　农民工阶层在媒介话语空间的利益表达
——基于"讨薪"报道的个案分析

对于中国的农民工阶层而言，缺少像中产阶层所拥有的专属于本阶层的话语空间，这是其在媒介话语空间整体格局中的基本态势。那么，就媒介话语空间的第二个维度而言，农民工阶层在面向大众、服务大众的媒体中所得到的表达机会以及表达的效果如何呢？

大众传媒与弱势群体的关系研究是传播学批判研究的经典领域之一。大众传媒对于工人阶级、少数族裔、女性、特定边缘人群如同性恋者等在社会中处于弱势地位的群体如何进行呈现，以及这种呈现受制于怎样的政治、经济权力运行逻辑，是这一学术议题的基本研究进路。基于批判传播研究的传统立场，这一议题通常在阶级、种族或性别对立的框架里被建构，大众传媒被解读为主流意识形态压制和控制弱势群体、再造社会不平等的力量。

在中国语境下，新闻传媒被视为利益表达的重要渠道，在包括农民工在内的弱势群体利益表达机制的构建中扮演重要的角色。[1]"代其（农民工）立言"被认为新闻媒体的职责所在。[2] 政治学者还提出增强大众传媒在农民（包括农民工）利益表达中的作用，[3] 尤其是增强新闻媒体的监督作用。[4]

然而，2003 年华东师范大学社会学系组织的"贫困群体的利

---

[1] 方启雄：《新闻传媒与农民工利益表达机制的构建》，《河南社会科学》2013 年第 5 期。
[2] 卫夙瑾：《大众传媒与农民话语权——从农民工"跳楼秀"谈起》，《新闻与传播研究》2004 年第 2 期。
[3] 杨正喜、唐鸣：《论新时期农民利益表达机制的构建》，《政治学研究》2006 年第 2 期。
[4] 王臻荣、常轶军：《论社会主义和谐社会视野下的公民利益表达》，《政治学研究》2007 年第 2 期。

益诉求渠道及其与执政党的沟通"调查显示，包括下岗职工、贫困街区居民、被征地人员、外来民工以及下层动迁居民等群体在内的贫困群体，普遍存在着利益受损的被剥夺感和强烈的不满情绪，但其利益表达渠道不畅，作为渠道之一的大众传媒，也没有被很好地利用。①

对于在弱势群体维护自身利益的过程中，大众传媒究竟扮演了何种角色，已有研究大多是宏观的、逻辑思辨的，尚缺乏系统的实证分析。本节将以涉及农民工阶层基本利益的一个现象——"讨薪"为个案，分析传统主流媒体对其的话语呈现，以观察在事关社会弱势阶层核心利益、集中呈现城市化进程中的矛盾，以及与大众传媒的社会责任具有紧密关联的社会实践中，媒体如何呈现事实，扮演了何种角色，体现了何种操作逻辑，由此透视农民工阶层经由大众传媒的利益表达状况，进而把握其媒介话语权状况。

此处需要对本节的文本分析对象——传统主流媒体做出说明。关于主流媒体的定义，尤其是何谓中国的主流媒体，一直存有争议。关于主流媒体的定义之争及这一概念的溯源与演进，可参见《什么是"主流媒体"？》及《西方有关主流媒体研究的多元理论视角论析》两篇文章。②本书同意文中作者关于当前我国已形成"偏于政治权威性、影响力的'传统主流媒体'和偏于社会公信力、影响力的'新主流媒体'两类'主流媒体'并存的格局"这一判断。前者以《人民日报》、新华社、中央电视台、中央人民广播电台、《求是》杂志、《光明日报》、《经济日报》等中央级媒体为中心和相应的省地级媒体为体系构成，《南方日报》《新华每日电讯》算是其中改革创新的典范。后者以

---

① 陈映芳：《贫困群体利益表达渠道调查》，《理论参考》2004年第11期。
② 齐爱军：《什么是"主流媒体"？》，《现代传播》2011年第2期；齐爱军、洪浚浩：《西方有关主流媒体研究的多元理论视角论析》，《新闻大学》2013年第1期。

《南方周末》《21世纪经济报道》《经济观察家》《财经》《中国新闻周刊》《三联生活周刊》等为代表。在当前中国媒介市场的整体格局中，以传统主流媒体所经受的公信力考验最为巨大，因为其一方面鉴于身份原因拥有较高的公信力期待，另一方面又经历着事实上的公信力不足的压力，通过具体的案例来检验其是否合格"履职"具有明确的实践参考价值。而由于农民工"讨薪"议题具有很强的政策性，又涉及弱势群体生存的道义问题，是传统主流媒体责无旁贷的关注点，因此观察在这一议题上的媒介实践具有代表意义。

一 "农民工讨薪"个案的选择

在中国农民工面对的诸如收入、住房、医疗、养老、子女教育等诸多问题中，收入问题是最基础的，因为收入是自主生活的前提。而在这个问题上，中国农民工也遭遇了釜底抽薪式的挑战，被拖欠工资是持续经年的常见现象，[1] 2016年被拖欠工资的农民工人数为236.9万人，[2] 也因此各类农民工讨薪事件在全国层出不穷，由此导致的个体性的、群体性的悲剧时常见诸报端。"讨薪"既成为农民工的一大梦魇，也成为中国城市化建设的制度之殇。

自2003年全国启动清欠农民工特别是建筑业农民工工资行动以来，对拖欠农民工工资的治理已经走过十多个年头。国家和政府出台的关于解决农民工工资拖欠的法律法规政策文件达200多个，对农民工工资拖欠的政策关注度高于其他任何一个社会问题。[3] 然而欠薪治理

---

[1] 宋晓、冯大鹏、翟濯：《打不破"行规"，年终讨薪年年讨》，《新华每日电讯》2015年12月27日第1版；胡雅婷：《让"讨薪记"告别连续剧》，《人民日报》2013年12月30日第6版。

[2] 《2016年农民工监测调查报告》，http://www.stats.gov.cn/tjsj/zxfb/201704，2017年5月5日。

[3] 《"解决农民工讨薪难，政府应做表率"》，http://view.news.qq.com/original/intouchtoday，2017年5月10日。

似乎并未取得令人满意的效果。2016年1月17日，国务院办公厅《关于全面治理拖欠农民工工资问题的意见》发布，这是多年来政府高度关注这一问题的政策延续，同时也在一定程度上说明了"这一问题尚未得到根本解决，部分行业特别是工程建设领域拖欠工资问题仍较突出"。[1] 自2003年10月24日，农民工熊德明当面请走访三峡移民的时任国务院总理温家宝代为讨薪并成功以来，全国各地相继爆发"讨薪风暴"，这一现象也引发了媒体的跟进报道。自此，中国农民工的讨薪实践，亦与大众传媒密切相关。

作为弱势群体维护自身权益的形式之一，农民工讨薪行为自2000年以来频繁出现，大众传媒如何来报道这类议题也引起了学界的关注。不过，这方面的研究为数不多，除了个别探讨诸如媒体以"跳楼秀"指称这一现象所暴露出的媒介伦理失范，[2] 以及媒体对农民工讨薪现象报道所经历的变化，即从热衷到冷漠、从同情到嘲讽的转向及其背后的原因[3]之外，更多的研究主要从媒介报道业务层面展开分析，[4] 旨在为改进农民工讨薪报道提供技术参考。

鉴于传统主流媒体在中国社会中所具有的传达重要政策决议、反映重大民生问题的功能定位，以及农民工问题在当下中国社会的突出性，此处提出研究问题及对应的假设。

问题4.1：媒体是否对农民工讨薪议题进行了主动、持续、稳定的报道？

---

[1] 《国务院办公厅关于全面治理拖欠农民工工资问题的意见》，中国政府网，http://ww.gov.cn/gongbao/content/2016/contet_5036273.htm，2017年5月10日。

[2] 卫夙瑾：《大众传媒与农民话语权——从农民工"跳楼秀"谈起》，《新闻与传播研究》2004年第2期。

[3] Wanning Sun, *Subaltern China: Rural Migrants, Media, and Cultural Practices*, Lanham Boulder, New York, London: Rowman & Littlefield, 2014.

[4] 陈红梅：《大众媒介与社会边缘群体的关系研究——以拖欠农民工工资报道为例》，《新闻大学》2004年第1期；彭华新：《"农民工讨薪"新闻中的敏感议题及脱敏研究》，《当代传播》2015年第2期。

假设4.1.1：媒体在农民工讨薪现象出现之初就进行了及时报道。

假设4.1.2：媒体持续关注这一议题，并且报道量保持稳中有升。

假设4.1.3：媒体对这一议题的报道从一年中的时间分布来看比较均匀。

问题4.2：媒体是否对农民工讨薪议题进行了全面、真实的报道？

假设4.2.1：媒体既有对事件本身的报道，也有较充分的原因分析和对解决之道的探讨。

假设4.2.2：媒体对"讨薪"现象涉及的主要利益相关方及其关系有较全面的呈现。

假设4.2.3：媒体能够如实呈现讨薪过程中的冲突。

假设4.2.4：媒体对欠薪主体的身份报道符合实际情况。

假设4.2.5：媒体对欠薪现象的原因分析符合实际情况。

问题4.3：媒体对这一议题的相关方持有怎样的态度？

假设4.3：媒体对农民工讨薪相关方的报道能够体现出多元立场。

本节采用内容分析法，即一种对于传播内容进行客观、系统和定量描述的研究方法，来回答上述问题。

此处选择国内中央级全国性综合类报纸作为分析对象。原因有以下几点。第一，报纸文本比起电视、广播和互联网文本，更便于搜集和整理。第二，报纸定期出版，且容量有限，与互联网文本相比，可以保证有效的样本框。第三，中央级全国性综合类报纸往往是党、政府和主要社会组织的喉舌，更利于观察主流意识形态对某一议题的态度。

由于目前国内报刊数据库数据的完备性还不尽如人意，本书同时从知网"中国重要报纸全文数据库""慧科搜索""百链搜索"数据库进行检索，相互查漏补缺，以"讨薪"为标题，检索自系统收录数据起至 2015 年 12 月 31 日的所有文章，以每份报纸检索出的篇目数量为标准，挑选出排名前五的中央级全国性综合类报纸，即《工人日报》《新华每日电讯》《农民日报》《中国劳动保障报》《人民日报》。剔除这五份报纸中题为"讨薪"但并非与农民工相关的文章，共保留 669 篇文章全部入样（见表 4-1）。

表 4-1　　　　　　五份报纸中与"讨薪"有关的文章

报纸名称	篇数
《工人日报》	243
《中国劳动保障报》	132
《新华每日电讯》	129
《人民日报》	85
《农民日报》	80
合计	669

就五份样本报纸而言，《人民日报》是中国共产党中央委员会机关报；《工人日报》是中华全国总工会主办的综合性报纸；《农民日报》是农业部下属的综合性报纸；《中国劳动保障报》由人力资源和社会保障部主管，是"以反映国家人事人才工作、劳动和社会保障工作者及广大劳动群众关心的经济与社会问题为主要内容"的综合性报纸；《新华每日电讯》是由新华社出版的综合性报纸。这五份中央级全国性综合类报纸都是传统意义上的主流媒体，具有政治上的权威性，大部分具有较强的政策指向性。又由于农民工群体兼具工人和农民身份，并且是劳动者群体的组成部分，因而也是《工人日报》《农民日报》《中

国劳动保障报》的重要服务对象。可以说，上述样本媒体是观察中国社会主流意识形态对待农民工议题的态度的非常具有参考意义的窗口。

根据研究假设，共设置了报道进程、报道核心内容指向、问题要素三个主要维度。在报道进程维度上，主要测量农民工讨薪议题在媒介话语中的时间发展要素，包括进入时间、不同年份报道量走势、一年中的报道量走势三个变项；在报道核心内容指向维度上，主要测量分析对象有关农民工讨薪议题报道的内容聚焦点，包括报道框架、报道主题两个变项；在问题要素维度上，主要测量对农民工讨薪现象涉及的几个关键要素的呈现，包括关系主体、欠薪主体、欠薪原因、对讨薪涉及主体的态度四个变项。

编码由两名传播学专业的研究生完成，Krippendorff Alpha 值显示主要变量的编码员间信度的均值为 87%，kappa 0.751，达到了绝大多数内容分析的要求。本书采用 SPSS for Windows 22.0 进行统计数据的分析。

二 传统主流报纸对"农民工讨薪"议题的报道特点

（一）持续报道，但不够积极主动，且不稳定

样本媒体并未在"农民工讨薪"这一现象出现之初就给予及时报道，这一议题进入媒介话语空间有鲜明的政治因素，政府议程设置了媒介议程。假设 4.1.1 没有得到支持。

检索结果显示，在本书检索范围内，国内报纸第一篇以农民工"讨薪"为标题的报道出现在 2000 年 3 月 28 日的《新快报》上，报道了发生在河南郑州的一起讨薪事件，一名替儿子讨薪的母亲当场被欠薪老板的车辆碾压致死。[①] 样本媒体中的第一篇相关报道则出现于 2002

[①] 之洪：《厂长坐汽车直冲讨薪者开去　替儿索取欠薪的李玉梅被车轮碾过死在厂门前》，《新快报》2000 年 3 月 28 日国内新闻版。

第四章 农民工阶层的媒介话语空间

年4月16日的《中国劳动保障报》，这篇名为《从讨薪看诚信》的文章将农民工讨薪的原因归结为"老板缺乏诚信"。① 这也是样本媒体在2002年发表的唯一一篇讨薪报道。第二篇农民工讨薪的报道出现在2003年1月30日的《人民日报》上，在这一年，样本媒体中一共出现了12篇相关报道。2003年之所以成为样本媒体关于农民工讨薪议题报道较为明显的起始点，是因为2003年1月5日，《国务院办公厅关于做好农民进城务工就业管理和服务工作的通知》下发，规定了六个方面的政策内容，其中包括"解决拖欠克扣农民工工资问题，保障农民工权益"。2003年9月30日，《劳动部、建设部关于切实解决建筑业企业拖欠农民工工资问题的通知》发布。2003年10月24日，时任国务院总理温家宝在三峡替农民工熊德明讨薪，引发媒体广泛报道，成为政府介入农民工讨薪进程的标志性事件。2003年11月22日，《国务院办公厅关于切实解决建设领域拖欠工程款问题的通知》下发，指出"自2004年起，用3年时间基本解决建设领域拖欠工程款以及拖欠农民工工资问题"。很明显，正是因为政策上的推进，直接推动了样本媒体的行动。

事实上，大规模的农民工工资拖欠来源于"九八房改"，垫资直接导致建筑施工环节资金链紧张。这一问题造成的严重后果从2000年开始公开显现出来。2000年冬，农民工全城围堵工头，农民工讨薪开始浮出水面，但媒体并没有进行广泛报道。2001年，"农民工绑架工头全家"的新闻成为这一年农民工讨薪的标志性事件；2002年，全国发生数起农民工为讨要被拖欠的工资爬上塔吊、高楼甚至"跳楼"的事件，② 国内地方媒体尤其是南方媒体进行了不少的跟进报道，但是，样

---

① 彭学文：《从讨薪看诚信》，《中国劳动保障报》2002年4月16日要闻版。
② 树臣等：《讨薪：农民工希冀怎样的回应》，《工人日报》2004年12月20日；刘洲立：《民工讨不回工资急得要跳楼门卫竟然阻止巡警解救》http://news.sohu.com/35/011，2017年5月16日。

本媒体直到2003年,才真正开始启动对这一议题的关注。

农民工讨薪议题自进入样本媒体话语空间以来,即得到持续性的报道,报道数量整体平稳增长。假设4.1.2得到支持。

从2002年样本媒体中出现第一篇农民工"讨薪"报道开始,截至2015年,虽然不同年份间的报道量有所起伏,但整体持续增长,如图4-1所示。并且报道量变化路径与政策议程关系紧密。

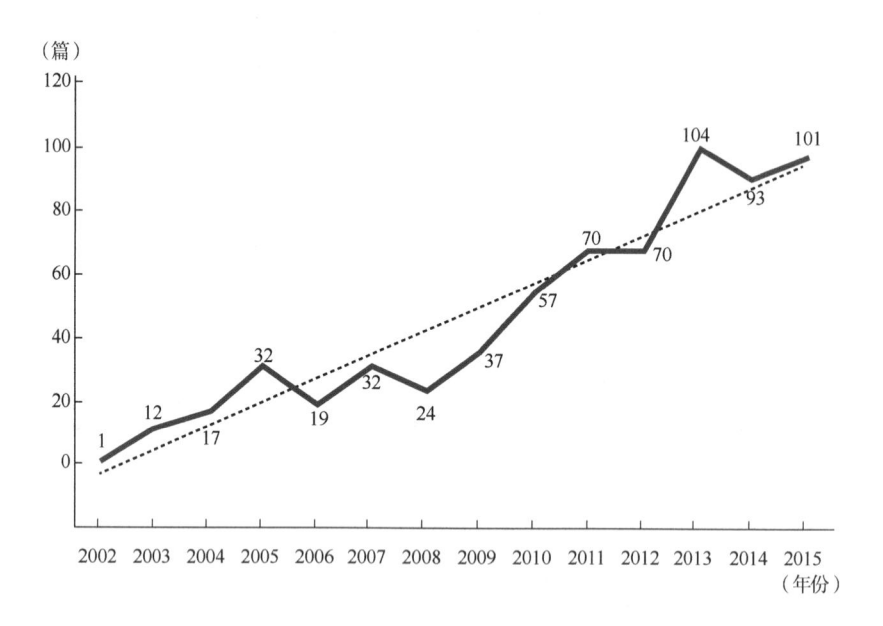

图4-1 各报关于农民工讨薪议题在不同年份的报道量

可以看出,各报关于农民工讨薪议题报道量的走高趋势与相关政策的不断出台紧密相关。2004年3月,十届全国人大第四次代表大会的《政府工作报告》提出:"切实保障农民工工资按时足额支付。"2004年9月,劳动保障部和建设部发布《建设领域农民工工资支付管理暂行办法》,预防和解决建筑业企业拖欠或克扣农民工工资问题。2005年9月,《北京市高级人民法院关于依法快速处理建设领域拖欠农民工工资相关案件的意见》出台。2010年2月,《国务院办公厅关于切实解决企业拖欠农民工工资问题的紧急通知》下发。2011年2月，第十一届全国人民代表大会常务委员会第十九次会议通过《中华人民共和国刑法修正案（八）》，把恶意欠薪行为纳入刑法调整范围，从立法角度加大了对恶意欠薪行为的打击力度。2014年11月，《关于开展农民工工资支付情况专项检查的通知》发布，布置2014年11月24日至2015年2月10日在全国组织开展的农民工工资支付情况专项检查工作。

"农民工讨薪"议题的报道呈现出鲜明的"季节性"，春节前后是报道高峰，其他时间的报道较少，有应景之嫌。假设4.1.3没有得到支持。

由图4-2可知，五份报纸关于农民工讨薪议题的报道集中在1月、12月和2月，均超过百篇，分别为161篇、141篇和104篇，其他月份各月平均报道量为29.2篇，最高值也仅为45篇。

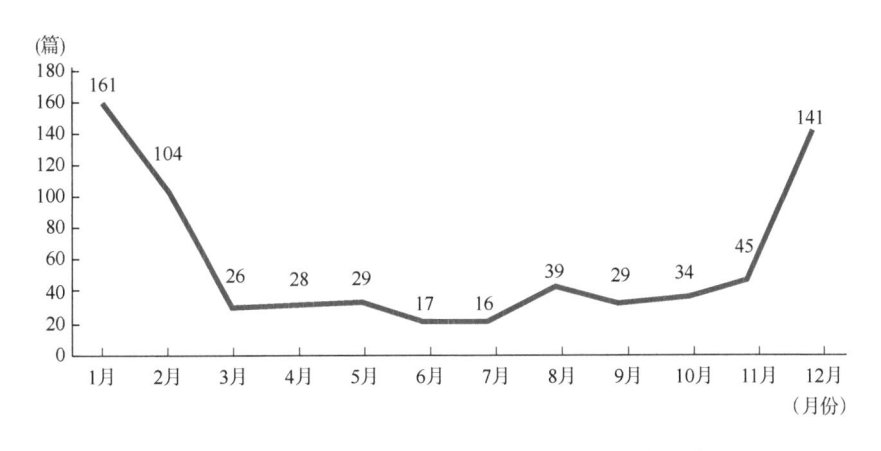

图4-2 各报关于农民工讨薪议题在不同月份的报道量

（二）报道不够全面

从媒介报道的主题来看，主要涉及政府和工会帮助农民工讨薪取得的成绩、农民工讨薪事件的详情和对农民工讨薪的政策、法律困境分析以及相应的对策建议,并未着力探求原因和解决之道。假设4.2.1没有得到支持。

政府和工会为帮助农民工讨薪取得的成绩占40.1%,居第一;农民工讨薪的事件详情占22.4%;对策建议(政策和法律建议)占13.9%;原因分析(制度缺失和法律困境)仅占11.2%。相较而言,对农民工理性维权的建议和农民工讨薪这一现象所折射出的产业危机少有被关注(见表4-2)。

表4-2　　　　　　　农民工讨薪议题的报道主题

报道主题	篇数
政府为帮助农民工讨薪取得的成绩	214
农民工讨薪的事件详情	150
工会为帮助农民工讨薪取得的成绩	54
解决农民工讨薪难的政策建议	54
农民工讨薪的制度缺失	46
农民工讨薪的法律建议	39
农民工讨薪的法律困境分析	29
教育农民工如何理性维权	10
讨薪折射出的产业危机	5
其他	68
合计	669

就样本媒体的报道主体而言,"政府""农民工""政府—农民工"占据绝大部分比例,其他关联主体的呈现分散且稀少,即农民工"讨薪"现象涉及的多样化的利益相关方并未得到较全面的呈现。"政府"和"农民工"的出现频率分别为26.9%和24.4%,合计超过50.0%;

在关系格局中,"农民工—政府"的关系格局出现频次最高;"政府""农民工""农民工—政府"三项主体所占的比例近70.0%。而农民工讨薪实际牵涉的其他主体,如企业、工会、律师、专家等主体或农民工—政府—企业、农民工—律师、农民工—企业、农民工—工会等关系主体,在媒体报道中所占比例甚少(见表4-3)。假设4.2.2没有得到支持。

表4-3　　　　　　　　农民工讨薪议题的报道对象

报道对象	篇数
政府	180
农民工	163
农民工—政府	117
农民工—政府—企业	44
农民工—律师	33
农民工—企业	32
农民工—工会	27
工会	24
律师	19
专家	4
企业	2
其他	24
合计	669

"政府治理"和"弱势群体"的报道框架占绝对优势,分别占42.8%和34.2%,说明媒体对于农民工讨薪难的原因和解决手段更多地从政府治理的角度解读,抱持明显的对"弱势群体"的同情心态。

冲突框架和道德价值框架所占比例很小，分别占 5.5% 和 2.4%；经济后果框架的解读甚少出现（见表 4-4）。假设 4.2.3 没有得到支持。

表 4-4　　　　各报关于农民工讨薪议题的报道框架

报道框架	篇数
政府治理框架	286
弱势群体框架	229
工会协助框架	52
冲突框架	37
道德价值框架	16
经济后果框架	3
其他	46
合计	669

就报道中涉及的欠薪主体而言，私营企业占据绝大多数，占 73.1%；位居第二的是"包工头"，占 6.8%；之后的"国有企业""政府"分别占 6.4% 和 6.0%（见表 4-5）这与事实不相符。假设 4.2.4 没有得到支持。

表 4-5　　　　农民工讨薪议题报道涉及的欠薪主体

欠薪主体	篇数
私营企业	182
包工头	17
国有企业	16
政府	15
联营企业	14

续表

欠薪主体	篇数
集体所有制企业	4
其他	1
合计	249

在明确展开对拖欠农民工薪水现象的原因分析的文章中，较为集中地指向了下述几类主体，即企业、政府、包工头、农民工自身、表达渠道、法律建设和执法等。被归因最多的是企业，占53.4%；其次是政府部门，占14.8%，具体表现为监管不力、不作为或自身就是欠薪主体；包工头无良占13.1%；农民工自身的原因也占到了11.1%，具体表现为农民工不懂法或处于弱势地位（见表4-6）。这与事实有不相符之处。假设4.2.5没有得到支持。

表4-6　　　　　农民工讨薪议题报道提及的欠薪原因

欠薪原因	篇数	百分比(%)	具体表现	篇数
企业的原因	159	53.4	企业恶意欠薪	117
			企业不签合同	21
			企业推诿责任	21
政府的原因	44	14.8	政府部门不作为	24
			政府监管不力	13
			政府也是欠薪主体	7
包工头的原因	39	13.1	包工头无良	39
农民工的原因	33	11.1	农民工弱势	17
			农民工不懂法	16

续表

欠薪原因	篇数	百分比(%)	具体表现	篇数
表达渠道的原因	12	4.0	表达渠道不畅通	12
法律的原因	11	3.7	法律不完备	6
			执法不力	5
合计	298	100.0	合计	298

（三）对讨薪事件利益相关方的态度较为多元，但不平衡

样本媒体对农民工讨薪涉及的核心主题表现出多元的态度取向。在有明确态度指向的 300 篇文章中，提及最多的对象依次是政府（占 51.3%）、农民工（占 13.3%）和工会（占 11.0%）。对于政府的态度，"赞扬"的最多，占 36.4%，其次是"建议"，占 25.3%，再次是"批评"，占 20.8%，"批评+建议"占 16.9，应该说这一态度比例算是比较均衡的。就农民工而言，"建议"占据绝对优势，占 80%，"赞扬"和"批评+建议"各占 7.5%，"批评"仅占 2.5%，这与农民工在"讨薪"事件中所处的位置是相匹配的。对于工会，不同态度的比例较为悬殊，"赞扬"的比例则高达 90.9%。

以上数据见表 4-7。总体而言，样本媒体对待相关利益方的态度基本做到了多元化。假设 4.3.1 得到支持。

表 4-7　　　　　各报对不同主体的报道态度倾向

指向对象		报道态度				
		赞扬	批评	建议	批评+建议	无明确态度
政府	篇数	56	32	39	26	1
	指向对象中的占比(%)	36.4	20.8	25.3	16.9	0.6
	报道态度中的占比(%)	57.1	65.3	40.2	48.1	50.0
	总数占比(%)	18.7	10.7	13.0	8.7	0.3

第四章 农民工阶层的媒介话语空间

续表

指向对象		报道态度				
		赞扬	批评	建议	批评+建议	无明确态度
企业	篇数	2	9	2	10	0
	指向对象中的占比(%)	8.7	39.1	8.7	43.5	0.0
	报道态度中的占比(%)	2.0	18.4	2.1	18.5	0.0
	总数占比(%)	0.7	3.0	0.7	3.3	0.0
包工头	篇数	0	1	1	1	0
	指向对象中的占比(%)	0.0	33.3	33.3	33.3	0.0
	报道态度中的占比(%)	0.0	2.0	1.0	1.9	0.0
	总数占比(%)	0.0	0.3	0.3	0.3	0.0
制度	篇数	0	0	5	1	0
	指向对象中的占比(%)	0.0	0.0	83.3	16.7	0.0
	报道态度中的占比(%)	0.0	0.0	5.2	1.9	0.0
	总数占比(%)	0.0	0.0	1.7	0.3	0.0
工会	篇数	30	1	1	1	0
	指向对象中的占比(%)	90.9	3.0	3.0	3.0	0.0
	报道态度中的占比(%)	30.6	2.0	1.0	1.9	0.0
	总数占比(%)	10.0	0.3	0.3	0.3	0.0
律师	篇数	2	1	0	0	0
	指向对象中的占比(%)	66.7	33.3	0.0	0.0	0.0
	报道态度中的占比(%)	2.0	2.0	0.0	0.0	0.0
	总数占比(%)	0.7	0.3	0.0	0.0	0.0

续表

指向对象		报道态度				
		赞扬	批评	建议	批评+建议	无明确态度
农民工	篇数	3	1	32	3	1
	指向对象中的占比(%)	7.5	2.5	80.0	7.5	2.5
	报道态度中的占比(%)	3.1	2.0	33.0	5.6	50.0
	总数占比(%)	1.0	0.3	10.7	1.0	0.3
多个对象	篇数	0	3	13	12	0
	指向对象中的占比(%)	0.0	10.7	46.4	42.9	0.0
	报道态度中的占比(%)	0.0	6.1	13.4	22.2	0.0
	总数占比(%)	0.0	1.0	4.3	4.0	0.0
农民工维权中心	篇数	1	1	2	0	0
	指向对象中的占比(%)	25.0	25.0	50.0	0.0	0.0
	报道态度中的占比(%)	1.0	2.0	2.1	0.0	0.0
	总数占比(%)	0.3	0.3	0.7	0.0	0.0
法官	篇数	1	0	0	0	0
	指向对象中的占比(%)	100.0	0.0	0.0	0.0	0.0
	报道态度中的占比(%)	1.0	0.0	0.0	0.0	0.0
	总数占比(%)	0.3	0.0	0.0	0.0	0.0
法律保护	篇数	3	0	2	0	0
	指向对象中的占比(%)	60.0	0.0	40.0	0.0	0.0
	报道态度中的占比(%)	3.1	0.0	2.1	0.0	0.0
	总数占比(%)	1.0	0.0	0.7	0.0	0.0

续表

指向对象		报道态度				
		赞扬	批评	建议	批评+建议	无明确态度
合计	篇数	98	49	97	54	2
	指向对象中的占比(%)	32.7	16.3	32.3	18.0	0.7
	报道态度中的占比(%)	100.0	100.0	100.0	100.0	100.0
	总数占比(%)	32.7	16.3	32.3	18.0	0.7

样本媒体对农民工讨薪这一突出的社会现象进行了持续的报道，并对其产生原因、对策、涉及主体进行了多方面的讨论，持有较明显的对弱势群体的同情立场，表现出对农民工生存议题的关注和对其权益表达的支持。并且，在这一议题的讨论中，也表现出对主要利益相关方较为多元的态度取向。但是，基于前述内容分析，可以看到在样本媒体的报道中，也存在一些问题。如有意无意地"忽略"了农民工讨薪现象中更深层次的缺失及矛盾，比如城乡制度设计上的不合理[1]、工会的服务未能及时跟进[2]、政府和国有企业欠薪的事实[3]、农民工的过激讨薪行为及其引发的社会冲突等。[4] 同时，样本媒体也表现出对

---

[1] 亓昕：《建筑业欠薪机制的形成与再生产分析》，《社会学研究》2011年第5期。

[2] 常凯：《劳动关系的集体化转型与政府劳工政策的完善》，《中国社会科学》2013年第6期；王松：《我国农民工工会维权机能的制度逻辑研究》，《云南行政学院学报》2014年第2期；张镇强：《刹住打伤讨薪民工风》，《农民日报》2005年3月18日。

[3] 腾讯评论：《解决农民工讨薪难，政府应做表率》，http：//view.news.qq.com/original/intouchtoday；李大君：《农民工的血汗钱为何久欠不绝？——建筑业欠薪顽疾与劳资冲突调研报告》，《建筑》2015年第3期。

[4] 新浪新闻：《王斌余杀人案真相还原》，http：//news.sina.com.cn/c/2005-09-22，2017年5月8日；新浪新闻：《河南驻马店一工地农民工讨薪酿血案一死多伤》，http：//henan.sina.com.cn/news/2010-09-21，2017年5月8日；徐佳：《潮州古巷——讨薪引发的骚乱》，http：//news.ifeng.com/mainland/detail_ 2011_ 07/15，2017年5月8日；冽玮：《陕西农民工集体下跪讨薪 当地政府已筹措近千万元》，http：//politics.people.com.cn/n/2013/0113，2017年5月8日；佚名：《女农民工讨薪却命丧派出所》，http：//qh.people.com.cn/n/2014/1229，2017年5月8日。

农民工这一社会弱势群体的暧昧态度。如一方面，不算少的报道量和客观存在的分析性、批评性文章表现出对这一群体所处境遇的关切；另一方面，又存在报道大大滞后于事件的现实进展、"节日综合症"现象明显等问题，以及批评的声音也零星且停留于表面。

中国农民工既是社会转型的产物，也是国家发展政策的产物，说到底，是新中国成立后在人口膨胀、资源短缺的条件下追求发展工业化，导致城市持续从农村汲取资源的后果。长期以来，农村人多地少，土地生产率高而劳动生产率低，①农民不得不进城谋生，由此农民工应运而生。但是，他们在城市的生存状况堪忧，由于"欠薪"现象的大量存在，农民工甚至连维持生存的基本报酬也无法得到保证，从而成为在"回不去的乡村"和"留不下的城市"之间徘徊的"夹心人"。对于这样一个因时代原因造成的特殊群体，其利益表达不仅关乎其基本权益，也是检验一个社会公平正义的尺度。对于农民工重要议题的媒介呈现，也成为观察传媒社会责任及传媒—社会—国家间关系的一个重要视角。

对于改革开放后的中国传媒业而言，由于媒介的商业化导向和中产阶层作为社会中坚力量尤其是强消费能力人群的兴起，大量市场化运营的媒体包括有影响力的媒体都主动地承担起了中产阶层代言人的身份，积极为其拓展话语空间。②与此形成鲜明对比的是，对于一个同样在改革开放后迅速形成并在中国从城市建设到经济腾飞过程中发挥着重要力量的群体，农民工阶层在大众传媒那里却没能得到与中产阶层同等的待遇。究其原因，一方面，是其收入水平低、消费能力弱，很难为媒体带来理想的广告收入回报。另一方面，农民工阶层所面对

---

① 温铁军：《"三农"问题与制度变迁》，中国经济出版社2009年版，第9、43页。
② 何晶：《大众传媒与中国中产阶层的兴起：报刊媒介话语中的中产阶层》，中国社会科学出版社2009年版。

的困境，往往被解读为社会"问题"，如某些农民工为解决自身困境所采取的行动如自残式讨薪、暴力讨薪，乃至引发群体性事件的讨薪等又与"社会稳定"这一敏感词联系在一起，把握不好会为媒体招致社会压力。综上所述，媒体为农民工代言的动力自然不足。

但是，尽管无法以社会责任来强行要求市场化媒体的行为，传统主流媒体作为体现政党和国家意志的信息沟通主体，却必然面对为社会弱势群体代言、促进其权益增进的角色期待，这同样也是传统主流媒体确立的传统之一，正如新中国成立前《新华日报》的立意——"用党报话题全面呼应社会弱势群体的诉求，尤其重视反映弱势群体的生活，报道弱势群体的心声，维护弱势群体的利益。"[①]

本节分析的这一案例从侧面呈现了传统主流媒体在对农民工阶层利益表达方面所具有的角色特征——态度暧昧的表达者，即从形式上看，表现出农民工阶层利益表达"话题"的关注；但究其内里，在对农民工阶层处境的及时反映和深层问题的分析上，却行动迟缓、态度保守。原因在于大众传媒的行动受制于来自经济、社会等多种权力的影响。

本章小结

本章分析了农民工阶层在大众传媒场域所拥有的话语空间形态及其话语权状况。研究发现，农民工阶层并没有有力的话语平台。在20世纪八九十年代到21世纪初这段时间里，农民工阶层曾短暂地拥有过真正以本群体为表达主体并面向本群体传播的话语平台——打工杂志，并且这一话语平台还一度发展得有声有色，甚至有与主流话语空间交

---

① 李冉、邹汉阳：《党性、人民性的话语起源与行动逻辑》，《马克思主义研究》2014年第5期。

融的趋向。遗憾的是,随着20世纪90年代以来中国社会阶层的分化和传媒经营大踏步市场化浪潮的到来,打工杂志迅速衰亡了,而其他形态的农民工话语空间也难成气候。因此,缺乏自身的话语平台,只能由其他社会力量为其代言成为农民工阶层在利益表达方面不得不面对的现实。

然而,就涉及农民工阶层核心利益的议题如"讨薪"而言,主流媒体的表达却是暧昧的,更多的是反映情况,而非真正为其代言、直面问题的核心症结。从这个意义上讲,农民工阶层的话语权是非常受限的。

既缺乏独立话语平台,又缺乏在大众传媒中的话语权,是中国农民工阶层在利益表达上所面对的突出困难。

第五章　新生代农民工对互联网新媒体的意义认知

大众传媒在个人现代化中的作用一直备受关注，以互联网、数字技术、移动技术等为依托的新媒体，由于其海量、快速、开放、交互的信息传播特征，被视为当代个人与社会发展的助力器。新媒体惠及信息时代掌握其基本操作技能的普通人，其中也包括在中国汹涌的城市化浪潮中持续从农村迁往城市的农民工。伴随农民工群体的代际更替，出生于20世纪80年代的新生代农民工，由于其成长环境、群体特性与改革开放初期诞生的老一代农民工群体所存在的差异以及其逐渐成长为农民工群体主力军的态势，得到了研究者特别的关注。2010年1月31日，《中共中央、国务院关于加大统筹城乡发展力度　进一步夯实农业农村发展基础的若干意见》正式发布，首次在官方文件中提出"新生代农民工"的称谓，并明确要求"采取有针对性的措施，着力解决新生代农民工问题"。

"新生代农民工"是一个与"第一代农民工"相对的概念。第一代农民工是20世纪80年代以来由农村进入城市务工、拥有农村户籍的劳动力人口；新生代农民工普遍被认为出生于20世纪八九十年代、拥有农村户籍、现在在城镇工作的劳动力人口，有时也被指称为"第二代农民工"。① 与第一代农民工相比，这个群体呈现出的基本特征是受教育时间较长，专业技能较欠缺；过半新生代农民工未婚，生活经历简单；多在东部地区、沿海地区就业，外出谋求发展动机强烈；在城市稳定生活的愿望强烈。② 也有人形象地将新生代农民工的特点总结为"三高一低"——受教育程度高、职业期望高、物质和精神享受追求高、工作耐力低。

由于媒体不断更新的技术特质与新生代农民工群体所具有的高知识水平、强吸收能力特质的内在契合，观察新生代农民工与新媒体技术二者的关系更具特别的意义。因此，这一议题得到了学界的诸多关注。如有研究发现新生代农民工赋予手机使用以特定的含义，如"社会竞争"和肯定自身的主体存在，③ 通过对手机的消费和使用构建社会身份④、建立社会关系⑤等。对 QQ 这样的新媒体的使用则满足了新生代农民工的许多个人需求，如社会交往、打发时间、建构与重构身份、获得成就感等。⑥ 他们寻找就业信息的方式，也从依靠人际关系变为求助新媒体。⑦ 然而，研究同时发现，新生代农民工对新媒体的使用是有

---

① 关于"80 后"或"90 后"农民工到底算第几代，有不同看法。有人认为，从 20 世纪 80 年代农民工进城算起，现在至少已经历三代了；关于新生代农民工到底是"80 后"还是"85 后"，也有不同看法。有人认为 10 年算一代，有人认为 5 年算一代。

② 中华全国总工会新生代农民工问题课题组：《关于新生代农民工问题的研究报告》，http：//www.acftu.org/template/10004，2010 年 7 月 2 日。

③ 杨善华、朱伟志：《手机：全球化背景下的"主动"选择——珠三角地区农民工手机消费的文化和心态解读》，《广东社会科学》2006 年第 2 期。

④ 杨嫚：《消费与身份构建：一项关于武汉新生代农民工手机使用的研究》，《新闻与传播研究》2011 年第 6 期。

⑤ 李红艳：《手机：信息交流中社会关系的建构——新生代农民工手机行为研究》，《中国青年研究》2011 年第 5 期。

⑥ 陈韵博：《新一代农民工使用 QQ 建立的社会网络分析》，《国际新闻界》2010 年第 8 期；高崇、杨伯溆：《新生代农民工的同乡社会网络特征分析——基于"SZ 人在北京"QQ 群组的虚拟民族志研究》，《青年研究》2013 年第 4 期。

⑦ 郑欣、王悦：《新媒体赋权：新生代农民工就业信息获取研究》，《当代传播》2014 年第 2 期。

限的，并没有将网络等新媒体服务于个人发展的功能完全发挥出来。如新生代农民工使用新媒体主要以人际交往、休闲娱乐功能为主，集中于对 QQ 和百度的使用。[①] 在就业信息的获取方面，比起新媒体，家庭亲属关系和朋友关系作为内部社会资本的影响更大。[②] 上述研究从不同侧面分析了互联网、手机等新媒体在新生代农民工的城市生活中所具有的作用，为了解这一新兴人群与信息化社会的关系提供了丰富的资料。

然而，既有研究更多的是从结果出发审视新媒体之于新生代农民工的效用，而较少呈现作为新媒体主动的使用者，新生代农民工是如何看待和使用新媒体的。尤其是在中国社会阶层分化明显、阶层结构固化的背景下，以移动互联网为代表的新媒体被赋予的"平等""开放""赋权""民主"等诸多内涵引发人们的想象与期待，那么，新媒体之于新生代农民工的日常生活与工作实践具有何种意义？他们对于像互联网这样承载了民主、平权、发展、振兴等诸多期待的新兴技术，是否具有知识分子和政策制定者所期望的热情与渴求？他们是如何使用新媒体的？新媒体在他们的社会发展过程中究竟发挥了怎样的作用？

本章试图从新生代农民工对于互联网的认识入手，来了解互联网新媒体在新生代农民工心目中的价值与意义，以此作为解释其在行动层面上所表现出来的使用特点的依据之一。同时，本章也试图在此基础上回答，无论在学界还是在政策制定层面都普遍被认为具有服务个人发展、实现话语解放力量的互联网，在最需要它"帮扶"的弱势阶层如新生代农民工那里，是否唤起了足够积极的回应。

---

① 周葆华、吕舒宁：《上海市新生代农民工新媒体使用与评价的实证研究》，《新闻大学》2011 年第 2 期。

② 刘济群、闫慧、王又然：《新生代农民工就业信息获取行为中的内部社会资本现象——安徽省东至县的田野研究》，《图书情报知识》2013 年第 6 期。

这一部分采用个案研究与深度访谈相结合的方法。

已有关于新生代农民工的新媒体使用研究，从地域分布上看，多集中于广州市、上海市、北京市等大城市。本书认为，集中于某一地域的多方位研究，有助于丰富对同一主题的认识。同时，广州市、上海市、北京市作为中国一线城市，能在一定意义上体现技术最发达地域农民工的数字化生存状态，虽然不能代表全国农民工新媒体使用的整体情况，但能够观察到典型现象。因此，本书以广州市、上海市、北京市三个城市为个案，以三地新生代农民工作为分析的对象。

珠三角地区是我国经济发展的前哨，这里也吸纳了大量外来务工人员，外来人口（主要是农民工及其家属）在当地人口总量中所占的比例要远远超过本地人口。① 广东省人力资源和社会保障厅2010年的一项特别调查显示，广东省20世纪八九十年代后出生的新生代农民工为1978万人，占全省农民工总量的75%，并且分布极为集中，92%分布在珠三角地区，其中深圳、东莞、广州、佛山四市最多。② 广州市作为广东省的省会城市和华南地区第一大城市，截至2013年年底，登记的在职农民工达224.4万人。③ 在农民工政策的制定上，广州市也往往走在全省，乃至全国前列。

上海市的农民工群体在其外来人口中占有很大比例。2012年年末，上海市外来常住人口为960.24万人，占全部常住人口的40.3%。其中，逾七成为农民工（即16周岁及以上具有农业户籍的农村劳动力）。④ 截至2015年6月30日，上海市15—34岁的新生代农民工规模

---

① 杨善华、朱伟志：《手机：全球化背景下的"主动"选择——珠三角地区农民工手机消费的文化和心态解读》，《广东社会科学》2006年第2期。
② 蒋悦飞、粤仁宣：《广东新生代农民工调查报告》，《广州日报》2010年2月26日。
③ 许哲伦、全晓露：《广州登记在职农民工超224万》，广东新闻网，2011年4月18日，http://www.gd.chinanews.com/2011/2011-04-18，2012年12月10日。
④ 国家统计局上海调查总队：《本市外来农民工居住情况》，上海统计网，2013年6月28日，http://www.stats-sh.gov.cn/html/fxbg/201306，2013年7月1日。

已经达到502.36万人，占全市农民工的55.5%，占全市同年龄段人群的61.3%。[1]

北京市也是新生代农民工务工聚集地。第六次全国人口普查数据显示，2010年，北京市常住人口为1961.2万人，外来务工人员为400万人；其中新生代农民工为250万人，约占农民工总数的60%。共青团北京市委发布的《新生代农民工发展与服务》报告显示，2012年，北京市16—35岁的新生代农民工占北京市5—35岁人群总数的23%。北京市作为全国性大都市，互联网普及率较高。2013—2014年，北京市网络普及率居全国各省（市）之首，网络普及率为75.3%。[2]

由于这一部分重在深入呈现互联网之于受访对象的意义，所以，在基础数据的采集上选择深度访谈的方法。

本书共访谈了47位来自全国20多个省份，接受访谈时在广州市、上海市、北京市工作的新生代农民工，受访对象由滚雪球方法和街头拦截法获得。执行访谈的具体信息为2013年5—6月在广州市对16位新生代农民工进行深度访谈，受访对象来自越秀区、荔湾区、天河区、番禺区、花都区和增城市（现已改为"增城区"）；2013年8月在上海市对16位新生代农民工进行访谈，受访对象来自黄浦区、静安区、闸北区、闵行区、嘉定区、浦东新区、崇明县（现已改为"崇明区"）；2014年5—7月对北京市15位新生代农民工进行访谈，受访对象来自海淀区、朝阳区、东城区、丰台区、昌平区、门头沟区。三个城市的受访对象均覆盖农民工集中的七个行业，即居民服务业、住宿餐饮业、批发零售业、交通运输业、制造业、邮政仓储业和建筑业，每个行业

---

[1] 佚名：《上海新生代农民工总数超500万人 成为在沪农民工主体》，新浪网，2017年4月19日，http://sh.sina.com.cn/news/m/2017-04-19，2017年4月25日。网上注明原文来自《劳动报》2017年4月17日，原标题为《502.36万新生代农民工怎么统计的》。

[2] 《第35次中国互联网络发展状况统计报告》，http://www.cac.gov.cn/2015-02/03，2015年2月12日。

访谈不少于2人，男女至少各1人，其他行业访谈1人。

访员对每位受访对象进行了不少于40分钟的深度访谈，所有访谈在征得受访对象同意的前提下进行了录音。

第一节 互联网对于广州市新生代农民工的意义

一 互联网在新生代农民工生活中的角色——"离不开"的"第二伴侣"

受访的新生代农民工都与互联网有着亲密接触，从他们的描述来看，互联网已成为其生活的自然组成部分。当被要求用一句话简单描述一下互联网对于他们的意义时，受访者给出的回答都印证了这一事实。在一家外贸服装小店打工的 WDD 说："现在网络就像人离不开吃饭一样。" SXY 的回答是："生活可能真的离不开它。" 在一家工厂做库管和质检的 WJW 更是给出了一个令人印象深刻的描述——"第二伴侣"。从随后的分析中可以看到，互联网在受访者从日常娱乐到与亲友联系、建立新的社会关系，再到个人事业机会的扩展上，都扮演着日益重要的角色，通过互联网所展开的一系列活动很自然地成为他们城市生活的组成部分。

二 互联网对于新生代农民工的作用

(一) 无奈的娱乐——打发时间

访谈中，听到最多的词就是"无聊"。理发师 LB 说："我们的生活很无聊，除了工作就没事做，不知道干什么。"建筑工人 XL 也有类似的说法："在工地上，都是男的，好无聊。我们下工以后不上网也没事做。主要是这边人生地不熟的，很难找一个人聊天啊！"在一家制造酒店用品的工厂工作的 CY 这样描述他的业余生活："五点半下班是吧。谁都找不到，出去玩，基本上玩到十点钟，回来之后，这个时间就是属于上网的。不出去玩的时候，坐在家里，就只能上上网，那段时间比较长，平均五六小时。"快递员 JT 表示："在厂里面干，干得很累的。因为厂里面，虽然是老家人对我还算可以，但是就是太限制人了，什么事情都得管得很死。其实我们厂就是比较偏嘛，下班之后，有一点点自由的时间也没有什么可玩的。那时候也是通过手机或者是到网吧去看一看啊……因为有的时候确实很无聊啊！"在工作量不饱满，或管理严、压力大的工作背景下，在空闲时间通过互联网这种既价廉又方便的载体来打发时间就是非常自然的选择了。

（二）联络感情

诚如已有研究发现的，QQ 是农民工用得最多的互联网工具之一，首先是因为其沟通方便。"因为 QQ 这东西啊，它是属于一种，比如一个朋友在外地，不能天天打电话是不是，每天这样交谈一下，很方便的。"（CY，工人）当然，对于新生代农民工来说，QQ 的突出价值在于其联络感情、摆脱寂寞的功用。对于背井离乡的他们来说，互联网可以帮助他们维持与故乡亲友或是之前打工地的伙伴们的联系，这是一种重要的情感支撑，同时，也会帮助他们在城市打开新的交往圈。"我们上网，一般都是消遣吧，还有联络感情哪。到了广州，刚开始人生地不熟的，也没有什么朋友，就是通过网络，跟家里人、以前的朋友聊聊天，谈谈心。在网上认识一些新的朋友，也会约出来聊聊天，喝喝茶什么的，出去走走，这样子是比较好一点的。如果生活中出现一些小小的问题的话，一个电话过去，他们就会过来帮我。"

（三）获取信息，开阔眼界

与在其他城市执行深度访谈的情况相比，广州市的新生代农民工普遍对新闻更感兴趣，也更多地提到"开阔眼界"这个词。这或许与珠三角更为前沿开放的整体氛围有关。"你可以看到很多新闻，你可以开阔一下眼界，得到更多信息。"（WXN）售货员 SXY 认为，通过上网，"可以看到很多自己没有看到的东西，了解这个社会"。对于这个年龄段的新生代农民工来说，长见识、体验新鲜事物是他们的内在渴望，这与老一代农民工有很大的不同，后者外出打工的目的是挣钱养家。全国总工会新生代农民工问题课题组《关于新生代农民工问题的研究报告》中有关外出就业目的的一项调查显示，选择"出来挣钱"的，20 世纪 60 年代出生的农民工占 76.2%，70 年代出生的占 34.9%，80 年代出生的只占 18.2%。[1]

（四）学习

在访谈中，我们遇到了具有强烈学习意愿的年轻人。LQJ 今年 28 岁，在一家工厂工作，他上网的目的很明确，就是"学人家的表达能力、沟通能力……看一些成功人士的视频，学习怎样沟通，学习怎样交流。"为此，还"专门下载了一个 YY，去学习啊，去跟人家沟通啊，因为我的沟通能力可能就是跟人家达不到一个水平"。在这种强烈的学习意愿背后，是新生代农民工改变自己命运的渴望。电器小摊主 SLW 认为，农村人缺乏闯劲，所以他尽力打拼。"我觉得农村人跟城里人的区别最主要的就是像人家有一句名言说'你承受因为你没有野心'嘛，所以你不敢去闯。有的人已经在闯了，是吧，你一定要有自己的远见，哪怕你做得失败了。"

（五）找工作

在一家工厂做库管和质检的 WJW，目前这份工作是"通过世纪人才网那边找的"。WXN 在一家饭店做厨师，也是自己从网上找的工作。

---

[1] 中华全国总工会新生代农民工问题课题组：《关于新生代农民工问题的研究报告》，http://www.chinanews.com/gn/news/2010/06 - 21，2014 年 1 月 10 日。

当被问及他找工作的途径是通过老乡和朋友介绍还是自己在网上找时，他说："我两面都靠。如果是在网上找的我肯定会去现实生活中应聘一次，看看到底合不合适。通过朋友找的话，范围还是有点小了。"这也反映了珠三角农民工在寻找新的工作机会时方式的改变，即从原先依赖熟人转向多种渠道。①

（六）获取行业信息，或与网友交流业务信息

互联网为新生代农民工提供了获取行业信息和业务交流的机会。小电器摊主SLW说会上网浏览行情："这个每天都自然进行，有时候在淘宝、阿里巴巴，每天都关注一下产品，看看有什么新品。新品如果出来你觉得这个有市场的话可以大批量进货，把市场尽量给做了，抢占先机。"此外，他还加了很多地摊群，经常发移动电源的信息，也和群里的伙伴们讨论业务。自己出来创业的WD使用"群"的模式与SLW很接近，也是服务于自己的工作。他主要有两个群，"一个是沟通一下信息，就是在广州和深圳这个地区的群，有时候上线或者出去我都会跟他们聊一下交流一下经验。还有一个群就是我以前在工厂上班的时候，都是这个行业的朋友，也会交流一下，比如就找工作这方面讨论一下"。可见，对于某些敏感的新生代农民工，互联网已经开始成为他们事业发展的一个辅助性工具。

（七）为自主创业做准备

广州市得风气之先，此次访谈中，不少受访者都提到了互联网创业这一想法。女孩HYY今年24岁，来广州市已经三年，目前在一家小公司做职员，她说自己"一直想，前几年都在想这个问题，要不要自己开个什么网店之类的东西"。LQJ也有创业的梦想，希望"有自己

---

① 夏磊：《工作单位性质与利用网络求职的差异性：来自珠三角农民工的实证研究》，《社会》2009年第2期。

的品牌，有自己的小厂，去网上阿里巴巴啊，电商啊，进行网络营销。然后网络还可以网购啊"。这一方面是因为他们认识到互联网中所蕴藏的无限商机，另一方面是明显感觉到了互联网给实体经营带来的压力。"互联网出来之后，店面也不是很好做，就像我卖那个移动电源一样，互联网上也许便宜，有销售量的，他会卖几百个几千个，太便宜了就不行，没多少钱挣。不过你还得跟着那个趋势走，因为人家可以在互联网上买很方便，但是价格你差不多就行了，所以说实体店很不好做的。"（SLW）但显然，目前对于这些年轻人来说，网上创业还只是个计划，如何来实现，还有很长的路要走。个别受访者已经有过开网店的经历，如在私人服装店打工的WDD，不过他没能坚持下去，因为觉得"太烦琐了"。从与讨价还价的客人的反复沟通，到网上信誉的积累，都让他觉得"投入的精力与收入不成正比"。

三 广州市新生代农民工互联网使用中存在的问题

从访谈中可以发现，互联网在新生代农民工的城市生活和工作实践中扮演着重要角色。无论是互联网的消遣娱乐、联络感情、获取资讯等基本生活功能，还是寻找工作、交流业务经验，乃至创业等职业发展功能，都得到了应用。但是，通过访谈也发现，这些功能的发挥还不尽如人意，从中也折射出新生代农民工所面临的困境和问题。

（一）业余生活普遍单调枯燥，质量不高

受访者普遍将互联网用作打发时间的一种手段，这一事实反映出他们的业余生活质量堪忧。这一发现与2010年广州市总工会开展的广州市新生代农民工调查的结果一致。该研究发现新生代农民工的业余生活普遍比较单调，当被问及"休息时间一般干些什么"时，回答"逛街购物"的占40.4%，随后依次是"只是休息""找老乡和朋友聊天"和"去网吧上网"（占 23.8%）。①

（二）缺乏互联网使用经验及学习途径

受访者对互联网在个人事业发展中的作用有意识，也有借助互联网来发展自身的明确想法，但不知如何操作，既缺乏学习的渠道，也不知如何利用互联网来寻求帮助。在广州市这样的大城市工作与生活，新生代农民工对于先进传播技术的重要性的感知是到位的。就像 SLW 所说："网络各方面信息都是比较前沿的，21 世纪不会上互联网就是一个文盲。"而且，就像前面提到的几位计划网上创业的年轻人所表明的那样，他们对于这些技术手段的运用也都有明确的意识。"QQ、微信作为通信工具都很重要。你像电话，以前没电话，现在信息科技发展，我们要利用高科技手段，像淘宝、阿里巴巴一样。一个平台嘛，尽量发展。"（WJW）

但是，究竟如何去运用这样的平台和技术，如何有效地操作，对他们而言，是横亘在理想与现实间的巨大鸿沟。如何去跨越，他们缺少行动的意识与方法。比如说，受访的 HYY 计划开网店，但货源和物流成为困扰她的两个主要问题，她"一直在琢磨这些事"，但"总没想明白"。问她是否在网上跟有经验的人交流，她说"应该跟人家问问，但也没问"。几年的时间里，她一直在考虑开网店，也始终卡在这两个问题上，却没有采取实际的行动去解决，哪怕是利用互联网去获取一些信息。

另外一种障碍来自不知道去哪里学习电脑或互联网的使用知识。理发师 LB 也有自己单干的想法，而且他在打工的店里也已初步体会到电脑、网络管理的好处，但对于具体如何来用这些工具，他颇觉为难，原因在于缺乏学习的渠道。"我感觉互联网这个东西是蛮重要的，但其

---

① 刘小钢、张青蕾、王新剑等：《2010 年广州市新生代农民工调查》，http://www.gzgh.org.cn/Lists/Research，2014 年 1 月 10 日。

实我们是没机会接触这些东西的。以前上班，在街上我一拿出手机就可以打开密码登录看我店里的运作是怎样的，每天收入多少，那个人为什么做得那么低，网页会分析出来的……我打算自己搞一个（店），肯定会应用到这一方面，我自己肯定会有一套系统。不过我们可能不太熟悉这个，因为我们是农村的嘛，不可能每家每户自己搞台电脑，我们去网吧打游戏也没想过这个方面的。"

（三）网上交往较为保守，人脉圈的扩展较受限制

受访的新生代农民工虽然很年轻，但网上交友非常谨慎，多是与熟人，与陌生人的交往很少。"我是偏保守一点那种。虽然QQ交友也交了不少，但我感觉，反正网络上交到的朋友不会成为我这个很好的圈子里面的人。"（JT）

WJW的经历也多少反映了这一群体在陌生的城市所具有的心理紧张和局促不安，这种心理的存在自然也妨碍了相互信任的建立。"通过互联网的话，你很难认识比较广的朋友，就是比较陌生。说真的，你怕我是骗子，我也怕你是骗子，所以就没有什么成功。"

同熟人保持紧密联系，缺乏主动认识新人、拓展人际交往面的主动性，这是受访者留给我们的深刻印象。

（四）无法积极地利用互联网服务于婚恋需求

在互联网交友方面，受访者普遍保守，有较强的戒备心理。他/她们很少与陌生异性在网上聊天，或是不信任，或是有过不太满意的经历，对于通过网络来发展恋爱、婚姻，多持不太信任的态度。

HYY（女）说："我从不在网上跟陌生男士聊天，因为我怕骗局，网上骗子太多了。"PLQ（男）则认为网恋是"幼稚"的表现，因为"网上的世界太虚幻了，一点也不可靠"。WXN（男）尝试过网络相亲，但以失败告终，自然也就对这种方式失去了信心。"现在的相亲网站，去年我甚至无聊到买了15张邮票吧，全部寄出去了，一张都没有

回……广告做得这么响,浪费了我 30 块钱。"

在受访者看来,网络的世界是缺乏安全感和信任感的,尤其是在感情上。他们害怕上当,不成功的尝试也强化了不信任的心理。这对于互联网以婚恋为目的的交往作用的发挥是一种阻力。

从上述分析可以看到,无论是从使用者的主观认识来看,还是从他们的使用实践来看,互联网显然已在新生代农民工的城市工作与生活中扮演着不可或缺的角色。互联网所具有的信息传递、沟通联系、娱乐消遣等功能都得到了应用,也在一定程度上改变了他们的工作与生活方式。但显然,他们对互联网的使用还是很初级的,比如在扩展职业交往范围、创业实践和服务具体业务等职业发展层面,以及优化业余消遣方式、增加婚恋机会等生活应用层面,互联网所具有的强大优势都未能被释放出来。这既有新生代农民工自身学识、精力有限的原因,也有政策层面上缺乏有针对性的服务的原因。

第二节 互联网对于上海市新生代农民工的意义

一 互联网对新生代农民工意味着——"工具"和"朋友"

在访谈中,当被问及"你觉得互联网在你的生活中扮演什么角色"时,受访者的表述都很形象。交通运输业的 HYQ 说,"它就像字典一样,需要的时候就可以拿来翻,你要什么随时都可以查到,很方便……你想用它找东西的时候它就是工具,你无聊的时候它就是朋友"。

快递员 WYK 则认为,互联网"是个交通工具,太普及了,现在全国各地都是互联网,乡下也是,现在乡下的小孩子都是在玩手机"。看得出来,在他的脑海里,手机很自然地与上网这一功能结合在一起。

修理电子产品的 PLF 说:"现在啊,现在是一个生活辅助吧!"

在建筑工地上班的 SZG 的描述颇具代表性，他指出互联网作为娱乐工具的功能，至于他描述的主要网上娱乐方式，如看电影、聊天、听歌，也是大多数受访者都提及的。"娱乐，就是看电影、聊聊天、听歌。喜欢看轻松的，像周星驰的。喜欢搜那种小品的，赵本山的，比较好玩，优酷里边会搜比较搞笑的，每天比较累，去优酷里边点一下。以瞎聊天为主。"

受访者自己描述的互联网之于他们的意义——"工具""交通（交流沟通）工具""娱乐（工具）""生活辅助""朋友"诸多的关键词其实可归结为两类——工具和朋友。若仔细推敲，会发现在他们的概念里，所谓工具，主要是娱乐、人际沟通（日常交流类的）和查找信息的工具，至于维权、扩展人脉、学习业务技能这样更能体现互联网赋权、民主及促进个人发展的功能，却没有被纳入受访者的工具内涵。至于"朋友"，则反映了互联网在受访者日常生活中所扮演的陪伴的角色，正如在望湘园（一家全国性连锁餐厅）工作的 BSL 所说的那样："我在网上主要跟原先的同学和老乡聊聊天，我这个人性格比较内向，在这里朋友很少的，只有一个高中同学。"看电影、听歌、打游戏等也是一种无聊时光里的陪伴。

二 互联网对于新生代农民工的作用

（一）维持旧有的"家乡"社交圈，而非拓展新的人脉

受访的新生代农民工都使用 QQ，有的也用微信，对于这两项互联网工具的作用，除个别因为工作性质而提到其业务联系的功用之外，大多数受访者都强调其保持人际联系的功能。并且这种人际联系多发生在与已经认识的人之间，尤其是同学、老乡，而非拓展新的圈子。

SXH（工人）认为 QQ、微信这些工具可以以一种经济而方便的形式把熟人们组织起来，使大家处于一种"保持联系"的状态。"所以说

和同学和朋友去交流，大部分都是长时间不联系了，通过微信，通过QQ，大家问候问候。一是节约电话费，二是节约时间。你打电话什么的也要用到时间，但是通过QQ这些，有空的时候大家聊一聊，没空的话大家就放在一边。通过网络这个圈子，让朋友都在，都熟悉起来，就是这个样子。"

跑运输的LJ特别强调了互联网通信工具有助于维持打工者和老家的朋友之间的联系，以免"人走茶凉"。"你主要是通过微信，很多东西让我这个朋友圈子，还建立在感情之内。虽然我刚才说的是人走茶凉，但是不一定是我没想到对方，对方不一定没想到我。只能说通过这样一个平台，保持平时的沟通，有什么事情，问问大家，还联系，你一走，大家的感情就冷淡了，但是以前大家玩得好的，还可以通过电话、微信、QQ这些建立一定的感情，对吧？大家还要团聚的嘛，通过这种方式把感情交流起来。"

可见，对于身处异乡的新生代农民工而言，虽然身在上海市，但他们不想放弃与老家朋友圈子的联系，这也在一定程度上反映了新生代农民工对打工的城市缺乏融入感，虽然羡慕大城市的繁华，但难以扎根，最终还是会选择返乡。受访者XSH在嘉定一家工厂工作，他说的话在此次接受访谈的农民工中很具代表性："我来上海三年了，觉得这里很好啊，好玩的多，各种时尚的东西也多。但是我们外地的在这里留下来好难的哦，我在这里朋友也不多。所以在这里干几年后我还是要回老家去，成家生孩子，安安稳稳过日子。"由于将来还是要返乡生活，也就不难理解为什么他们对于老家的圈子很看重，而互联网这种方便又便宜的沟通工具恰好能满足这一需求。当然，也有夫妻双方都在上海市打工的受访者表示他们已打算定居上海市，不过，将来有意回乡的受访者还是占绝大多数。

（二）在年幼的孩子脑海中强化父母的形象

很多研究都表明了新媒体在农民工保持与老家家人的紧密联系方

面所具有的突出作用，但此次研究发现了互联网在建构亲子关系方面所具有的独特作用，即与子女的视频通话可以使父母的样貌在年幼的孩子脑海中留下印象，而不至在家人团聚时子女认不出自己的父母，这是对以声音而非形象沟通为基本特征的老式手机、电话功能的重要补充。"举个例子给你听啊，我的一个朋友，就是老家的一个朋友他到厦门打工，他走的时候他儿子一岁半，一岁半应该没印象啊。那时候电话也没现在方便，过一两个礼拜通过电话给家里打个电话，他儿子在电话里面叫他'爸爸、爸爸'。但是他儿子七岁的时候他回去了，回去了他儿子就不让他进门，大家都说这是你爸爸，他说不是。为什么不是啊？他不信，他老爸又去隔壁房间打电话叫他，他就叫爸爸，这就是网络。我不管到哪里，我儿子我们经常通过网络见面，在他记忆当中随时给他留下印象。通过这个视频，就给他留下印象，在他脑海里面记住父亲的样子。他就不像我说的那个朋友那样，他回去了他儿子不让他进门。我们老家有开玩笑就是你叫谁爸爸是骂人的，这个小孩以为是开玩笑的，叫他出去，他又在隔壁打电话叫他爸爸。这个就是说一要和家里通电话，一是一礼拜一次两次和儿子视频聊天，就是通过视频让我们父子面对面嘛，让我的样貌印在他心里。并不是说我们到外面来了，他心目中就没印象了。"（LJ）可见，互联网的多媒体功能可以丰富在外打工的年轻父母与孩子之间的交流方式，同时弥补父母与子女不在一起生活对亲子关系造成的缺失。

（三）用于工作和业务联系，或了解市场行情

互联网在新生代农民工的工作中，也已开始发挥作用，当然，目前的作用还比较有限。主要表现为他们将互联网用于工作还比较被动，缺乏主动利用这一工具服务于职业发展的意识与实践。

此次受访者中有几位都是由于工作关系不得不用到互联网。如FST从事复印、打印工作，大批量复印或打印的客户都是通过QQ发任务过

来，所以他不得不在网上工作。从事室内设计的 CK 和从事物流的 HYQ，大量的工作信息也都是与客户在 QQ 上交换。前面提到的 BSL 在全国连锁的餐厅工作，由于公司用微信作为各店的管理工具，所以他也不得不使用这一工具，但他自己说："我不爱用微信，这也是没办法，很多时候店里的通知都用微信发，所以我必须用。我微信上没多少好友，基本上都是同事。"

当然，也有少数受访者会主动地使用互联网服务于自己的业务。如海鲜批发商 SXN 常常关注网上的行业新闻，以便及时调整自己的业务活动。"关注食品的，货价膨胀之类的，市场上的新闻，食品安全的。比如前段时间，禽流感，采购的话不可能大批量地采购。如果压得太多，放在冷库里边，还要资金。另外，食品质量也不太好了，变质了，我们就会亏损。我们每天都会看（网上）新闻的，如果特别厉害，就少采点。暂时停掉。"并且，便捷的信息也为他带来了切实的益处。"（SARS）那个时候，最低的时候羊肉一天卖了 60 块，很低的，销量不好，会影响我的生意。之前查过禽流感的信息，所以囤积不是很多。"

跑运输的 LJ 也会"上网看看交通事故处理的一些新闻"。因为"我们要了解哪里发生事故，人家是怎么处理的，这种事情是怎么发生的。因为我们要吃一堑长一智嘛，看到别人这样发生了，就自己给自己一个教训"。他还与同行通过网络互通信息，实时传输交通信息，甚至规避违规操作可能遇到的麻烦。"同行就聊你今天去哪里干活，你明天去哪里。还有就是大家通过微信问路啊，通过微信告诉对方哪里堵车啊，你要改道走啊。"

总体而言，对于互联网在工作领域的使用，从受访者的实际情况来看，还是表现出实用主义色彩，即只有工作上特别用得着的，他们才会去用；如果暂时没有显现出必要性，他们不会想办法"未雨绸缪"

地储备相关知识，也不会琢磨怎样用互联网来便利自己的工作，或是创造新的工作机会。就像在一家酒店打工的J说的那样"你使用电脑都是对你实际有用的，有帮助的。没用的你又不懂，再说如果你在这个行业你不懂，你可以请教老师，请教同行。但是我们的行业用不到这个"。

三 新生代农民工对于互联网的重要性有充分认识，但对于进一步掌握互联网知识普遍缺乏热情

不论是学术界、政府还是民间，都认为互联网技术是信息时代个人发展的必备要素，不掌握这项技术的人将被社会抛弃。那么，新生代农民工如何看待这一点？

受访者普遍能意识到互联网的重要性，"总体感觉人离不开网络，特别是手机"（WYK，邮政仓储业）。也有受访者因为没有掌握互联网技术而引发强烈的危机感。"关键是我所说的我们这一代人快要被社会遗忘掉了。我们真的是快被淘汰了，电脑不懂，挣钞票挣不太多。"（HYQ）

但是，当被问及是否有意愿接受互联网知识的培训时，他们却没有表现出预期的热情。

> 好像不仅是我，我认识的都对这个不咋感兴趣。我表哥家的一个人主要是维修电脑，他在那也是技校吧，培训班啥的，学了一年好像没学了，出来也没啥啦。（XSH）

缺乏热情的原因在于听不懂或是时间、精力顾不过来，也有上面XSH提到的学习效果不明显。

问：那你觉得你对互联网有兴趣吗？

答：有。

问：以后如果有这样的培训你会参加吗？

答：（叹气）呵呵。

问：如果是免费的呢？

答：不会。

记者：为什么呢？

答：听不懂。（DXY，工人）

HYQ说："以前想过的，学学电脑很有好处的，现在我们几个同事约起来一起去，但是那个地方太远了，去了几次就没想去了，因为下班就八点钟啊九点钟啊，下班太晚了太累了就不想去了。"

从访谈来看，受访者普遍对于掌握互联网技术、学习互联网知识缺乏热情和动力，在新媒体时代，他们表现出无奈地亦步亦趋。

可见，对于互联网，受访者已有清晰的"工具"认识，但也仅仅停留在娱乐、简单的人际交流和像字典一样查找信息的层面，而对于互联网所具有的其他更为强大的功能，如学习业务技能、扩展职业人际圈，甚至是表达和主张自己的权益，他们却鲜有提及或尚无意识。对于他们而言，互联网又是一个像朋友一样的陪伴，这并不奇怪，在大城市生活的他们，是孤独寂寞的，生活也是单调乏味的。[1]

新生代农民工对互联网的认识或许来自他们有关互联网的实际使用经验，反过来也影响了他们的使用实践。从访谈结果来看，新生代农民工对互联网用得较多的，除了娱乐消遣，就是人际联系。但显然这种联系具有局限性——要么是同家人，要么是同已经认识的或已具有较多交往关系的老乡、同学、同事等联系，缺乏主动认识新人、拓

---

[1] 周葆华：《新媒体与中国新生代农民工的意见表达——以上海为例的实证研究》，《当代传播》2013年第2期。

展人际交往面的主动性。在新生代农民工利用互联网与家人的联系上，值得注意的是具有了同电话或老式非智能手机不一样的功用，即与年幼的孩子保持形象上的接触，这对于年轻的农民工父母来说，是一个非常重要的功能。因为他们的孩子通常还很小，对于父母的样貌特征难有清晰而长久的记忆，如果长期不能见面，对于亲子关系伤害很大。而互联网的视频沟通功能，可以在一定程度上弥补这一缺失。虽然从其使用实践中可以看到，互联网也开始服务于新生代农民工的日常工作，但这种使用还是有限的，并且也比较被动。

总体而言，受访的新生代农民工对互联网功能的认识还是有局限性的，这种认识既来自使用实践，反过来也影响了他们对互联网的使用，并进一步影响到他们对于互联网知识的学习热情。虽然有被抛出网络时代的危机感，但现有工作生活场景之下互联网的有限用途限制了他们对互联网助力个人发展的潜能的更多想象，加之外力刺激的缺乏和自身时间、精力、知识基础的有限，将他们框定在了既有的互联网使用层次上，徘徊不前。

第三节 互联网对于北京市新生代农民工的意义

一 互联网在新生代农民工生活中的地位——缺了它，就"像人缺眼和耳朵"

受访农民工对互联网在其生活中所具有的地位有多样化的描述，有人认为互联网就是用作"解闷"和"娱乐"，有人觉得很重要，至于重要性在哪里却又"说不出来"，但无论如何，互联网已经成为他们生活中不可缺少的一个存在，这是受访者共同的看法。

跑运输的 ZCL 说："这个东西好像朋友一样，一天不见就感觉心里好像少点什么似的,搜一搜,一看今天什么什么,今天踏实了,也是生活中一小部分。吃饭,睡觉,上班,上网,给孩子打个电话,别的基本上没了。"在他看来,微信是个社交工具,"我认为这个社交工具就是解闷"。商场做销售的 PLH 说互联网"是生活中必不可少的东西"。快递小哥 ZT 更是发出了一句"麦克卢汉式"[①] 的感慨:"现在是不可缺少。如果说你缺了网络,像人缺眼和耳朵。"

可见,互联网对于受访的新生代农民工来说,尽管发挥用途的方面还比较有限,但已经成为他们生活中不可缺少的一部分。

二 互联网对于新生代农民工的作用

(一) 休闲娱乐

对互联网用途的首要描述依然是娱乐。新生代农民工通常将网络作为娱乐工具,他们通过网络聊天解闷、听歌、看电影、打游戏、看小说等。

在一家超硬材料制造工厂工作的 YC 上网主要是看电影电视、玩游戏、听歌。他说:"(上网)看个电影儿、电视剧比较多吧,前两天刚更新完《隋唐英雄传》嘛。一般看喜剧,感觉看着开心一点。还有玩 CF、梦幻西游什么的,然后就是听听歌。"

ZT 每次玩联盟游戏都去网吧,因为这种游戏在手机上玩不了,他最喜欢的是英雄联盟。他说:"在无聊的时候,就会想起它。比如睡得差不多,就去网吧待会儿,玩会游戏。"在他看来,网络是生活的一部分,是一种放松,"有什么疲劳,玩儿的过程中就没有了,能使人放松"。

PLH 说:"上网很多,上班的时候也偷着玩儿。也爱看小说,百度上搜,然后在朋友圈里发一下。来北京以后,十多年一直看小说,最

---

① 马歇尔·麦克卢汉(Marshall McLuhan)是新闻传播学领域的一位重要学者,其有关媒介功能和影响为人熟知的表述之一是"媒介是人的延伸"。

初都是书，现在在手机上看比较方便，省钱，可以直接下载。"

可以发现，新生代农民工的生活里，除了工作、休息，很大一部分时间都是在网络上度过的，目的主要是娱乐消遣、打发时间。YC 说得很实在："其实，要说农民工对网络，一般的，如果年轻一点，就是玩游戏；如果大一点，就是看电影；如果再大一点，我真不知道干什么。其实网络，我们用到的就是游戏、娱乐。"

（二）维系和构建"圈子"

在异地的新生代农民工，除了上班的同事，本地的朋友并不多，他们会花大量时间上网聊天。目前主要的聊天工具有两个——QQ 和微信，二者又扮演了不同的角色。

QQ 是新生代农民工维持原有关系的重要方式。ZCL 说："打开电脑的第一件事情就是登 QQ，就是不聊天，也都会挂上。"QQ 在线可以创造一种"远在天边，近在眼前"的感觉。QQ 好友较多的是老家的同学、邻居、朋友等，QQ 是连接农村和城市的通道。ZCL 和妻子来北京市打工有 5 年时间了，他们经常通过 QQ 与老家的父母和孩子视频。在一家餐具制造车间上班的 XHE 刚走出校门，来北京市不到半年时间，她上网聊 QQ，逛 QQ 空间。"会传照片（到空间），有心事儿时会发个日志。进空间给朋友挨个儿评论，他们过生日会送礼物。朋友也经常评论我的日志、留言，感觉虽然自己在这边很苦很累，有朋友关心挺高兴的。"

微信则拓展了新生代农民工的人际交往圈，并且开始形成职业交往圈，微信将平时工作中的同事、客户关系通过频繁的互动转化为个人关系甚至朋友关系。摄影行业的 YWX 说："（微信）比较方便，传播速度快，最主要是便宜。它（微信）比微博隐私，而且影响不会太大。有一些客户我们长期联系，现在已经成为朋友。"PLH 则表示："微信长期挂着，厂家与服务员都是微信联系。发销售、报工资、要货,别的事也都是微信联系。"

当然,这种与工作有关的交往圈是在打工单位的要求之下而非受访者主动建立的。YWX 说:"我们整个公司会用群,每个部门有一个群,工作安排会发到微信群里面。"LP 打工的店铺"也有专门的(微信)会员群,会把新上市的衣服拍出来,或者你办我们家会员了,我们加微信好友,上新款就可以看一下。我们当时有发的朋友圈,有的伙伴就问了"。微信由于方便和低成本,已成为企业组织进行内部沟通的手段,在这样的潮流下,新生代农民工也很自然地被纳入新媒体组织传播阵营,微信开始成为其重要的工作沟通渠道,也具有了帮助其扩展人脉的可能性。

因此,通过 QQ、微信等社交工具的使用,互联网对于新生代农民工来说,既是维系与旧有关系的重要工具,又具有拓展新的职业圈的潜能。

(三) 生活帮手

互联网技术的发展,使得其能够服务于普通人的日常生活。网购、获取生活资讯等是新生代农民工最常用到网络的地方。

受访者最常提到的词是"淘宝",淘宝成为新生代农民工的必逛App,主要是网购省时间、价格便宜、服务好,可供选择的种类多。男性受访者似乎更容易成为"网购狂人"。ZT 说他自己"什么都买,手机、U 盘、内存卡、吃的、喝的、油、米"。批发零售业的 LP 的男朋友也是个网购狂,用她的话说:"我男朋友爱网购,手机、衣服、鞋、电器、家里厨具,苹果手机 4000 多也在网上买。"

送快递的姑娘 YW 则上网学做菜、查地图、查健康信息,"什么菜怎么做;还有查百度地图,刚来北京不认识地方,动物园、天安门、颐和园,都是网上查地图;天气预报,都查"。"一次半夜发烧,(百度上说)用白酒,把所有地方都擦一遍,至少可以凉快凉快。"PLH 也经常上百度查生活信息,她说:"我原来给我妈查过高血压、降血压的偏方。"

ZCL 比较关心城市保险和农村合作医疗保险问题,就上网寻找更多信息。他说:"劳保马上要二合一,城市保险和农村合作医疗马上要合并以后联网。"

从生活知识、健康知识到个人权益信息,新生代农民工已开始主动地利用互联网去获取与自身利益密切相关的重要信息。

(四)学习和职业技能提升的工具

某些受访的新生代农民工表现出用网络学习的积极性。

YXW 所在的行业是摄影,摄影行业竞争非常激烈,YXW 会利用互联网不断去学习。"电脑都是在学习吧,看看同类网站、同行的网站,网站的更新、架构、咨询量。因为我们这个行业,每天要接受新东西,要拍出新东西,所以要去看、去观察。"当谈到最希望从网上学到什么时,YWX 说:"最需要的就是语言类。(英语)太差了,前段时间才开始学的。再就是专业技术,当下行业流行趋势、风格。"

电影公司文员 QL 刚来北京时在小餐馆刷盘子,目前做到了办公室秘书。QL 有不懂的问题就上网查,他说:"比如我们公司刚开始没做电影,后来说要做电影,我得查查电影的一些套路。我凭什么往里植入广告,得有一定的公式。宣传与发行,所有东西都得去(从网上)了解。"

在建筑工地负责设计的 ZJJ 也时常会上网查一下细节数据,"我们有时候测风量,空调有风,它的风速是多少,每秒几米,是什么样,是送风还是回风,一般上网是能查到的"。

可见,互联网为新生代农民工提供了便利的学习途径,新生代农民工也有通过主动学习提升职业技能和增强人力资本的意识,这体现了互联网对他们职业发展的意义。

（五）关注和谈论热点议题的平台

较多研究认为，新生代农民工普遍存在政治冷漠现象。如徐志达、庄锡福认为，新生代农民工受"臣民型"传统政治文化的影响，政治自我意识不强，存在政治冷漠现象。[①] 郝保英认为，根据"媒体不适理论"，新生代农民工在新媒体中过度的负面表达会导致自身的政治冷漠或犬儒主义。[②] 但本次调查发现，随着网络的渗透度越来越高，网络议题也转变为新生代农民工的个人议题。新生代农民工不仅从网络中了解政治热点事件，而且在日常生活中也会谈论这些事件。

由于互联网获取信息的便捷性，不少受访者都会通过这一载体主动寻求自己感兴趣的政治信息。

钓鱼岛是大多数被访者谈到的重要话题。他们从网络新闻中了解信息。PLH 说："像钓鱼岛这种国家大事，大家都（上网）关心一下，但是也想看看到底怎么样。钓鱼岛最厉害那会儿，在网上查。咱们自己的领土，为什么要让给他呢，老百姓都挺有这觉悟。"

在生活中，这些政治热点议题也成为新生代农民工线上线下的重要谈资。

三 新生代农民工的互联网使用困境

（一）"娱乐化"使用的无奈

从一定程度上说，网络硬件设施对于新生代农民已经不是主要问题，他们有智能手机，也有笔记本电脑、iPad 等，但他们仅仅将其作为一种娱乐工具，主要进行听音乐、看电影、聊天、玩游戏等活动。

[①] 徐志达、庄锡福：《新生代农民工政治参与：从非制度化到制度化》，《党政干部论坛》2011 年第 3 期。

[②] 郝保英：《试论新媒体对新生代农民工政治参与的影响》，《河北学刊》2014 年第 6 期。

在表面娱乐的背后，也会发现他们的无奈。由于工作压力、社交圈子的狭小，他们没有其他娱乐方式，只能通过上网打发时间，这种娱乐让他们感觉很无聊。

就像前面 YC 所说的："其实，要说农民工对网络，一般地，如果年轻一点，就是玩游戏；如果大一点，就是看电影；如果再大一点，我真不知道干什么。其实网络，我们用到的就是游戏、娱乐。"

YC 说："《隋唐英雄传》呀，演过很多版本了。不过这个我感觉看着没什么意思，太长了，一百多集。"

也有被访者通过微信跟陌生人聊天，一般通过微信"摇一摇"功能，主要是图新鲜，基于共同话题开始聊天。ZCL 说："一般就聊几天，多至一两个月，没意思了，慢慢放着放着，有新的人出现了，就继续聊。"

XHE 一语道出了互联网功用对她而言的两面性："需要它的时候确实有用，有时觉得挺无聊的。" YWX 甚至直言网络"使人越来越懒"。

新生代农民工对互联网的娱乐化使用，一方面是将互联网作为娱乐方式，另一方面也体现了其现实娱乐活动的匮乏。

（二）互联网的职业社交功能尚未得到发挥

互联网上的交往会产生社会资本，对个人的发展有重要影响。QQ、微信是以互联网技术为基础的社交工具，可以扩大新生代农民工的人际交往圈，并且有将该社交工具运用于职业发展的可能性。但是目前新生代农民工在找工作方面，仍然较为依赖传统血缘、业缘等熟人关系网络。YWX 说："在这个行业干久了之后，会认识很多人，同行的互相通气。需要找工作的时候，打个招呼就可以，不需要在网上找，还没有到那个地步，实在找不到才去网上找。"

一方面由于过去找工作模式的路径依赖，另一方面由于新生代农民工对网络之于工作的意义并未形成正确认识，他们对网络的不信任感较强，因此也没有积极利用互联网拓展职业网络的意识。PLH 说："网上找工作不靠谱，像我们都是干一个行业，有工作经验，没必要去网上找，自己熟人都给介绍了。有时候你这份工作一干都好多年，不用老换。"

而前面提到的通过微信跟客户联系这种方式，更多的是在打工老板一方的要求下建立的，虽然新生代农民工也体会到了这种业务沟通方式的便捷性，但其主动通过这类渠道拓展自己职业交往面的行为还不明显。

就访谈情况看，新生代农民工并没有通过互联网发展职业网络的意识和现实需求，其工作网络和社交网络都是比较狭窄的，并未因互联网的出现和运用而有明显拓展。

(三) 互联网运用能力还很欠缺

在访谈中我们可以发现，新生代农民工对互联网的使用层次不一，按照使用层次的高低大致可分为五类。第一类，网络娱乐；第二类，网络购物；第三类，获取工作生活信息；第四类，学习和提升职业技能；第五类，谋生，如开展电子商务等。

受访新生代农民工的互联网使用大多属于第一类和第二类；个别新生代农民工属于第三类，这也是由工作性质决定的，如运输业、批发零售业等较为依赖网络；第五类基本没有。

对于网络使用较高层次的第四类，新生代农民工只是意识到了互联网的力量，但并未积极实践用好互联网。新生代农民工已经意识到互联网对自身社会发展的重要意义。YWX 说："在浏览网页的同时，大脑也在高速运转，所看到的东西，都会存到你大脑里面。（网络的影响）是潜移默化的，包括了解外界信息、对整个社会的认知、对自己现状的看法、对自己专业技能的提高，不能确定说影响了哪一方面，全部方面都有。"但是，由于个人自身知识基础薄弱、工作时间太长、对网络信息存有不信任感等，导致最终没能收到实际效果，也就是"没学会"。如目前从事交通运输工作的 WB，他之前有开饭店的想法，也在网上查过相关资料。WB 说："想开饭店，卖牛肉拉面。但是不知道牛肉拉面的那个卤，特别想学，就上网查。它这个做法有时候也看不懂。比如说，他可能像一个菜谱，什么盐几两，醋少许。"

这一部分的研究表明，互联网在受访新生代农民工的工作和生活中已经占据重要位置，并在休闲娱乐、维系人际关系、网购、获取生活和工作信息、学习和提升职业技能、关注和讨论政治议题等方面发挥作用，是他们在工作之余打发时间的娱乐消遣和在背井离乡之所与熟人保持联系的重要方式，意义重大。同时，受访者的互联网使用也表现出明显的失衡现象，即对"娱乐"功能的过度倚重、"发展"功能的相对萎缩如"熟人"之外社交圈的开拓不足、职业能力提升应用有限等，这也反映出新生代农民工城市适应的困境——向内发展和发展动力不足，互联网新媒体的运用似乎在一定程度上强化了这种困境。

第四节 互联网之于京、广、沪新生代农民工的意义探究

互联网已经成为大多数城市人口日常生活的组成部分，对于背井离乡的新生代农民工来说，也是如此。并且，互联网对于他们，还有特别的意义——既是这些年轻人在陌生的城市里、在枯燥的业余时间里一个离不开的陪伴，以供他们打发时间，与远在他乡的亲友保持持续的联系，同时又是他们闯荡城市、追求个人发展的一个载体，尽管他们还无法很好地把握如何充分利用这个载体来助力自身发展。

这一部分的研究表明，互联网在京、广、沪三地新生代农民工的城市工作和生活中所发挥的功用有不同之处，如北京市的新生代农民

工会通过互联网积极地讨论政治热点议题，广州市的新生代农民工则展现出利用互联网创业的明显意识，上海市的新生代农民工对落后于网络时代表现出更强的危机感，这隐约与三地的城市文化表现出某种关联性。但总体来看，三地新生代农民工对互联网的意义认知和使用偏好体现出更大的共性。

一 作为"第二伴侣"的互联网，已成为新生代农民工城市生活中不可缺少的部分

对于新生代农民工来说，互联网最突出的价值是保持与家人、朋友以及过去的"关系"的联系。这是他们在陌生城市打拼时重要的精神和情感支撑。与家人的联系方面，互联网还具有特殊的功用，即与年幼的孩子保持形象上的接触，这对于年轻的农民工父母来说，是一个非常重要的功能。

另外，互联网作为新生代农民工在陌生之地方便而省钱的娱乐工具，也发挥着不可替代的消遣、解闷和陪伴的功能，网上生活成为他们最容易打发业余时间的事务。除此之外，互联网便利生活的某些应用也开始在新生代农民工的日常经验中扩散开来，如网购，以及在网上查找基础的生活信息。当然，相较而言，他们对互联网作为生活辅助的应用远比不上城里人娴熟和广泛，团购美食、出行、网上问诊等在城市青年群体中已经得到广泛运用的功能在受访者那里被提到的并不多。

在工作上，互联网更能体现信息化功用的价值也已在新生代农民工那里得到了初步显现，如学习某些专业技能、掌握市场行情、交换工作信息，或者如彼时还较少发生的情况——尝试通过互联网去寻找新的工作机会，在陌生的城市里去结交新的朋友，甚至借助互联网来实现自主创业。

二 新生代农民工对互联网的使用还过于简单和表层，互联网更重要的功能未得到充分开发

从研究中可以发现，对于互联网，受访者已有清晰的"工具"的认识，对其之于社会和个人发展的重要意义以及其所代表的未来趋势，也有朦胧的感觉。但从实际应用来看，大多数人还停留在娱乐、简单的人际交流和像字典一样查找信息的层面，而对于互联网所具有的其他更强大的功能，如扩展职业人际圈、以婚恋为目的的交友，甚至是表达和主张自己的权益等，他们却较少提及或尚无意识。

例如，从调研结果来看，新生代农民工对互联网用得较多的除了娱乐消遣，就是人际联系。但显然这种联系具有局限性——要么是同家人，要么是同已经认识的或已具有较多交往关系的老乡、同学、同事等，缺乏主动认识新人、拓展人际交往面的主动性。一方面，从侧面反映了新生代农民工对城市认同的缺乏和城市融入的困难——既然将来还是要回到老家去谋生，在打工地扩展人脉也就自然地缺乏动力；另一方面，较为保守的交往也妨碍了他们利用互联网这一有力工具发展弱关系从而增强自身的发展机会。[1]

又如，新生代农民工正值婚嫁的年龄，在异乡打拼也颇为不易，按理说在城里谈恋爱是很正常的选择，新媒体也提供了拓展社交圈子的可能性。已有研究发现，手机在帮助新生代农民工建立和发展隐秘的浪漫关系，甚至是带来对两性关系更开放的认识方面具有作用。[2] 但从访谈的结果来看，在网上交友这一方面，无论男女，都还是比较保守的。如公司职员 HYY（女，广州）说"我从不在网上跟陌

---

[1] 边燕杰：《找回强关系：中国的间接关系、网络桥梁和求职》，《国外社会学》1998年第2期。

[2] Ke Yang, "A Preliminary Study on the Use of Mobile Phones amongst Migrant Workers in Beijing", *Knowledge Technology & Policy*, Vol. 21, No. 2, 2008.

生男士聊天，因为我怕骗局，网上骗子太多了"。ZCL（男，货车司机，北京）则认为，"网恋，我不信这玩意儿，生活太假"。

就找工作而言，也有类似的顾虑。尽管少数受访者有通过互联网成功就业的案例，但大多数人还是望而却步，"主要是害怕被骗"。（XHE，女，工人，北京）

三 新生代农民工对互联网功能的认识有局限性，这种认识影响到了他们对于互联网知识学习的热情

按照使用与满足理论的解释，人们对于某种媒体或媒体内容的使用是由其需要决定的，对于新生代农民工而言，有关互联网所能提供的更强大的服务，既没有来自现实的急迫需求，也没有亲身体验到的切实好处，反倒是需要平衡繁重的工作、薄弱的知识积累与学习互联网知识的时间、精力乃至智力投入去进一步探索互联网的功用，这也就不难理解为什么他们对于这一新兴技术的掌握，仅仅停留在其最基本的功能层面上，同时也缺乏学习热情了。

同时，在现实中曾经遭遇或听说的与网络乱象联结在一起的经历，也增强了他们对网络使用的保守态度。如访谈中多位受访者都谈及网上找工作时遇到的骗局，也有个别受访者讲述了自己网恋过程中发生的足以让人产生"难以信任"的情绪的故事，以及更为常见的受访者对于网上人际交往的不信任和对网络空间"太虚幻""不可靠"的印象，凡此种种交织在一起，也令众多受访的新生代农民工对互联网能带来何种福利缺乏信心，自然也就谈不上有多大动力去探索对它更进一步的使用。

可以说，新生代农民工对于互联网新媒体的使用仍处于"初级阶段"，即能够运用其基本功能，对其巨大潜力有所感知和期待，却缺乏方法与路径上的更进一步。

新生代农民工进城务工的这个阶段，正是一生中精力最旺盛的时期，更应该学习和利用信息技术来为自身发展服务。遗憾的是，他们虽然已经开始主动地利用互联网来服务于自身的工作和生活，但所做依然有限。如果我们假定互联网知识是一项关乎个人未来发展的重要知识，同时假定新生代农民工需要用这一知识来武装自己，首先需要考虑的或许应该是如何刺激他们对更高层次的互联网运用的现实需求。从这一群体的日常工作生活实践出发，互联网还有哪些超越娱乐、陪伴、联络、亲子、简单人际沟通、查询信息的功能，比如扩展职业人脉圈、学习和加强专业知识/技能、维护个人权益等？或者说，互联网如何改变个人的发展机会、改善个人的生存境遇？这应是以互联网技术服务新生代农民工这一社会实践中首先需要明确和传递的信息。只有使他们明确认识到互联网更强大的功能，并将这些功能与个人收益结合起来，才有可能推动他们更主动、更富有成效地使用互联网，让后者在他们的工作与生活实践中成为内涵丰富、功能强大的助力工具，以使这年轻的一代紧跟时代潮流而非被抛弃在数字化进程之外。

现有关于农民工信息化的呼吁和实践，更强调如何为农民工搭建互联网平台，如开设农民工网、开辟网上择业通道、进行网络技能培训，甚至参与网络经济如开网店等，这些想法和举措都没有解决更前端的一步，即如何让农民工认识到网络的强大力量，摆脱现阶段将互联网视为"简单工具"的认知。在农民工政策制定层面，有必要加强宣传互联网对个人发展的好处。同时也应该采取帮扶计划，如联合政府机构、企业单位、大学、社区等对农民工进行互联网运用的培训，[1] 以提高他们对互联网的那些有利于个人发展的应用的操作技

---

[1] 由政府部门牵头组织的面向农民工的互联网培训已经有了，如上海市于2012年组织了面向新生代农民工的上网技能培训，但是培训成效如何还有待观察。

能,从而让他们也成为信息社会的受益者,分享技术进步带来的发展红利。

2010年,广州市总工会进行的广州市新生代农民工调查中有一项发现,即本市的新生代农民工有"较强的发展期望,较弱的进取精神"。而从本研究来看,并非如此。就像受访者SLW所说:"你一定要有自己的远见,哪怕你做得失败了,社会上毕竟还有很多机会嘛。如果你真闯不上去,你努力过,你也不会后悔。"他们并非没有进取精神,而是有进取之心而不得进取之道,正如在这项研究中所看到的,他们有通过互联网新技术来学习、来创业、来改变自身命运的强烈愿望,但囿于学识、精力所限,不知从何入手,如何做起。同时,也由于在城市里严重缺乏归属感和安全感,他们对互联网这一强大社交平台的使用难以突破个人熟悉的生活圈的限制,从而无论是在职业上还是在个人感情生活上,都无法最大限度地借力于互联网。对互联网功能认知的不完善、对互联网功能使用的不足和学习热情的缺乏,三者相互作用,使得新生代农民工对于互联网这一有力工具的运用始终在较低水平徘徊。

"作为一个打工仔,他就像一个机器,整天干活干活,极少跟人家交流,他每天对着那些产品,没生命的东西,沟通交流能力不行。他在一个小棚里面,是一个井底之蛙,没有与外界去沟通,去了解自己的内心,有时候就迷茫。他不知道自己的目标,所以他就是打工啊打工,一天天地过,混日子。……我不是怕给你打一年的(工),我怕打一辈子的工。"(LQJ,工人,广州)如何化解新生代农民工内心深处的无奈与迷茫,如何将这种不甘与忧虑转换为奋斗的热情,是包括信息化政策在内的任何一项面向新生代农民工的公共服务都应考量的基础性问题。

本章小结

本章基于对广州市、上海市、北京市三地新生代农民工的深度访谈，初步探寻了互联网在新生代农民工城市工作和生活中所扮演的角色及对后者而言的意义。研究表明，互联网已经成为新生代农民工不可缺少的陪伴，是"朋友"，是"第二伴侣"，是失之就"像人缺眼和耳朵"这样的陪伴。对新生代农民工而言，互联网是"朋友"，也是"工具"，除了陪伴，还可以帮助他们打发"无聊"的时间、保持与家乡亲友的联系、查找一些生活和工作信息，甚至是他们关注和讨论政治话题的一种方式，有些具有进取精神的新生代农民工还积极地通过互联网学习业务知识，并希望能够借助互联网来创业。总体而言，新生代农民工对互联网的使用是多维的，并且他们也对互联网技术的重要性有所认知，对自己在互联网时代的生存空间抱有危机感。可以说，互联网对于新生代农民工既具有"数字化生存"的日常生活存在意义，又具有潜在的"发展"意义，即帮助他们在职业上有所进取、在生活上分享便利、在文化上融入城市的潜能。

但是，由于自身互联网使用经验的有限性所致的对互联网认知的局限，以及时间、精力的牵绊，或知识基础薄弱带来的再学习心理障碍，一方面，新生代农民工对互联网的使用多在较低层次徘徊，集中于娱乐、闲聊、查找简单信息等方面，而在互联网助力个人能力提升和职业发展方面的运用甚为有限；另一方面，他们缺乏足够的动力去有意识地积极用好互联网。这些都构成了新生代农民工在互联网时代分享技术进步红利、借力助推个人发展的障碍。

第六章　互联网使用与新生代农民工的社会发展

——基于北京市的个案研究

从上一章的分析可以看到，互联网已经成为新生代农民工城市化生存和数字化生存的基本组成部分，更重要的是，互联网亦显现出助力这一人群"发展"的潜能。那么，互联网使用具体如何作用于新生代农民工的社会发展，自然成为一个需要回答的问题，同时也是探讨新媒体与社会弱势阶层的关系时一个意义重大的议题。本章将采用量化研究的方法来检测互联网使用的基本维度对于新生代农民工不同"发展"面向的影响。

第一节　传播、媒介使用与发展

关于传播与发展关系的探讨由来已久，也形成了传播研究的一个重要领域——发展传播学。始自20世纪50年代、带有冷战时期意识形态之争色彩的发展传播学，其目的是通过提高本地的生产力，发展国民经济的规模，来改变人民落后的生存状态，帮助发展中国家从建立在落后技术上的传统农业国向生产针对市场需求的经济作物的现代农业国转变。① 发展传播学历经几次范式演进，从最初对于国家力量在推进知识传播从而促进发展的作用深信不疑，到 60 年代末期逐渐摒弃国家主导范式并主张公众参与范式的兴盛，以及几乎在同一时期开始在国家之外寻找不平等的世界结构性因素的媒介帝国主义范式，直到 21 世纪以来用全球化话语来解读传播与发展的关系，一路走来，尽管对于谁是或应该是传播中的主导力量纷争不已，但始终暗含着一个基本假设——传播是推进国家发展的重要力量。

关于传播如何推进国家发展，首先需要明确何谓发展。"发展"是一个内涵丰富的概念，也很难形成一个统一的定义。就其演进历程来看，经历了由强调经济发展向强调经济、社会、生态的全面可持续发展的转变，由强调国家和社会层面的宏观福祉向强调人的微观幸福的转变，以及衡量指标由 GDP 指数向 HDI 指数的转变过程。在发展传播学的第二代学人罗杰斯看来，"所谓发展就是一种社会变革，在这种社会变革中，新的观念被纳入某一社会体系，通过更加先进的生产方式和改进社会组织架构，以实现更高的人均收入和更高的生活水平"②。传播则是在一个社会体系中传递、纳入新观念、新知识、新信息的重要手段，起着"流动扩音器"的作用。③

重点在于，传播推进国家发展的力量最终要通过作用于个人的发展体现出来，这也是发展传播学的奠基者们所认识到的社会的变革要通过个人的变革才能得以实现，帮助发展中国家实现发展的途径在于借助传播的力量培养具有现代性的个人。在这个意义上，传播与个人

---

① [英] 科林·斯巴克斯：《全球化、社会发展与大众媒体》，刘舸、常怡如译，社会科学文献出版社 2009 年版，第 23 页。
② [英] 科林·斯巴克斯：《全球化、社会发展与大众媒体》，刘舸、常怡如译，社会科学文献出版社 2009 年版，第 23 页。
③ Daniel Lerner, *The Passing of Traditional Society*, Glencoe, Illinois: The Free Press, 1958, p. 52.

第六章　互联网使用与新生代农民工的社会发展

发展是传播与发展这一宏大命题的基础层面，个人发展也是国家发展和社会发展的前提。这就是为什么罗杰斯在后期修正了他对于发展的定义，他认为发展是"一种指导下的社会变革，这种变革给予每个人不断增强控制自然的能力"①。

实际上，这一对于发展的理解带有明显的诺贝尔经济学奖获得者阿马蒂亚·森（Amartya Sen）的印迹，后者将发展定义为一个扩展人们所享有的实质性自由的过程。在阿马蒂亚·森看来，所谓发展，归根结底还是人的发展，这也是他所创立的"（可行）能力方法"的核心观念。"可行能力"（Capability）是阿马蒂亚·森用于解释和评估人的发展的核心指标，"一个人的可行能力指的是此人有可能实现的、各种可能的功能性活动组合"。所谓功能性活动，是指"反映了一个人认为值得去做或达到的多种多样的事情或状态。有价值的功能性活动的种类很多，从很初级的要求，如有足够的营养和不受可以避免的疾病之害，到非常复杂的活动或者个人的状态，如参与社区生活和拥有自尊"。"（可行）能力方法"的核心即以个人实现了的功能性活动或所拥有的由可选组合构成的可行能力集来评估其发展。当然，对于哪些特定的功能性活动应该列入重要成就以及相应的可行能力的清单，历来存在许多争论，②"阿马蒂亚·森并没有说明，作为评价标准的实质自由或可行能力究竟应当包括哪些具体内容。他只是认为，这个问题是一个社会选择的问题，需要通过民主的程序来解决，而且标准的具体内容是开放的"③。这也为其"（可行）能力方法"的具体运用提供

---

① ［英］科林·斯巴克斯：《全球化、社会发展与大众媒体》，刘舸、常怡如译，社会科学文献出版社 2009 年版，第 23 页。
② ［印度］阿马蒂亚·森：《以自由看待发展》，任赜、于真译，中国人民大学出版社 2012 年版，第 1、62—64 页。
③ ［印］阿马蒂亚·森等：《生活水准》，徐大建译，上海财经大学出版社 2007 年版，第 8 页。

了广阔的空间。

"能力方法"是一个以人为中心的发展范式,也是讨论 ICTs(信息传播技术)与人的发展之间关系的重要范式。① 在这一范式之下,人的发展意味着具有实现愿望和自由选择的实质性能力,无论是拥有知识的能力、保持健康的能力、获取工作机会的能力,或参与公共事务的能力等。而信息传播技术则是增进人的上述各种能力的重要手段。

"能力方法"及其延伸出来的一系列发展范式,都格外强调了以人为中心的发展路径。在信息传播技术与发展的关系上,更看重人对于信息传播技术的使用而非仅仅是"接近",更强调技术应用在人的"能力"塑造方面所发挥的作用。"技术通常是一种手段,因此使用特定的技术本身也会成为一种能力,但在大多数时候,它还是用来达成或扩大其他能力的工具。事实上,人们会使用各种不同的媒体手段来达成信息或传播的目的,这种运用通常又会成为其他结果的手段……尤其是,像互联网和手机这样具有多重目的的技术,可以成为支撑多种选择结果的强大工具。"从这个意义上说,信息传播技术通过增进人的能力从而助力于人的发展。因此,基于能力方法范式的发展观,一方面,将使发展的测度由此前以经济、健康、教育等构成的宏观测度指标转向以人为中心的微观指标。如多萝西娅·克莱勒(Dorothea Kleine)提出的指标包括:更容易的沟通,增长的知识,更好/更多的人际关系,健康的环境,增长的收入,增长的流动性,更多声音,更多自主性,等等。② 另一方面,以能力的达成作为衡量发展成果的重要尺度,如在这一脉络之下,王荣(Rong Wang,音译)将有关人的发展指标直接落脚于能力的五个主要维度,即信息能力、经济能力、政治能力、社会能

---

① Rong Wang, "Internet Use and the Building of Social Capital for Development: A Network Perspective", *Information Technologies & International Development*, Vol. 11, No. 2, 2015.

② Dorothea Kleine, *Technologies of Choice? ICTs, Development, and the Capabilities Approach*, Cambridge, London: The MIT Press, 2013.

力和文化能力。①

针对农民工群体发展路径的特性，基于前述深度访谈研究部分对新生代农民工互联网使用基本情况的把握，结合国外对于以人为中心的"发展"成果的测度方法和国内外有关新媒体与农民工群体发展研究所形成的传统，本章将通过量化研究的方法系统呈现北京市新生代农民工在职业发展、社会生活、意见表达、社会融合等重要发展维度上的互联网使用状况，进而围绕信息获取、知识习得、社会网络建构、意见表达、社会融合五个指标，来测度互联网使用与新生代农民工社会发展之间的关系。

第二节 "互联网使用"与"新生代农民工的社会发展"概念的操作化

在接下来的量化分析部分，"互联网使用"与"新生代农民工的社会发展"分别对应自变量和因变量，下面将对其进行操作化定义。

一 自变量——互联网使用

关于"互联网使用"，过往研究的操作化指标非常多元，有的包括"使用时间、频次和依赖度"② 或 "上网时间和互联网使用的功能项目"③，有的包括"使用频率、网上政治类新闻接触和网上政治讨论"④ 或 "上网技术设备的质量和数字经历"⑤，还有的仅包括"被访

---

① Rong Wang, "Internet Use and the Building of Social Capital for Development: A Network Perspective", *Information Technologies & International Development*, Vol. 11, No. 2, 2015.
② 冉华、邓倩：《从互联网使用到文化身份认同：以大学生为例的定量研究》，《现代传播》2012年第6期。
③ 李亚妤：《互联网使用、网络社会交往与网络政治参与——以沿海发达城市网民为例》，《新闻大学》2011年第1期。
④ 张明新：《互联网使用与公众政治信息获取的性别鸿沟》，《东南传播》2010年第9期。
⑤ Nicole Zillien, Eszter Hargittai, "Digital Distinction: Status-Specific Types of Internet Usage", *Social Science Quarterly*, Vol. 90, No. 2, 2009.

者通常每周会有几天上网"①，可见并无一定之规，均根据研究需要灵活界定。本书中，互联网使用包括三个基本维度，即网龄、上网频率、网络操作技能。网龄即从首次上网至接受调查的时间长度。上网频率即每周上网天数。网络操作技能即对互联网基本运用的掌握程度。

本书通过7个题项来测量，即电脑打字、下载文件、用百度等搜索信息、使用杀毒软件、文件解压、Office办公软件（如Word、Excel、PPT）运用、申请账号。采用5级量表，1为不懂，5为非常熟悉，由1—5按熟悉程度依次递增。量表具有较好的效度和信度，KMO = 0.9，信度系数 α = 0.929。

二 因变量——新生代农民工的社会发展

新生代农民工的社会发展包括五个方面，即信息获取、知识习得、社会网络建构、意见表达、社会融合。

（一）信息获取

信息获取在人们的日常生活中扮演重要角色。萨斯凯·波德-格瑞维拉（Saskia Brand-Gruwela）等提出信息问题解决（Information Problem Solving，IPS）的概念，将IPS定义为基于信息解决问题的能力，即个人必须有能力根据所要解决的问题辨认所需的信息，并找到相应的信息源，从信息源中提取和组织相关信息，最终整合信息并运用于问题的解决。②也就是说，信息获取是人们解

---

① 潘忠党：《互联网使用和公民参与：地域和群体之间的差异以及其中的普遍性》，《新闻大学》2012年第6期。

② Saskia Brand-Gruwel, Iwan Wopereis and Yvonne Vermetten, *Information Problem Solving by Expers and Novices: Analysis of A Complex Cognitive Skill*, Amsterdam: Elsevier Science Publishers, 2005.

决问题的重要前提。有研究者认为，信息获取既可以发生在行为者外部（通过外部资源获取信息），也可以发生在行为者心智内部（通过回忆重新记起）。① 网络信息获取主要指的是行为者的外部资源获取，即从互联网中提取和组织相关信息，最终整合信息并运用于问题的解决。王荣在对网络信息获取的研究中，询问被调查者是否使用互联网获取关于商品、健康、政府机构等的信息。② 郑欣等在有关农民工信息获取的研究中，主要分析了农民工如何利用互联网获取就业信息。③ 本书通过"浏览招聘网站""在网上查询简历投放的反馈"等题项测量职业信息获取，通过使用互联网搜索"订餐信息""租房信息""寻医问药信息""出行地图信息"等题项测量生活信息获取。采用5级量表，1为从不，5为总是，由1—5按使用频率依次递增。量表具有较好的效度和信度，KMO = 0.849，信度系数 α = 0.835。

（二）知识习得

罗杰·波什尔（Roger Boshier）将知识习得定义为以促进个人职业或学业进展为目的的自我提升。④ 知识习得其实就是学习知识的过程。知识不同于信息，德翰姆·格雷（Dham Grey）认为，知识是对信息和数据的充分利用，中间融入了人的技巧、能力、思想、直觉、责任和动力。⑤ 杰瑞·艾什（Jerry Ash）认为，知识是以人为本，由人脑处

---

① Dogan Gursoy, Ken W. McCleary, "An Integrative Model of Tourists' Information Search Behavior", *Annals of Tourism Research*, Vol. 31, No. 2, 2004.

② Rong Wang, "Internet Use and the Building of Social Capital for Development: A Network Perspective", *Information Technologies & International Development*, Vol. 11, No. 2, 2015.

③ 郑欣、王悦：《新媒体赋权：新生代农民工就业信息获取研究》，《当代传播》2014年第2期。

④ Roger Boshier, "Motivational Orientations of Adult Education Participants: A Factor Analytic Exploration of Houle's Typology", *Adult Education Quarterly*, Vol. 21, No. 2, 1971.

⑤ 转引自何绍华、王培林《知识管理环境下的信息管理创新》，《情报理论与实践》2007年第3期。

理、分析、提取、包装的信息。① 可见，知识是比信息更为高级的单元。如果说传统知识得局限于线下学习，那么互联网环境下则涌现出了在线学习模式，如 E - learning（电子学习）、M - learning（移动学习）、Online learning（网络学习）、Micro - learning（微学习）等。大量研究认为，基于互联网的学习比传统学习具有更高的效率。② 本书通过"在网上学习与工作相关的知识"测量职业知识习得，通过"学习网购知识"测量生活知识习得。采用5级量表，1为从不，5为总是，由1—5按发生频率依次递增。量表具有较好的效度和信度，KMO = 0.769，信度系数 α = 0.806。

（三）社会网络建构

社会网络是社会学中的重要概念，是指"一群特定人之间的所有正式与非正式的社会关系，包括人与人之间直接的社会关系以及通过物质环境和文化共享而结成的间接的社会关系"③。社会网络能够衍生出社会资本，而这种资本是个人身份和地位的源泉与表征。关于农民工社会网络研究主要有三个维度。一是农民工社会网络关系的类型及特征，如李树茁、任义科、费尔德曼等团队运用社会网络分析的方法对农民工的整体社会网络特征、社会网络结构、社会网络的凝聚子群结构、核心边缘结构④进行了分析。二是农民工社会网络对

---

① 转引自何绍华、王培林《知识管理环境下的信息管理创新》，《情报理论与实践》2007年第3期。

② Judy McKimm, Carol Jollie, Peter Cantillon, "ABC of Learning and Teaching: Web Based Learning", *British Medical Journal*, Vol. 326, 2003.

③ Jollie C. Mitchell, "The Concept and Use of Social Networks", in J. C. Mitchell ed., *Social Networks in Urban Situations: Analyses of Personal Relationships in Central African Towns*, Manchester: Manchester University Press, 1969.

④ 李树茁、任义科、费尔德曼等：《中国农民工的整体社会网络特征分析》，《中国人口科学》2006年第3期；任义科、李树茁、杜海峰等：《农民工的社会网络结构分析》，《西安交通大学学报》（社会科学版）2008年第5期；任义科、杜海峰、李树茁：《农民工社会网络的核心边缘结构分析》，《人口与发展》2010年第6期。

其个人社会发展的意义,大多数研究认为,农民工社会网络能够提供情感支持,促进职业发展。[1] 三是农民工社会网络的建构,研究聚焦于农民工社会网络建构的影响因素。[2] 本书旨在检测互联网平台对新生代农民工社会网络建构的作用,通过询问受访者是否"会主动在网上认识对自己工作有帮助的人""被工作中认识的人拉入网上好友"测量职业网络建构,通过"在网上与他人聊天程度"测量生活网络建构。采用5级量表,1为从不,5为总是,由1—5按发生频率依次递增。量表具有较好的效度和信度,KMO = 0.654,信度系数α = 0.621。

(四) 意见表达

意见表达在政府学上指某个集团或个人提出不同的政治要求的过程。[3] 互联网为公民意见表达提供了平台,其进入门槛低、发言不受严格限制。网络意见表达是指公民(个人或群体)在计算机中介情境下的意见表达。[4] 学界对网络意见表达的研究主要集中在意见表达行为特征及其影响因素。[5] 廖圣清的研究发现,网民比非网民意见表达频繁。[6] 陈旭辉、柯惠新的研究则发现,议题属性包括议题兴趣、议题知识、议题相关、一致性、议题关注等,这些都是影响意见表达行为的因素。[7] 周葆华专门分析了农民工的网络意见表达,发现新生代农民工主

---

[1] 栾驭、任义科、轩娟:《农民工心理授权与组织公民行为——社会网络的调节作用》,《管理现代化》2012年第4期;章元、陆铭:《社会网络是否有助于提高农民工的工资水平?》,《管理世界》2009年第3期。
[2] 陈韵博:《新一代农民工使用QQ建立的社会网络分析》,《国际新闻界》2010年第8期。
[3] 朱光磊:《当代中国政府过程》,天津人民出版社2002年版,第69页。
[4] 李树桥:《公民表达权:政治体制改革的前提》,《中国改革》2007年第12期。
[5] 陈旭辉、柯惠新:《网民意见表达影响因素研究——基于议题属性和网民社会心理的双重视角》,《现代传播》2013年第3期。
[6] 廖圣清:《上海市民的意见表达及其影响因素研究》,《新闻大学》2010年第2期。
[7] 陈旭辉、柯惠新:《网民意见表达影响因素研究——基于议题属性和网民社会心理的双重视角》,《现代传播》2013年第3期。

要通过人际渠道和网络渠道表达意见。① 本书调查了被访者对10个热点议题的网络意见表达情况，通过因子分析得到新生代农民工网络意见表达的主要议题类型，即政治议题（钓鱼岛事件、薄熙来案、党的十八大）、社会议题（富士康跳楼、李天一案、郭美美事件）、娱乐议题（非诚勿扰、农民工春晚）、农民工议题（民工荒、农村低保）。采用5级量表，1为不知道，2为听网友说过，3为网上浏览，4为网上评论，5为由线上讨论转到线下讨论。量表具有较好的效度和信度，KMO = 0.854，信度系数 α = 0.860。

（五）社会融合

作为一个社会政策概念，社会融合源于欧洲学者对于社会排斥现象的研究，2003年，欧盟在关于社会融合的报告中做出以下定义："社会融合是这样的一个过程，它确保具有风险和社会排斥的群体能够获得必要的机会和资源，通过这些资源和机会，他们能够全面参与经济、社会、文化生活和享受正常的生活，以及在他们居住的社会认为应该享受的正常社会福利。"② 社会融合所涉及的主体分为两个层次。一是一个国家的外来移民与本土社会的融合问题，或外来种族与本土种族的融合问题；二是一个国家内部，弱势/边缘或少数群体与主流群体的融合问题。中国农民工的社会融合属于第二种范畴。所谓农民工的社会融合，有基于同质化转变和差异消减两个不同维度的界定。如童星和马西恒认为，这是农民工"在居住、就业、价值观念等城市生活的各个方面融入城市社会、向城市居民转变的过程"③，融合程度可以用

---

① 周葆华：《新媒体与中国新生代农民工的意见表达——以上海为例的实证研究》，《当代传播》2013年第2期。

② 嘎日达、黄匡时：《西方社会融合概念探析及其启发》，《国外社会科学》2009年第2期。

③ 童星、马西恒：《"敦睦他者"与"化整为零"——城市新移民的社区融合》，《社会科学研究》2008年第1期。

第六章 互联网使用与新生代农民工的社会发展

农民工与城市居民的同质化水平来衡量。悦中山等则将农民工社会融合界定为农民工与城市市民之间差异的消减,并具体表述为"农民工与城市市民在文化、社会经济地位和心理等方面的差异的消减"①。当然,究其实质,这两类定义并不冲突,都以农民工与城市居民的"拉平"为核心。"对于社会融合究竟包括哪些具体的维度,目前学术界没有得到一致的结论,诸多学者从不同侧面和视角去测量农民工城市融合的程度或状态。"② 常见的测量维度涉及经济、社会、心理、文化、政治五个方面。③ 悦中山等将农民工的社会融合分为文化融合、社会经济融合和心理融合。④ 本次调查中新生代农民工人均月收入集中在3000元左右,所处职业阶层较低,较多为体制外单位。据北京市统计局相关数据,2014年,北京市职工月平均工资为6463元,⑤ 新生代农民工收入远远低于当地职工平均工资,经济融合情况较差。所以,本书着重通过文化融合、心理融合两个维度测量社会融合,对文化融合的测量又通过对家乡文化的保持来测量,对心理融合通过城市感知来测量。具体来看,文化融合中对家乡文化保持的测量借鉴了汉娜·扎格夫卡(Hanna Zagefka)与鲁珀特·布朗(Rupert Brown)的研究,包括是否愿意保留家乡的风俗、习惯、家乡话、生活方式及社交方式等,⑥ 主

---

① 悦中山:《农民工的社会融合研究:现状、影响因素与后果》,博士学位论文,西安交通大学,2011年。
② 郭庆:《农民工的社会信任与城市融合研究:以上海为例》,博士学位论文,华东师范大学,2013年。
③ 郭庆:《农民工的社会信任与城市融合研究:以上海为例》,博士学位论文,华东师范大学,2013年。
④ 悦中山、李树茁、靳小怡等:《从"先赋"到"后致":农民工的社会网络与社会融合》,《社会》2011年第6期。
⑤ 北京市统计局:《北京市人力资源和社会保障局 北京市统计局关于公布2014年度北京市职工平均工资的通知》,https://www.beijing.gov.cn/,2015年6月12日。
⑥ Hanna Zagefka, Rupert Brown, "The Relationship between Acculturation Strategies, Relative Fit and Intergroup Relations: Immigrant – majority Relations in Germany", *European Journal of Social Psychology*, Vol. 32, No. 2, 2002.

要询问对以下观点的态度,即"遵守家乡风俗(如婚丧嫁娶)对我比较重要""按照家乡习惯办事对我比较重要""我的孩子应该会说家乡话""保持家乡生活方式(如饮食习惯)对我比较重要"。心理融合中对城市感知的测量借鉴了悦中山等的研究,[1]主要询问对以下观点的态度,即"我感觉自己是属于城市的""我觉得我是城市的成员""我把自己看作城市的一部分"。采用5级量表,1为非常不同意,2为比较不同意,3为一般,4为比较同意,5为非常同意。量表具有较好的效度和信度,KMO = 0.767,信度系数 α = 0.742。

三 控制变量——新生代农民工的人口结构特征

以往研究证明了人口结构特征对新生代农民工互联网使用的影响。王颖等发现性别、学历、年龄会影响新生代农民工是否上网,从而影响他们的网络信息获取。[2] 陈韵博在对新生代农民工利用QQ构建社会网络的研究中提及行业的影响。[3] 周葆华认为行业影响了新生代农民工通过新媒体表达意见的意愿。[4] 本书中的人口结构特征包括性别(男性占52.7%,女性占47.3%)、年龄(M = 26.3,SD = 4.36)、受教育程度(高中/中专/技校最多,占38.2%;其次是初中,占33.1%;最后是大专、大学本科、小学及以下,分别占16.6%、6.8%、4.9%)、月

---

[1] 悦中山、李树茁、靳小怡等:《从"先赋"到"后致":农民工的社会网络与社会融合》,《社会》2011年第6期。该研究以肯尼斯·A. 博伦和霍伊尔·H. 里克的量表为基础做了一些调整。具体可参见 Kenneth A. Bollen, Hoyle Rick, "Perceived Cohesion: A Conceptual and Empirical Examination", Social Forces, Vol. 69, No. 2, 1990。

[2] 王颖、白美玲、王芳:《天津市外来务工人员信息获取情况及其影响因素调查》,《电子政务》2013年第5期。

[3] 陈韵博:《新一代农民工使用QQ建立的社会网络分析》,《国际新闻界》2010年第8期。

[4] 周葆华:《新媒体与中国新生代农民工的意见表达——以上海为例的实证研究》,《当代传播》2013年第2期。

平均收入（占比最多的在 2001—3000 元，占 31.2%；3001—4000 元，占 22.0%；4001—5000 元，占 19.5%；5000 元以上，占 14.1%；1001—2000 元，占 11.6%；1000 元及以下，占 1.5%）、所在行业（建筑业、制造业、服务业，分别占 10.3%、13.4%、76.0%）[①]、单位属性（体制内、体制外、无工作单位，[②] 分别占 31.0%、64.0%、15.0%）。图 6-1 为研究框架。

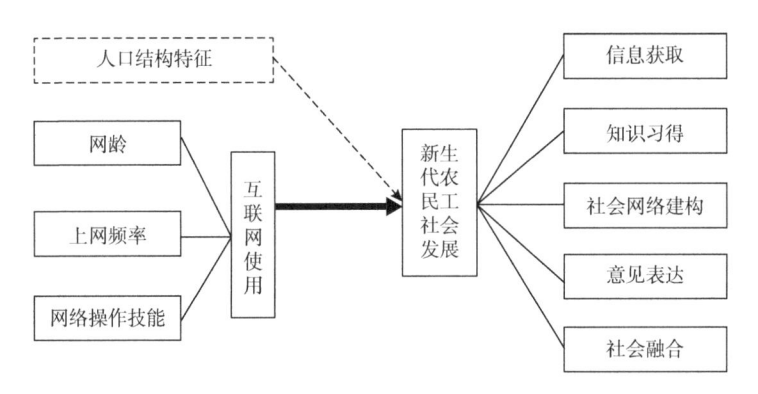

图 6-1 研究框架

第三节 互联网使用对新生代农民工社会发展的影响

基于前述分析，本书提出的总假设是互联网使用对于新生代农民工的社会发展有影响。

假 6.1：互联网使用对信息获取有正面影响。

[①] 由于居民服务业、批发零售业、仓储邮政业、住宿餐饮业行业性质比较相近，都属于服务业，参考 2012 年对外经贸大学课题组有关北京新生代农民工调查的做法，本书将他们统一归为服务业。这样做一是便于结果的解释，二是凸显了差异性行业在互联网使用及其对社会发展的影响上的不同。

[②] 本书中体制内单位包括国有企业、事业单位；体制外单位包括私企、外企、合资企业；无工作单位包括自由职业者、小商贩等。

假设6.1.1：网龄越长，网络信息获取程度越高。

假设6.1.2：上网频率越高，网络信息获取程度越高。

假设6.1.3：网络操作技能越强，网络信息获取程度越高。

假设6.2：互联网使用对知识习得有正面影响。

假设6.2.1：网龄越长，依托互联网的知识习得程度越高。

假设6.2.2：上网频率越高，依托互联网的知识习得程度越高。

假设6.2.3：网络操作技能越强，依托互联网的知识习得程度越高。

假设6.3：互联网使用对构建社会网络有正面影响。

假设6.3.1：网龄越长，利用互联网构建社会网络的程度越高。

假设6.3.2：上网频率越高，利用互联网构建社会网络的程度越高。

假设6.3.3：网络操作技能越强，利用互联网构建社会网络的程度越高。

假设6.4：互联网使用对网络意见表达有正面影响。

假设6.4.1：网龄越长，网络意见表达程度越高。

假设6.4.2：上网频率越高，网络意见表达程度越高。

假设6.4.3：网络操作技能越强，网络意见表达程度越高。

假设6.5：互联网使用对社会融合有正面影响。

假设6.5.1：网龄越长，社会融合越好。

假设6.5.2：上网频率越高，社会融合越好。

假设6.5.3：网络操作技能越强，社会融合越好。

本书采取个案研究和问卷调查的方法，以对北京市新生代农民工的相关分析来检验上述假设。

从学术界对新生代农民工的定义来看，都强调了其代际概念，即出生于 1980 年以后的青年农民工。① 根据官方对"青年"② 的年龄界定，以及北京市新生代农民工其他调查中的年龄界定，③ 本书将新生代农民工界定为出生于 1980 年以后的农民工。由于无法从正式途径获得完整的抽样框，权且以定额抽样结合滚雪球抽样的方法来选取样本。这样的抽样结果并不能与简单随机抽样做比较。但从理论上讲，在充分考虑样本分布特征的情况下，非概率抽样仍然可以获得非常好的样本代表性。

参考国家统计局 2002 年制定的《国民经济行业分类》（GB/T4754 – 2002)④ 及国家统计局每年发布的《全国农民工监测调查报告》,⑤ 将农民工所从事的行业划分为六大类，即制造业、建筑业、服务业、批发零售业、交通运输仓储和邮政业、住宿餐饮业。对外经贸大学课题组于 2012 年进行的"新生代农民工"调查报告显示，北京市新生代农民工行业分布中，建筑业占 10.3%，制造业占 13.4%，服务业 76.3%。⑥

---

① 周宵、苗笛：《我国新生代农民工问题的研究述评》，《青少年研究（山东省团校学报）》2011 年第 5 期。

② 官方对"青年"的界定，目前主要有以下几种：联合国将 15—24 岁的人定义为青年，世界卫生组织将 14—44 岁的人定义为青年，联合国教科文组织将 14—34 岁的人定义为青年，我国国家统计局将 15—34 岁的人定义为青年，共青团将 14—28 岁的人定义为青少年，我国青年联合会将 18—40 岁的人定义为青年，我国港澳台地区将 10—24 岁的人定义为青年。

③ 2012 年，共青团北京市委在第八届中国青少年发展论坛第五分论坛主题发言中发布了一份题为《新生代农民工发展与服务》的调查报告。报告中显示，北京市 16—35 岁的新生代农民工约 220 万，占全市 5—35 岁人群总数的 23%，且呈现出逐年增加的趋势。参见《北京 16 至 35 岁新生代农民工约 220 万人呈现五大特点》，《劳动和社会保障法规政策专刊》2013 年第 1 期。

④ 国家统计局：《国民经济行业分类》，http://www.stats.gov.cn/，2013 年 10 月 12 日。

⑤ 国家统计局：《2013 年全国农民工监测调查报告》，http://www.stats.gov.cn，2014 年 5 月 14 日。

⑥ 2012 年 6—11 月，廉思领衔的课题组进行了"城市新移民"的"两个典型群体平行调查"，形成了北京"新生代农民工"调查报告和"新生代白领"调查报告。这两次平行调查与共青团北京市委合作，根据北京市青年流动人口的区域分布和行业分布，在 16 个区县，5 个重点行业（制造业、建筑业、批发零售业、住宿餐饮业、商务服务及居民生活服务业），306 个街道乡镇或区域，1761 家基层单位进行了随机抽样调查。参见廉思《中国青年发展报告（2013）No.1——城市新移民的崛起》，社会科学文献出版社 2013 年版，第 119 页。

由于批发零售业、交通运输仓储和邮政业、住宿餐饮业都属于服务业,所以将上述三个行业连同居民服务业平分,即这四个行业占比分别为 76.3%/4≈19.1%。在利用职业进行分层后,由访员接触相关职业的新生代农民工"种子",然后用滚雪球的方式找到其他受访者。

问卷于 2014 年 1—5 月在北京市发放,共发放问卷 501 份,具体发放比例见表 6-1。经数据清理与核查后,共获得有效问卷 500 份,数据分析采用 SPSS 19.0 进行。本章所有的讨论都基于本次调查的结果。

表 6-1　　　　　　　　　问卷发放配比

行业	制造业	建筑业	居民服务业	批发零售业	仓储邮政业	住宿餐饮业	其他	合计
新生代农民工占比(%)	13.4	10.3	19	19	19	19	0.3	100
理论发放数(份)	67	51.5	95	95	95	95	1.5	500
实际发放数(份)	67	52	95	95	95	95	2	501

一　调查对象的基本情况

(一)性别分布结构

调查样本中的男性样本为 257 个,有效样本占 52.7%;女性样本为 231 个,有效样本占 47.3%(见表 6-2)。根据第 33 次《中国互联网络发展状况统计报告》[1] 数据,截至 2013 年 12 月,全国网民男、女比例为 56∶44,本书样本性别分布具有一定的代表性,如图 6-2 所示。

---

[1] 中国互联网络信息中心:第 33 次《中国互联网络发展状况统计报告》,http://www.cnnic.net.cn/hlwfzyj/hlwxzbg/hlwtjbg/201403/t20140305_46240.htm,2014 年 8 月 25 日。

表6-2　　　　　　　　　　性别分布结构

性别		频数(个)	百分比(%)	有效百分比(%)
有效	男	257	51.4	52.7
	女	231	46.2	47.3
缺失	系统	12	2.4	—
合计		500	100.0	—

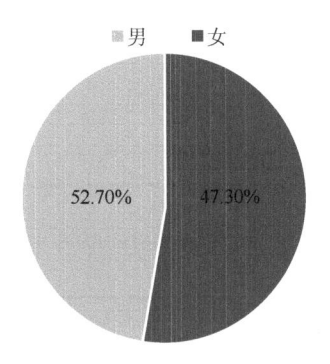

图6-2　性别分布结构

(二) 受教育程度分布结构

北京市新生代农民工受教育程度较高。如图6-3所示，样本的受教育程度集中在初中、高中/中专/技校等水平，受教育程度为中级。其中，初中有效样本占33.1%，高中/中专/技校有效样本占38.2%，大专及以上有效样本占23.8%（见表6-3）。根据国家统计局发布的《2013年全国农民工监测调查报告》数据，新生代农民工中，初中以下文化程度占6.1%，初中占60.6%，高中占20.5%，大专及以上文化程度占12.8%，也就是说，高中及以上文化程度的新生代农民工占33.3%，如图6-3所示。①而北京市的对应比例为62.0%。可以发现，北京市新

---

① 国家统计局：《2013年全国农民工监测调查报告》，国家统计局网站，2014年5月12日，http://www.stats.gov.cn，2014年5月14日。

生代农民工整体受教育程度远高于全国新生代农民工的平均水平。

表6-3　　　　　　　　　受教育程度分布结构

	受教育程度	频数(个)	百分比(%)	有效百分比(%)
有效	小学及以下	24	4.8	4.9
	初中	161	32.2	33.1
	高中/中专/技校	186	37.2	38.2
	大专	81	16.2	16.6
	大学本科	33	6.6	6.8
	硕士及以上	2	0.4	0.4
缺失	系统	13	2.6	—
合计		500	100.0	100.0

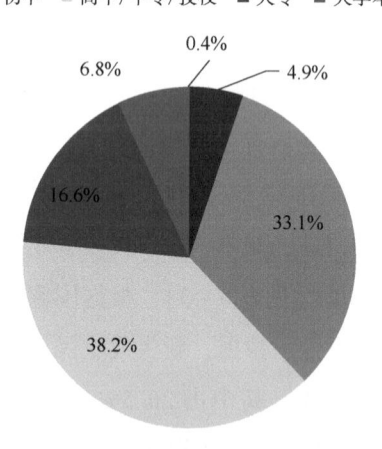

图6-3　受教育程度分布结构

（三）收入分布结构

北京市新生代农民工工资集中在中等偏低水平。如图6-4所示，过半样本工资集中在 2001—4000 元。其中，2001—3000 元的占 31.2%，3001—4000 元的占 22.0%，2000 元及以下的占 13.1%，4001 元及以上的占 33.6%（见表 6-4）。72.3% 的样本收入能维持在京日常开支。

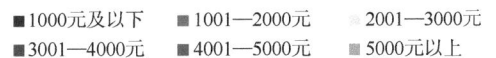

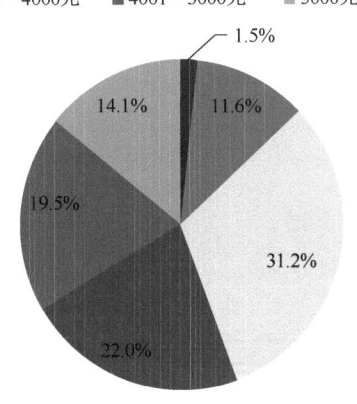

表 6-4　　　　　　收入分布结构（个人平均月收入）

	个人平均月收入	频数(个)	百分比(%)	有效百分比(%)
有效	1000 元及以下	7	1.4	1.5
	1001—2000 元	56	11.2	11.6
	2001—3000 元	150	30.0	31.2
	3001—4000 元	106	21.2	22.0
	4001—5000 元	94	18.8	19.5
	5000 元以上	68	13.6	14.1
缺失	系统	19	3.8	
合计		500	100.0	—

图 6-4　收入分布结构（个人平均月收入）

(四) 单位属性分布结构

过六成新生代农民工在体制外单位工作。如图 6-5 所示，样本工作单位多为体制外单位，如私企等，占 64%；也有 21% 的样本在体制内单位工作，15% 的样本无工作单位，属于自己给自己打工（见表 6-5）。

表 6-5　　　　　　　　工作单位属性分布结构

	工业单位	频数(个)	百分比(%)	有效百分比(%)
有效	体制内单位(如国企、事业单位)	101	20.2	21.0
	无工作单位，自己给自己打工（如出租车司机、自由职业者、包工头、商贩等）	72	14.4	15.0
	体制外单位(私企、外企、合资企业)	307	61.4	64.0
缺失	系统	20	4.0	
合计		500	100.0	—

■ 体制内单位（如国企、事业单位）
　 无工作单位，自己给自己打工（如出租车司机、自由职业者、包工头、商贩等）
■ 体制外单位（私企、外企、合资企业）

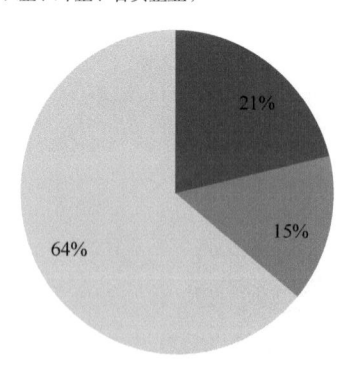

图 6-5　工作单位属性分布结构

（五）网龄

过半新生代农民工的网龄在3年以上。其中，5年以上的占样本总量的37.4%，3—5年（含5年）的占25.8%，2—3年（含3年）的占14.9%，1—2年（含2年）的占10.9%，半年至1年（含1年）的占4.4%，半年或半年以下的占6.6%。

（六）上网频率

37.5%的新生代农民工周上网天数集中在7天（占37.5%），即天天上网。每周上网6天、5天、4天、3天、2天、1天的分别占9.7%、11.3%、6.8%、12.2%、9.5%、13.1%。

二 调查对象互联网使用对社会发展各指标的影响分析

根据本书设计的框架模型，采用分层多元回归分析探讨互联网使用对新生代农民工社会发展的影响作用。第一步的回归分析使用控制变量（即人口统计变量）来预测新生代农民工社会发展，第二步的回归分析加入了互联网基本使用情况（网龄、上网频率、网络操作技能），第三步分析加入了网龄与上网频率相乘求得的交互项（见表6-6）。

由于因变量并不是正态分布，采用开根号的方式，得到的变量近似正态分布，且通过方差齐性检验。由于共线性统计量中的容差大于0.300且小于0.950；VIF小于3.2，远小于临界值5；特征值均不为0，且条件指数（CI）均小于10，说明模型中不存在多重共线性问题，这些条件都符合回归分析的基本假定，所以认为回归模型有效。

通过以上回归分析，发现人口统计变量（如受教育程度、行业、单位属性）对新生代农民工社会发展具有重要影响。本书假设6.1.3、假设6.2.3、假设6.3.3、假设6.5.3得到证实，假设6.4.1、假设6.4.2

表6-6　互联网使用与新生代农民工社会发展的多层回归模型

变量	信息获取 模型1	信息获取 模型2	信息获取 模型3	知识习得 模型1	知识习得 模型2	知识习得 模型3	社会网络建构 模型1	社会网络建构 模型2	社会网络建构 模型3	意见表达 模型1	意见表达 模型2	意见表达 模型3	社会融合 模型1	社会融合 模型2	社会融合 模型3
人口统计变量															
性别(女=0)	0.016	-0.008	-0.007	-0.035	-0.056*	-0.057*	0.022	0.002	0.000	-0.007	-0.001	0.001	-0.019	-0.031	-0.031
年龄	-0.003	0.003	0.003	-0.005	0.001	0.001	-0.003	0.002	0.002	0.002	0.001	0.001	0.001	0.004	0.004
受教育程度	0.066***	0.040**	0.037*	0.053***	0.024	0.020	0.044*	0.025	0.020	0.010	0.014	0.018	-0.013	-0.022**	-0.021**
收入	0.018	0.015	0.016	0.020	0.018	0.018	0.006	0.002	0.004	0.019*	0.019*	0.018	-0.010	-0.010	-0.010
制造业(服务业=0)	-0.015	0.004	0.008	-0.031	-0.013	-0.007	-0.201***	-0.207***	-0.199***	0.049	0.044	0.038	0.011	0.020	0.019
建筑业(服务业=0)	-0.190***	-0.112*	-0.092	-0.225***	-0.137	-0.111*	-0.144*	-0.082	-0.069	0.121*	0.108*	0.078	0.013	0.045	0.034
体制内单位(无工作单位=0)	0.089	0.101*	0.085	0.144**	0.150**	0.130**	0.039	0.034	0.017	-0.085	-0.086	-0.062	-0.037	-0.030	-0.021

· 204 ·

续表

变量	信息获取 模型1	信息获取 模型2	信息获取 模型3	知识习得 模型1	知识习得 模型2	知识习得 模型3	社会网络建构 模型1	社会网络建构 模型2	社会网络建构 模型3	意见表达 模型1	意见表达 模型2	意见表达 模型3	社会融合 模型1	社会融合 模型2	社会融合 模型3
体制外单位（无工作单位=0）	0.099*	0.102*	0.087*	0.115*	0.108*	0.092*	-0.018	-0.024	-0.040	-0.134**	-0.131**	-0.109**	-0.032	-0.030	-0.021
R^2(%)	0.217	—	—	0.223	—	—	0.111	—	—	0.128	—	—	0.024	—	—
互联网基本使用情况															
网龄	—	0.000	-0.004	—	0.004	0.000	—	0.013	0.010	—	-0.007	-0.001	—	0.005	0.007
上网频率	—	-0.008	-0.008	—	-0.001	-0.002	—	0.000	-0.001	—	0.003	0.003	—	-0.009*	-0.009*
网络操作技能	—	0.102***	0.101***	—	0.101***	0.101***	—	0.074***	0.073***	—	-0.009	-0.009	—	0.035**	0.035**
ΔR^2(%)	—	0.134	—	—	0.126	—	—	0.084	—	—	0.004	—	—	0.044	—
网龄×上网频率	—	—	-0.008*	—	—	-0.009*	—	—	-0.009	—	—	0.011**	—	—	0.004
ΔR^2(%)	—	—	0.01	—	—	0.011	—	—	0.010	—	—	0.026	—	—	0.005
总 R^2(%)	—	0.361	—	—	0.361	—	—	0.205	—	—	0.158	—	—	0.073	—

得到部分证实(即网龄与上网频率的交互项),假设6.1.1、假设6.1.2、假设6.2.1、假设6.2.2、假设6.5.2得到证伪(即这几个变量对新生代农民工社会发展有阻碍作用),其他假设均未得到证实。

(一)信息获取的影响因素

人口统计变量中的受教育程度、行业和单位属性对被调查者网络信息获取有影响。受教育程度越高,网络信息获取程度越高($\beta = 0.066$, $p < 0.001$)。建筑业比服务业的被调查者网络信息获取程度低($\beta = -0.190$, $p < 0.001$)。体制外工作单位比无工作单位的被调查者网络信息获取程度高($\beta = 0.099$, $p < 0.05$)。受教育程度对网络信息获取具有正向影响。一方面,受教育程度高的人网络接触多,从而能更多地获取和利用网络信息,这与王颖等的研究发现相一致;[1] 另一方面,受教育程度越高,对互联网的有用性和易用性感知越强,从而能够积极使用网络获取信息,这与陶建杰的研究结果相一致。建筑业的被调查者相较于服务业接触网络较少,网络信息获取程度也较低。体制外单位的被调查者比无工作单位的被调查者网络信息获取程度高,可能是因为体制外单位环境开放,对网络有用性的感知强,便会积极使用互联网获取信息,陶建杰的研究也证实了这一点。[2]

当控制了人口统计变量的影响后,网络操作技能越强,网络信息获取程度越高($\beta = 0.102$, $p < 0.001$)。网龄、上网频率对信息获取均无显著影响,但是,二者交互项对信息获取具有负向影响($\beta = -0.008$, $p < 0.05$),说明使用网络多,并不意味着更多地获取有用的工作和生

---

[1] 王颖、白美玲、王芳:《天津市外来务工人员信息获取情况及其影响因素调查》,《电子政务》2013年第5期。

[2] 陶建杰:《新生代农民工信息渠道使用意愿的影响因素研究》,《南京农业大学学报》(社会科学版)2013年第2期。

活信息，反而会起到负面作用。

(二) 知识习得的影响因素

人口统计变量中的受教育程度、行业和单位属性对被调查者网络知识习得有影响。受教育程度越高，网络知识习得程度越高（β=0.053，$p<0.001$）。建筑业比服务业的被调查者网络信息获取程度低（β=-0.225，$p<0.001$）。体制内工作单位的比无工作单位的被调查者网络信息获取程度高（β=0.144，$p<0.01$）。体制外工作单位的比无工作单位的被调查者网络信息获取程度高（β=0.115，$p<0.05$）。受教育程度高的人网络接触越多，也越有利用互联网习得知识的习惯。建筑业比服务业被调查者网络知识习得程度低，本书中的服务业主要包括服务餐饮业、邮政仓储业、快递业、居民服务业等，相比于建筑业，一部分服务业的工作条件已经实现了网络化，而且由于服务业相对宽松的工作环境，工人的上网机会也较建筑业多。此外，服务业工作流动性较大，可发展空间也较大，促使被调查者利用互联网这一新型渠道不断充实自己，以求更满意的工作。这一定程度上反映了被调查者具有"自我发展"的意识，并能够利用互联网促进自我发展。有工作单位（包括体制内和体制外工作单位）的相较于无工作单位的被调查者，可能前者受工作环境的影响，促使他们更积极地利用互联网习得知识。

当控制了人口统计变量的影响后，网络操作技能越强，网络信息获取程度越高（β=0.101，$p<0.001$），说明了网络操作技术对被调查者的重要意义。网龄和上网频率交互项对信息获取具有负向影响（β=-0.009，$p<0.05$），说明并不是用网越多，就会越多地去主动学习对工作和生活有帮助的知识，反而有可能将时间耗费在其他网络活动上。

(三) 社会网络建构的影响因素

人口统计变量中的受教育程度、行业和单位属性对被调查者利用互联网构建社会网络有影响。受教育程度越高,利用互联网构建社会网络的程度越高（$\beta=0.044$, $p<0.05$）。制造业比服务业的被调查者利用互联网构建社会网络的程度低（$\beta=-0.201$, $p<0.001$）。建筑业比服务业的被调查者利用互联网构建社会网络的程度低（$\beta=-0.144$, $p<0.05$）。受教育程度越高,越善于利用互联网拓展社交网络。服务业比制造业和建筑业的被调查者利用互联网构建社会网络的程度高,是由于服务业是一个面向消费者的行业,具有较强的人际互动性；而制造业和建筑业是面向机器或实物的行业,具有较强的人机（或人与物）互动性,前者更多地利用互联网实现工作单位内外的职业信息交流。如以服装销售为代表的批发零售业被调查者,在工作中运用微信等新媒体维持并强化自己与同事的交往关系,也借助微信和 QQ 积极拓展面向客户的营销网络,将网络等新媒体运用于工作中。

当控制了人口统计变量的影响后,网络操作技能越强,利用互联网构建社会网络的程度越高（$\beta=0.074$, $p<0.001$）,说明了互联网基本技能对他们社会网络拓展的重要性。

(四) 意见表达的影响因素

人口统计变量中的收入、行业和单位属性对被调查者利用网络意见表达有影响。收入越高,网络意见表达程度越高（$\beta=0.019$, $p<0.05$）。建筑业比服务业被调查者网络意见表达程度高（$\beta=0.121$, $p<0.05$）。体制外单位的比无工作单位的被调查者网络意见表达程度低（$\beta=0.0134$, $p<0.01$）。收入越高的被调查者,对社会事务的关注程度较高,也有较强的意见表达意愿。建筑业比服务业被调查者网络意见表达程度高,可能是因为建筑业农民工所处的工作环境更为恶劣,从而有更多表达的话题。体制外单位的较无单位的被调查者网

络意见表达程度低，对社会的态度也较为积极，对待社会热点事件较为理性。而无工作单位的被调查者通常以"看客"和"谩骂"的身份与态度在网络上发表意见，这在一定程度上说明了没有工作单位的被调查者网络意见表达的非理性，以及工作单位所带来的归属感使被调查者更为理性、平和。

当控制了人口统计变量的影响后，网龄和上网频率交互项越高，网络意见表达程度也高（$\beta = 0.011$，$p < 0.01$），说明上网的量在一定程度上与在网上进行意见表达的活跃度有关系。

（五）社会融合的影响因素

人口统计变量对被调查者社会融合无显著影响。

上网频率越高，社会融合越差（$\beta = -0.009$，$p < 0.05$）。说明上网越频繁的被调查者，对家乡文化保持越差，对自己与城市的关系持较为消极的态度。上网较多对他们保持家乡文化构成了一定的冲击，也影响了他们的思想观念；但同时对他们与城市的融合并未产生正向影响，他们仍然觉得自己无法融入城市。当然，上网频率与社会融合具有一定程度的相互影响关系，即对自己与城市关系的感知较为消极的被调查者，越会频繁上网，将自己从城市生活中抽离出来，在网络空间找到新的存在感。

网络操作技能越强，社会融合越好（$\beta = 0.035$，$p < 0.01$）。网络操作技能越强，对家乡文化的保持和对自己与城市关系的感知也越好，能够兼容家乡与城市的特点，也能够较好地适应城市生活。

量化分析结果显示，本书所调查的新生代农民工的人口结构特征，尤其是受教育程度、行业、单位属性等要素，对其利用互联网来实现个人社会发展具有显著影响。以北京市为例，受教育程度越高的新生代农民工，其网络信息获取和知识习得程度也越高，利用互联网构建社会网络的程度也越高。服务业的新生代农民工比建筑业的新生代农民工，更能够积极利用互联网获取信息、学习职业和生活知识，并较为积极地构建自己的社会网络。有工作单位的比无工作单位的新生代农民工，从互联网获取信息和习得知识的程度都较高。这在一定程度上说明了外部结构性因素如教育程度和工作环境、工作性质对新生代农民工利用互联网实现社会发展的重要影响。

从互联网使用这一要素来看，互联网使用情况确实影响到了北京市新生代农民工社会发展的各个维度，其中，网络操作技能的正向影响尤为显著，而网龄、上网频率的单项影响大多不显著，这在一定程度上说明了网络基本运用能力对北京市新生代农民工社会发展的重要意义。国外已有研究发现，互联网设备质量和操作技能间接影响到互联网使用带来的个人资本增强（Capital Enhancing），[1] 缺乏在网上找到有用信息的技能，会阻碍人们的网上行动。[2] 赵联飞对于大学生互联网使用情况的实证研究也表明，网络应用技能和大学生所在环境影响了大学生对于互联网的运用及其功能实现。[3] 另外，网龄越长并且上网频率越高的新生代农民工，其网络信息获取和知识习得行为反而较弱，这说明对互联网这一新兴媒体的使用量的增长并不必然对应着信息和知识的增长，过多沉溺于互联网反而会阻碍信息的获取和职业、生活知识的习得。如前面的质化研究结果也表明有的新生代农民工网龄很长，上网也很频繁，但上网的内容却很单一，主要

---

[1] Paul Di Maggio, Coral Celeste, "Digital Inequality: from Unequal Access to Differentiated Use", in Kathryn M. Neckerman ed., *Social Inequality*, New York: Russell Sage Foundation, 2004, pp. 355 - 400.

[2] Eszter Harggittai, "Second - Level Digital Divide: Mapping Differences in People's Online Skills", *First Monday*, Vol. 7, No. 4, 2002; Eszter Harggittai, "Informed Web Surfing: The Social Context of User Sophistication", in Jones, S. Howard, P. N., *Society Online: The Internet in Context*, Thousand Oaks, CA: Sage Publications, 2003.

[3] 赵联飞：《中国大学生中的三道互联网鸿沟——基于全国12所高校调查数据的分析》，《社会学研究》2015年第6期。

用于娱乐（如打游戏、看电影、听歌等）和聊天。因此，就互联网使用对于新生代农民工社会发展的影响而言，网络操作技能具有突出的意义。

从新生代农民工社会发展的五个具体维度来看，互联网使用（包括网龄、上网频率、网络操作技能、网龄×上网频率这几个变量）对信息获取、知识习得、社会网络建构的解释度较高，分别为14.4%、13.7%、9.4%（这里指控制了人口变量影响之后的解释度），而对意见表达、社会融合的解释度较低，分别为3.0%、4.9%（这里指控制了人口变量影响之后的解释度）。这说明互联网使用能够助力北京市新生代农民工基本的信息化生存能力的提升，但是在权益维护和环境适应方面的作用还较为有限。尤其是，互联网反映弱势群体呼声、促进多元对话的这一作用，并未得到积极发挥。这也印证了质化研究部分的发现，即在受访新生代农民工对其互联网日常使用功能的描述中，很少提到通过互联网进行意见表达，也几乎捕捉不到互联网在他们融入城市过程中发挥作用的痕迹。

以上研究发现说明，在信息时代要促进新生代农民工的社会发展，有必要从他们的基本素质提升（如受教育水平的提升）、劳动环境的改善和新媒体素养尤其是操作技能的培育方面着手。就新媒体的现实效用而言，接近性或者说触网只是第一步，真正使互联网对人的发展产生效果，还在于使用者的能力，即本书所测量的"网络操作技能"这个维度。这一部分的研究在理论层面，再次凸显了阿马蒂亚·森在评估人的发展时，强调的"能力"这一指标的重要性。同时在实践层面，也为增强普通民众尤其是弱势阶层互联网使用能力建设的重要性提供了佐证。

因此，在未来的农民工信息政策制定过程中，应充分考虑互联网对农民工社会发展的重要影响，结合新生代农民工相较老一代农民工教育基础好、精力旺盛、知识吸收能力强的特点，一方面通过各种手段使其认识到互联网技术的重要性和发展意义，另一方面有计划、有系统地开展新生代农民工互联网使用技能培训。只有这样，才能帮助农民工真正分享互联网新技术带来的发展机会，才能更贴近信息时代的公平发展。

本章小结

本章基于对北京市新生代农民工的问卷调查，检验了互联网使用（时长、频率、使用技能）对新生代农民工社会发展的五个主要维度，即信息获取、知识习得、社会网络建构、意见表达、社会融合所具有的影响。研究发现，互联网使用对新生代农民工信息获取、知识习得、社会网络建构的影响较为明显，对意见表达、社会融合的影响较弱。在互联网使用的三个基本维度上，操作技能的影响最显著，时长和频率不明显。此外，新生代农民工自身的受教育程度、行业和单位属性也会对其互联网使用的发展效应产生影响。

这一部分量化研究的结果与前一章质化研究的结果相互印证，说明互联网新媒体作为新生代农民工城市化、网络化进程中的重要力量，不仅作为"日常存在"进入新生代农民工的生活世界，使后者浸淫其中，同时在其实现"发展"的过程中发挥作用。

实证研究的结果破除了人们有关互联网赋权，尤其是在很大程度上促进解决弱势阶层面对的问题的乐观想象。第一，农民工也能上网，因此能极大受益于互联网。这只是理论上的假设。能上网和能否用好网是两回事，从前面的分析可以看到，如果没有掌握更多有用的操作技能而仅仅是在娱乐、聊天等休闲类的互联网使用上低水平重复，上网时间越长、频率越高反而越会阻碍农民工的社会发展，甚至会"使人越来越懒"。因此，掌握更多有用的网络操作技能，把网用好才能真正发挥互联网促进发展的功效。第二，互联网能解决的问题是有限的，或许它可以帮助农民工获得更多的工作和学习信息，掌握更多的知识，拓展其社会交往网络，在职业的提升、生活的便利等方面有明显改善；但是，在切近民主、平等这样的社会核心问题上，互联网的作用是有限的，勇敢的表达、对自身权益的维护、与城市的融合，对于农民工而言，并未因互联网的加持而有明显改变。

第七章　农民工阶层的媒介困境及其突破

——解决农民工问题的重要路径之一

农民工群体在改革开放后迅速壮大，已成长为一个举足轻重的新兴社会阶层，这一重要的社会变迁在大众传媒场域得到了充分的呈现。报刊媒体对这一新兴阶层进行了连续多年的报道，捕捉其每一次称谓的变化，积极参与对其的命名和形象建构，对其生存境况进行了多方位的展现。影视作品中也大量出现以农民工为主人公的文本。以农民工为创作主体、面向农民工的打工杂志和打工文学一度勃兴。主流媒体大量报道农民工话题，有的开设农民工专版，使农民工的相关议题在公共话语空间中得到持续呈现；当作为社会弱势阶层的农民工面临不公正待遇时，主流媒体积极报道、呼吁解决，体现了对农民工利益表达权利的维护。随着新媒体空间的拓展，农民工网站、微博、微信公众号、抖音、快手等平台，成为农民工展现自我的多媒体平台。从媒介使用的角度来看，农民工特别是新生代农民工已成为中国数亿新媒体用户的重要组成部分，他们对于信息时代新媒体技术的重要性已有所认识，也开始利用新媒体技术服务于自身的生存与发展，互联网新媒体不仅成为他们数字化存在的一部分，对其城市生存具有重要意义，更具体地在他们的信息获取、知识习得、社会网络建构、意见表达、社会融合等多个方面发挥着不同程度的作用。

但是,农民工在大众传媒场域中依然处于实质性的弱势地位。如同其现实处境一样,农民工亦面临媒介困境。所谓媒介困境,即社会特定阶层或人群在媒介场域中所处的不利境遇,通常体现在媒介形象不佳,缺乏媒介话语权,媒介使用能力较差,不能使媒介充分服务于自身的社会发展等。农民工媒介困境的后果是可能进一步加剧其弱势地位,并影响其现实处境的改善。原因在于作为社会弱势群体,改变自身困境的能力本就薄弱,需要借助有效的利益表达来引起外界重视并争取现实的救助行动。如果利益表达的空间又较为有限,其谋求现实处境改善的机会将受限。同时,新媒体技术对使用者强大的"赋技"能力和对现实世界的强力渗透,会使农民工的相对弱势更加突出,即看起来新媒体技术的各种场景化应用是对所有人的"普惠"利好,但技术越细化,在普惠之外的个别化差异将会更突出。

农民工阶层的媒介困境会加深其现实生存和发展的困境。因此,寻求突破农民工媒介困境的现实方案,是解决农民工问题的重要路径之一。要解决这一问题,从媒介自身及其系统环境来看,择其要者,当是在"以促进社会公平正义、增进人民福祉为出发点和落脚点"[1]的框架下,构建维护性媒介、包容性城市和保护性社会的联结体,同时积极利用媒介技术进步带来的红利,不断推进农民工信息化建设,这是解决农民工媒介困境的现实面向,也是媒介正义的内在要求。

---

[1] 《中国共产党第十八届中央委员会第三次全体会议公报》,https://www.gov.cn/ducha/2015-06/09/content_2875841.htm,2019年1月20日。

第一节 解困之道：构建维护性媒介、包容性城市、保护性社会的联结体

农民工阶层的媒介困境具体投射在大众传媒场域中，解困之道首先当由媒介入手。而媒介系统作为社会系统的子系统，其作为难以摆脱所处外部环境的制约。城市与社会是现代传媒业的基本运转空间，因此，要调整媒介行为，需要媒介、城市、社会三者联动。基于农民工阶层的弱势地位，构建维护性媒介、包容性城市与保护性社会的联结体，将是帮助农民工阶层摆脱媒介困境的首要路径。

一 维护性媒介

在现代新闻业的发展历程中，正义始终作为其价值追求和职业道德要件被置于突出地位。中国早期报人推崇"立论一秉公平，其居心务期诚正"[1]，秉持"本报纪事，以直为主。凡事关大局者，必忠实报闻，无所隐讳。……本报纪事，以正为主。凡攻评他人阴私，或轻薄排挤，借端报复之言，概严屏绝，以全报馆之德义"[2] 的新闻职业理念。19世纪末20世纪初，美国的"扒粪运动"对社会问题的揭露，体现了在早期新闻媒体对正义的诉求和践行。这一精神延续至今，并体现在各类报业公约、新闻职业守则中，成为新闻业安身立命的内在基础。

正因为以新闻媒体为代表的大众传媒在社会正义实现中所具有的重要作用，"媒介正义"的理念应运而生。"媒介正义是指媒介传播过程中各种因素达到的理想状态，其基本内涵是要在媒介传播活动的过

---

[1] 王韬：《弢园文录外编》，辽宁人民出版社1994年版，第299页。
[2] 戈公振：《中国报学史》，岳麓书社2011年版，第129页。

程和结果中体现公平正义的精神。"① 基于这一认识,研究者认为,媒介正义的构成要素包括传播资源渠道的分配正义、涉及传播过程的程序正义、涉及传播信息内容的信息正义和涉及传播者和接受者关系的人际正义四个维度。当然,也有研究者认为,媒介正义应涵盖理念、制度、实践三个要素。②

站在新的历史起点上,推进公平正义社会的建设,将是未来中国社会主义建设的主要目标。《中国共产党第十八届中央委员会第三次全体会议公报》指出,"以促进社会公平正义、增进人民福祉为出发点和落脚点"。中国的社会转型也开始进入"话语转换:从改革到建设公平正义社会"③的新阶段。在这一历史背景下,大张旗鼓地呼吁媒介正义正当其时。

媒介正义是社会正义的重要组成部分,也是实现社会正义的重要手段之一。大众传媒应当以服务公共利益作为其一切实践的落脚点。在这个意义上,格外重视并且尊重处于社会弱势地位的阶层和群体便成为考量社会良心和媒介操守的重要标准。对于大众传媒而言,如何给农民工阶层一个适宜的命名并不断在舆论建设中为其正名,让他们拥有与自身的历史性贡献相配的社会称谓;如何在对这一阶层的报道中按照正义的标准去取舍事实,客观而有温度地呈现这一阶层,为他们留下令人尊敬的媒介镜像;如何真实地展露他们的社会处境,尤其是分析那些对他们的生存和发展构成重大障碍的因素,从而引发社会对这一阶层的关注与行动上的支持;如何对他们保持一以贯之的关注,为他们提供发声的渠道,从农民工阶层自身的立场去表达其利

---

① 袁靖华:《论媒介正义的概念及其维度——基于拉斯韦尔"5W"传播模式》,《国际新闻界》2012年第4期。
② 李学孟:《媒介正义论纲》,吉林出版集团股份有限公司2016年版。
③ 孙立平:《确立社会转型新思维》,载厉以宁、林毅夫、周其仁等《读懂中国改革·1,新一轮改革的战略和路线图》,中信出版社2017年版,第119页。

益诉求……这些都应该是大众传媒的行动目标。

鉴于此,有必要首先呼吁正视农民工阶层所处的媒介困境,认识当下媒介公共话语空间中所存在的对于农民工阶层而言尚不尽合理的现象。

另外,应考虑如何在传媒事业的制度设计上实现对弱势阶层利益的维护。中国的传媒事业目前还处在重点应对数字化、全球化带来的国家治理挑战的阶段。"在评估政策时忽略技术上的效率而支持正义才会使弱势群体获益。"[1] 效率与正义并非一定是对立关系,在传媒政策的制定上积极考量效率与正义的平衡,应是未来中国传媒事业发展的方向。

因此,在保护弱势阶层的意义上倡导各类媒体对农民工阶层的更多关注和对后者权益的积极维护,是在媒介自身维度上解决农民工媒介困境问题的核心。

二 包容性城市

中国农民工的发展历程和中国的城市化进程是同步的,或者说农民工是城市化的产物。农民工问题在一定程度上也是城市化问题的投射。中国城市化进程中所呈现出来的一系列问题,暴露出城市空间生产的某些非合理性。传媒领域所存在的关于农民工的非合理性现象,是城市化过程中所形成的城市非合理性现象的复现。因此,要真正解决农民工的媒介困境问题,要从调整其来源即构建正义城市入手。

中国的城市化过程经历了几个大的发展阶段,1949—1978年:"二元社会"下的缓慢城市化阶段;1978—1984年:恢复性城市化

---

[1] [美]苏珊·S.费恩斯坦:《正义城市》,武烜译,社会科学文献出版社2016年版,第55页。

阶段；1985—1991年：小城镇推动城市化阶段；1992—2005年：城市化的全面推进阶段；2006年以来，进入城市化的快速提升阶段。在这一过程中，出现了失业失地农民逐渐增多，生态和城市环境问题严峻，城乡差距过大，城乡二元化矛盾尖锐，城市化的区域差异大，房价飞涨，交通拥堵，人口剧增，"准城市化人口"（农民工）与城市内部社会二元结构凸显等突出问题。[1] "城市化是空间的生产与再造，城市化过程中产生的诸多问题本质上就是城市空间生产、分配、交换和消费的问题，是城市空间生产、分配、交换、消费是否合理，是否合乎正义的问题。"[2] 在这个意义上，城市化所带来的问题凸显了中国城市空间生产的非合理性，这种非合理性的一个作用对象便是农村和农村人口，在身处城市物理空间的农民工那里表现得尤为突出。

列斐伏尔将空间分为物理性空间、精神性空间和社会性空间。[3] 空间不仅仅是一个物理存在，它同时有精神和社会的维度。就空间的社会维度而言，空间是社会关系存在的空间，甚至可以说正是社会关系使得空间具有了实际意义。中国始自20世纪50年代的城乡区隔政策，从制度层面上造就了城市与乡村从物理空间、社会空间到精神文化空间的疏离。20世纪90年代以来，在势不可当的农民进城大潮下城乡接合部"城中村"的出现，作为城市步步后退却又坚持"抵挡"的结果，则凸显了城市空间的非合理面向——在同一个城市物理空间之下，并置着"城""乡"两类反差巨大的空间，一边是整洁体面的居所，

---

[1] 张天勇、王蜜：《城市化与空间正义——我国城市化的问题批判与未来走向》，人民出版社2015年版，第11—45页。

[2] 张天勇、王蜜：《城市化与空间正义——我国城市化的问题批判与未来走向》，人民出版社2015年版，第45页。

[3] ［美］Edward W. Soja：《第三空间——去往洛杉矶和其他真实和想象地方的旅程》，陆扬等译，上海教育出版社2005年版，第78—79页。

一边是脏乱无序的窝棚。"随着城市化进程的加快，城市空间生产过程中出现了空间权力失范、空间权利缺失、空间资源配置不均、空间生产成果难以共享等问题。随之而来的是城市居住区域不断等级化、失地与失居人数不断增加，农民工的身份歧视与排斥不断凸显，最终导致了城市空间分异与社会分化的加剧。"[1] 农民工在城市空间的生存困境实则是城市空间生产非合理性的直观体现。

城市空间生产的非合理性渗透在大众传媒之中成为大众传媒非合理性行为的重要来源。以城市为核心和优先的制度设计导致城市空间对于进城农民工的抗拒，这一基调也渗透在以城市利益作为优先考量的城市文化氛围中。作为城市文化承载者的大众传媒，其生产者和主要受众皆为浸淫于城市文化之人，虽然其中不乏头脑清醒、洞察世事之人，但在主流城市文化的裹挟之下，尤其是在以受众为导向的媒介经营律令之下，为迎合民间舆论，也不免在媒介话语生产过程中掺杂进了对于进城务工的农民工非合理化的表达。21世纪以前，大众传媒中对农民工的歧视话语即由此而来。而随着国家对农民工政策的调整和城市文化包容性的增强，这种氛围有所改观，并日益向好。

因此，修正城市空间生产的非合理性，构建包容性城市是农民工阶层走出媒介困境的重要通路。对于农民工阶层而言，新的城市空间意味着开放包容、赋予其与市民同样生存权利的现代空间，其核心在于使农民工阶层真正享有"进入都市的权利"。列斐伏尔所提出的"进入都市的权利"强调："进入都市的权利所指的，就是一种有待实现的总体性。这不是一项自然的权利，当然，也不是一项契约性的权利。用最'现实'的术语来说，它指的是城市居民的权利，还有那些在交通、信息和交易的网络与流通中出现而结成（在社会关系的基础上）的团体

---

[1] 任政：《空间正义论：正义的重构与空间生产的批判》，上海社会科学院出版社2018年版，第8页。

的权利。它所依靠的,既不是某种都市的意识形态,也不是建筑学的介入,而是都市空间最核心的本质或属性:构成性中心。"① 所谓构成性中心,"涉及商业中心(它汇集了产品和物品)、符号中心(它将意义汇集起来并加以共时化)、信息中心、决策中心等"②。也就是说,身体进入城市并不意味着真正进入城市,而是要获得城市居民的权利,这一权利依赖与商业中心、符号中心、信息中心、决策中心发生联系,在财富的分配、符号意义的赋予、信息的交换以及决策的考量中都成为享有权利的主体,而不是被"排斥"的对象。因此,对农民工阶层"进入城市的权利"的主张,意味着要求城市在财富分配、符号意义赋予、信息交换、城市发展决策、知识生产等多个维度上都为包括农民工阶层在内的边缘人群赋权,让其真正享有城市居民的权利,这是农民工阶层走出媒介困境的必然道路。

三 保护性社会

社会是个体、群体和组织的生存环境,什么样的社会,赋予生活其中的人什么样的可能性。正义社会是古今中外诸多哲人和政治共同体所向往和追求的理想社会形态。虽然"正义"是一个具有历史性的概念,不同历史情境下,对于何为"正义"有不同的认知;在不同的政治哲学家那里,"正义"也具有各不相同的内涵。但在现代社会,人们还是对正义社会所应达致的公平、公正、平等、自由的目标形成了基本共识。

社会正义常被认为是一种理想,难以真正实现。但一个社会是否遵从正义的原则却会实实在在地影响到制度设计进而影响到社会的现

---

① [法]亨利·列斐伏尔:《空间与政治》(第二版),李春译,上海人民出版社2015年版,第13页。
② [法]亨利·列斐伏尔:《空间与政治》(第二版),李春译,上海人民出版社2015年版,第13页。

实运行。因此，理想中的社会正义或许难以真正实现，但以正义的观念来指导社会制度的设计却可以不断接近这一目标。罗尔斯说，"正义是社会制度的首要德性"①，正是指出了正义作为社会制度的伦理基础的重要意义。

农民工阶层的媒介困境来源于在社会分配和社会承认两方面的弱势地位。经典的社会分配主要涉及物质资料的分配。在这一层面，农民工阶层在物质分配领域处于弱势地位，这一得到普遍承认的现实是农民工阶层整体上处于弱势地位的物质性原因。事实上，分配也包括对非物质资料如话语权的分配。话语权的核心是利益表达权利，这种表达如果失衡，可能造成社会不公。"这种失衡体现在两个方面：一是部分弱势群体在政治领域处于失声状态，缺乏有效的机制合法表达其正当的利益诉求，部分得以表达的正当利益诉求也未能得到政府的及时回应；二是强势群体拥有丰富的资源，运用不同的策略，对政府的决策产生着巨大的影响。"② 农民工阶层在大众传媒场域的弱势地位来源于其缺乏足够的经济、文化资源及在此基础上对应的公共话语资源。

中国农民工阶层的社会地位虽然得到了认可，但在其城市活动实践中，农民工阶层未被完全接纳，这一矛盾的现实最终指向的还是对于农民工社会承认的匮乏。社会承认往往借助语言、符号以声誉、形象、地位等要素体现出来。作为公共话语平台，大众传媒对社会阶层/群体的命名、形象建构和意义赋予是社会承认的重要表征。因而，中国农民工阶层的媒介困境也是这一阶层在社会承认维度上遭遇阻力的结果。一个保护性社会将在包括社会承认维度在内的若干层面上给予

---

① [美] 约翰·罗尔斯：《正义论（修订版）》，何怀宏、何包钢、廖申白译，中国社会科学出版社 2009 年版，第 3 页。
② 殷冬水、周光辉：《利益表达平衡：社会正义的内在要求——我国社会不公发生逻辑与社会正义实现方式的政治学分析》，《江汉论坛》2013 年第 2 期。

弱势阶层有力的支撑。

综上，作为现代城市、同时也是现代社会组成要素之一的大众传媒，对弱势阶层表达权益的维护是对城市非理性行动的纠正，这是通往城市正义的道路之一。"从顶层设计的角度推进城市制度变革，为公共空间中的多样化群体提供体制和意识形态工具，赋予他们政治代表性，保护他们的文化传统和合法权益，是构建城市正义的必然取向。"[1]拥有媒介话语权，能够在公共话语平台诉求自身的合法权益，从而在经济收入、法律权益、社会福利、社会声望等各个方面为自己争取到公正、平等的对待，是农民工阶层城市化生存和发展的迫切需求。在另一个维度上，得到承认与尊重，包括在符号和话语层面上被给予公正的对待——去除歧视和偏见，被形塑与其社会贡献相匹配的形象，既不被俯视，也不被刻意拔高或"踩低"，这也是农民工阶层在社会文化层面上对媒介的实质性要求。媒介在这个维度上的呼应，对于实现以城市空间多元群体间的相互认可与尊重为表征的城市正义，将会起到积极的促进作用，也将是实现"以促进社会公平正义、增进人民福祉为出发点和落脚点"[2]这一目标的有益路径。

第二节 解困之道：农民工信息化建设

在信息社会和媒介社会，信息与符号的分配、流通和使用是否正义对于城市正义和社会正义具有突出的表征意义，也构成了媒介正义的核心命题之一。一个现实是信息社会世界峰会（WSIS）指出的现象在今天依然适用："世界上大部分人并未享受到信息技术的成果，如果

---

[1] 魏强、庄友刚：《城市正义的历史生成与中国建构》，《理论与改革》2019年第4期。
[2] 《中国共产党第十八届中央委员会第三次全体会议公报》，https://www.gov.cn/ducha/2015-06/09/content_2875841.htm，2019年1月20日。

信息仅是为那些已经享有较高水准生活和较好传播机会的人们增添新的可能性,而不是为所有的人创造接触信息的平等机会,那么,我们一切的努力将以失败告终。"①

当信息化、网络化生存逐渐成为现代社会的突出特征时,曼纽尔·卡斯特就不无忧虑地指出,"不平等的现象有再生产/复制自身的趋势,也就是低收入及低教育者在以知识作为基础的经济体中发展的机会少之又少。发展到最后,贫困将成为结构性区块,由那些不能满足信息劳工要求的人口所组合而成"②。在中国大步迈向信息社会的进程中,传统的社会阶层差异也随之增加了"信息分层"这一维度,以农民工阶层为代表的信息中下阶层呈现出在信息化浪潮的裹挟下亦步亦趋,既拥有了潜在的媒介赋权又无法超越生存性传播的困窘局面。如何在"数字鸿沟"的传统解读之外看待社会弱势阶层在信息社会的生存境遇,并探寻借力新兴传播技术服务于他们的社会发展之道,不仅是丰富传播研究的理论需求,更是社会实践提出的紧迫课题。在今天,讨论包括农民工阶层在内的弱势阶层面对的正义问题时,是无法回避农民工的信息化生存问题的。

一 信息社会、信息化与新媒体

信息社会是自农业社会和工业社会之后人类正在经历的一个重要历史时期,"信息化""数字化""全球化""网络化"等成为描述一个时代特征的代表性词汇。何谓信息社会?面对各种各样的答案,英国学者韦伯斯特给出了最具条理化的总结,即信息社会具有丰富的面向——从科技的角度出发,它是一个信息传播科技(Information and

---

① 转引自徐佳《从"人民报刊"到"全球人民的互联网"——在全球信息传播新格局中探索马克思主义新闻观》,《当代传播》2016年第6期。
② [美]曼纽尔·卡斯特:《千年终结》,夏铸九、黄慧琦等译,社会科学文献出版社2003年版,第151页。

Communication Technologies，ICTs）成为主导的社会形态，信息传播科技之于信息社会的意义如同机械化之于工业社会的意义；从经济的角度出发，它是一个信息活动取代农业和工厂制造业而占据经济活动大部分的社会形态；从职业的角度出发，信息社会来临的标志是以熟练运用信息为特征的人士在整个职业人群中占据了突出优势；从空间的角度出发，在信息社会里，信息流通和信息网络彻底修正了时空关系，时间和距离的限制从根本上被解除了；从文化的角度出发，信息社会是一个媒介饱和的环境，生活的精髓在于符号化以及信息的交换。正是这些不同维度的总和，组成了一个新的社会类型——信息社会。[1] 这个社会形态最引人注目的是它的主导元素由工业时代的机械生产变成了信息时代的信息生产，由此也对人的生活方式进行了全方位的重构。而信息社会也普遍被认为是人类社会发展的必然方向。

信息社会的实现基础是信息化。如同工业化这个概念指出了从农业社会向工业社会转型的这一历史过程一样，信息化也是一个从工业社会向信息社会进发的过程，这一过程以信息成为社会运行命脉和对信息技术的追求与广泛运用为突出特征。所谓信息化，从学者给出的各种定义来看，都指向了信息传播技术这一基础要素。较早地提出信息化这一概念的日本学者梅棹忠夫（Tadao Umesao）认为，信息化是指通讯现代化、计算机化和行为合理化的总称。[2] 中国经济学家林毅夫也强调了信息传播技术的基础意义，"所谓信息化，是指建立在ICT产业发展与ICT在社会经济各部门扩散的基础之上，运用ICT改造传统经济和社会结构的过程"。[3] 正是这样，各国在操作层面上都将大力发展现代通信和计算机技术、数字技术作为向信息社会迈进的主要途径。

---

[1] ［英］弗兰克·韦伯斯特：《信息社会理论》（第三版），曹晋、梁静、李哲等译，北京大学出版社2011年版，第10—27页。
[2] 谢康、李礼、谭艾婷：《信息化与工业化融合、技术效率与趋同》2009年第10期。
[3] 林毅夫：《信息化-经济增长新源泉》，《科技与企业》2003年第8期。

从美国1993年宣布实施"国家信息基础设施"（National Information Infrastructure）计划，到20世纪90年代中国启动以金关、金卡和金税为代表的重大信息化应用工程，再到2000年党的十五届五中全会进而把信息化提到国家战略的高度，以及近年来的"村村通"工程、"宽带中国"计划，都是对这一重大历史变化的回应。

事实上，信息化不仅是国家层面上的政策行为，究其实质，更是市场领域内产业发展的自然选择，同时，也深刻地嵌入了普通人的日常生活，用麦克卢汉广为人知的理念来说，不断更新的信息技术为我们引入了新的尺度，全方位地重塑了我们的生活方式。正因如此，在探讨信息化问题的宏大叙事之外，更多地关注个人的信息化历程，具有特殊的意义。而在当今的技术条件下，个人的信息化之路，最直接的依托就是以互联网和手机为代表的新媒体，这些整合了信息通信技术和数字技术的载体，被广泛运用于社会生活，是个人迈入信息社会的直接通道。个人对于新媒体的接近、使用能力以及在此基础之上获取有效信息的程度也是评估其信息化程度的重要指标。

二 农民工信息化问题的提出

农民工为中国的改革开放做出了巨大贡献，长期以来却未能享有与城市人口同样的待遇。同时，由于自身社会经济地位尤其是教育水平的限制，改变劣势地位的能力极为欠缺。在中国社会不断向信息社会迈进的过程中，农民工又面临新的风险，极有可能因为跟不上新技术的发展而落入持续被边缘化的历史境地。

在社会快速信息化的过程中，农民工在下述主要方面处于不利地位。第一，由工业经济向信息化经济转移，连带劳动力部门产生结构性转化，越来越多的职业机会和经济回报出现在信息经济部门，这些部门对信息处理知识的掌握有较高要求，在很大程度上排斥了不具备相关知识的农民工。第二,信息化经济对高教育程度者的回报,以及获得高品质教育的机会日益不平等,这一方面导致农民工由于其教育程度的低下,从事白领职业、获取较高经济回报的空间很小;另一方面较低的收入又反过来制约其对于教育的投入,如此恶性循环,致使农民工群体改变自身状况的希望渺茫。第三,产业生产、劳工及市场的全球化,使中国农民工处于整体性困局,即随着中国成为全球的"制造基地",中国大量的农民工也就被固定在"血汗工厂"的加工者地位,缺乏向信息劳工转型的外部环境。第四,劳动过程个体化及网络化,通过互联网等新技术构建工作网络、合作完成任务的情况会越来越常见,缺乏必要技术武装的农民工,将不可避免地丧失更多的工作机会,或仅仅掌握最初级的技术应用,成为整个资本链条上的低端"数字劳工",被资本剥削。总而言之,信息社会及全球化进程所潜藏的变动,将农民工置于非常不利的境地。而农民工一旦被信息社会抛出在外,将不仅关乎社会运行的公平逻辑,更关乎如何处理由此带来的社会分化愈发严重的现实难题。

因此,如何使农民工跟上信息化的潮流,让他们能够借力新的信息传播技术来实现个人的自我发展,便具有突出的现实意义。

三 农民工信息化的现状

中国政府历来重视"三农"问题,2004—2012 年,党中央、国务院连续九年围绕"三农"问题颁布"中央 1 号文件",每一年的文件都有关于农业农村信息化建设的表述,并呈现出日益重视的趋势。[①] 2006 年,国家信息化专家咨询委员会常务副主任周宏仁在"首届中国农民工信息化论坛"上表示:"政府的管理和服务必须关注农民工,关心农

[①] 王文生:《中央 1 号文件的农业农村信息化政策解读》,《中国农村科技》2012 年第 7 期。

民工的公共服务需求，信息化也必须为农民工服务。"信息化为农民工服务的具体路径为构建"一体化的农民工信息服务系统"①，即一个包含就业、培训、社会保障、权益维护、子女教育、生活等在内的集成信息服务，以充分的信息提供为目标。从首届农民工信息化论坛提出"信息化也必须为农民工服务"的口号，并推出固定电话、移动电话和网络等通信方式的资费进一步向农民倾斜的举措，到2013年湖北推出首家农民工打工综合信息服务平台，利用湖北垄上频道、《打工服务社》栏目、打工手机报、965333呼叫中心等载体，形成一个交叉覆盖的信息服务网络，全方位地为农民工提供信息、培训、维权、生活等服务，再到2015年《国务院办公厅关于支持农民工等人员返乡创业的意见》要求进一步推进农村各类信息平台建设、改善县乡互联网服务，并明确提出"继续深化和扩大电子商务进农村综合示范县工作，推动信息入户，引导和鼓励电子商务交易平台渠道下沉，带动返乡人员依托其平台和经营网络创业"。应该说，在政策层面上，农民工群体的信息需求得到了一定程度的关照。但是，距离农民工真正走上信息化道路尚有很长的征程。

我国为"十二五"科技发展规划而编制的信息化发展指数（Ⅱ），包括表7-1所述内容。

表7-1　　　　　信息化发展指数（Ⅱ）指标体系②

总指数	分类指数		指标
	基础设施指数	1	电话拥有率(部/百人)
		2	电视机拥有率(台/百人)
		3	计算机拥有率(台/百人)

① 周宏仁：《信息化论》，人民出版社2008年版，第363页。
② 信息化发展指数（Ⅱ）指标体系是在国家信息化"十一五"规划的综合性指标——信息化发展指数（IDI）基础上优化而来的。详见国家统计局统计科研所信息化统计评价研究组《信息化发展指数优化研究报告》，《管理世界》2011年第12期。

续表

分类指数		指标
产业技术指数	4	人均电信业产值(元/人)
	5	每百万人发明专利申请量(个/百万人)
应用消费指数	6	互联网普及率(户/百人)
	7	人均信息消费额(元/人)
知识支撑指数	8	信息产业从业人数占比重(%)
	9	教育指数(国外:成人识字率×2/3+综合入学率×1/3 国内:成人识字率×2/3+平均受教育年限×1/3)
发展效果指数	10	信息产业增加值占比重(%)
	11	信息产业研发经费占比重(%)
	12	人均国内生产总值(元/人)

（左侧合并单元格：总指数）

从表7-1可以看到，对于个体而言，信息化至少包括硬件和软件两个方面。硬件上，是对基本设施的占有，其中包括电话、电视机、计算机、上网的通道等。软件上，是对上述信息工具的使用能力和信息的充分供给，前者与教育有关，直接关联利用信息工具获取和有效使用信息、服务自身职业发展与社会生活的能力；后者也是信息化的根本目标。换言之，对于个体而言，评估其信息化水平包括三个基本面向，即信息工具的占有、信息工具的使用能力、是否享有信息的充分供给。

第一，信息工具的占有和使用情况。传统媒体时代，农民工绝大多数处于一种与城市社会相对隔离的亚文化环境中，对正规的大众传媒即广播、电视、报刊等接触很少。[1] 中国中西部地区的农民工媒介使

---

[1] 周宏仁：《信息化论》，人民出版社2008年版，第368页。

用表现出电视普及、广播让位、纸媒接触较低的特点。① 由于网吧的繁荣和手机上网功能的普及,2008 年以后,农民工对新媒体的占有和使用一直呈上升趋势。② 2009 年、2010 年在浙江省宁波市、河南省郑州市的两项调查显示,新生代农民工使用频率最高的媒介是手机。③ 在上海市的调查也表明,新生代农民工的新媒体普及达到很高水平,超过传统媒体,并且对于新媒体的评价也显著高于传统媒体。④ 2012 年大谷打工网发布的国内第一份《基层蓝领手机上网调查报告》显示,74% 的农民工选择手机上网。据 2014 年 1 月发布的第 33 次《中国互联网络发展状况统计报告》,截至 2013 年 12 月,我国网民达 6.18 亿,农村外出务工人员占比 4.0%,即近 2500 万的农民工上网。2016—2017 年的一项调查发现,手机在珠三角新生代农民工的接触比例中高达 96.0%,成为其最主要和最常见的媒体形式;而从媒体接触强度的调查结果来看,使用频率最高和使用时间最长的都是手机媒体。⑤ 从硬件占有和使用状况来说,使用互联网和手机的农民工群体一只脚已经迈入了信息社会。

第二,信息工具的使用能力状况,尤其是利用主动性媒介如电脑、手机等新媒体获取和使用信息的能力。这方面的状况不容乐观。虽然没有关于农民工信息工具使用状况的整体性调查数据,但从分散的研

---

① 党静萍、欧宁、徐春英:《城镇化进程中农民工媒介素养与利益表达研究》,中国社会科学出版社 2015 年版,第 81—82 页。
② 邱林川:《信息时代的世界工厂:新工人阶级的网络社会》,广西师范大学出版社 2013 年版。
③ 包凌雁、徐静:《宁波市农民工媒介使用调查及对策》,《新闻爱好者》2010 年第 2 期;郑素侠:《农民工媒介素养现状调查与分析——基于河南省郑州市的调查》,《现代传播》2010 年第 10 期。
④ 周葆华、吕舒宁:《上海市新生代农民工新媒体使用与评价的实证研究》,《新闻大学》2011 年第 2 期。
⑤ 胡辉:《珠三角新生代农民工媒体使用影响城市融入研究》,《中国市场》2018 年第 2 期。

究报告中可以略知一二，对于农民工来说，虽然和城市人群一样常常上网，但他们上网的内容是比较单一的，聊天（人际交往）、打游戏、看电影、小说（休闲娱乐）占绝大多数，① 以职业发展为目的的网络使用所占比例甚少。当然，随着网络的普及和观念的改变，通过互联网来找工作或者直接借助互联网来工作（如外卖员）的农民工比例逐渐上升。可见，农民工的新媒体使用能力整体偏弱，呈现出"弱信息能力"②的特征，但同时由于受到现实的需求刺激，也有一定提升空间。

第三，对农民工的信息供给状况。信息时代的特征一方面是信息爆炸、信息超载，另一方面是信息供应失衡、信息紧缺，某些人群被排除在信息供应圈之外。中国的传媒界自走上市场化道路以来，"势利眼"现象突出。自20世纪90年代以来，对于以"高学历、高收入、高消费"为特征的中产阶层青睐有加，③ 而处于社会中下阶层的人群如农民工阶层则成为都市媒体的"集体盲区"④，媒体对其既缺乏足够的关注，更谈不上有意识的信息服务，甚至可以说在面对农民工的信息服务上，传统媒体是"失败"的。⑤

由此可见，整体而言，农民工的信息化水平还很薄弱，虽有了一定的硬件基础，但实际享有的信息服务质量堪忧。正如夏铸九所言："数字鸿沟（Digital Divide）中潜藏的更深问题还不是接近通路，而是

---

① 胡辉：《珠三角新生代农民工媒体使用影响城市融入研究》，《中国市场》2018年第2期。

② 郑英隆：《中国农民工弱信息能力初探》，《经济学家》2005年第5期。

③ 何晶：《大众传媒与中国中产阶层的兴起：报刊媒介话语中的中产阶层》，中国社会科学出版社2009年版。

④ 冯恩大：《农民工：都市媒体的"集体盲区"——兼论现阶段大众传媒的角色、功能与责任》，http：//chinamediaresearch.cn，2014年9月12日。

⑤ 邱林川：《信息时代的世界工厂：新工人阶级的网络社会》，广西师范大学出版社2013年版，第238页。

使用的内容与质量。"①

四 新媒体与农民工的信息化路径

(一) 新媒体之于农民工的双向意义

新媒体是农民工在信息社会面临的一大挑战。根本原因在于新媒体颠覆式地重构了从社会生活到个人发展的规则,随着技术的进步,不掌握新媒体的个体将会逐渐被排挤出现代生活的场域。最直观的例子是推行网上购票之初,农民工受到的现实冲击令人震惊,因为没有掌握网络购票的渠道或方法,他们在新技术的小小动作之下就手足无措。这只是冰山一角。拥有新媒体并不等于能有效运用新媒体,由于缺乏相应的学校教育或系统培训,农民工对于新媒体的使用更多地停留在休闲层面,而对于新媒体事关个人职业发展、视野提升和生活便利的深层应用,农民工难以企及。因此,如何有效运用新媒体助力个人发展而不至被抛出信息社会,是农民工面临的一项重大挑战。

另外,新媒体对于农民工而言也是新的机遇。如前文所述,目前手机、互联网等新媒体在农民工群体中具有相当高的普及率,比起电视、报纸、杂志等传统媒体,其可获得性大大提高,这就解决了信息获取的硬件问题。同时,由于新生代农民工在农民工整体中所占比例持续上升和这一群体的相对优势,如比起上一代农民工,新生代更年轻,更易于接受新生事物,学历也更高,② 这意味着他们的信息获取能力要优于老一代,如果使用得当,新媒体服务于农民工的效能会更高,更有利于为其城市发展引入新的资源。

---

① 夏铸九:《信息化社会与认同的运动》,载 [美] 曼纽尔·卡斯特《网络社会的崛起》,夏铸九、王志弘等译,社会科学文献出版社2001年版,第2页。
② 《2013年全国农民工监测报告》显示,高中及以上文化程度的新生代农民工占三分之一,比老一代农民工高19.2%。

（二）新媒体与农民工的信息化

如同媒体技术的发展及其社会后果从来都是多种力量整合的结果一样，新媒体之于农民工信息化的实现路径也将由政府、市场、社会、媒体业界及农民工自身合作达成。基于新媒体的独特优势，在新媒体技术条件下推进农民工信息化进程的有效路径有以下几条。

第一，利用新媒体的空间拓展优势，增加对农民工的信息供给。

传统媒体时代，受限于版面、频率等媒介播出资源，加之市场化媒体的功利取向，导致媒体对农民工的集体漠视。新媒体技术带来的重大改变之一就是媒介空间的无限延伸，这也为农民工信息供给的增加提供了技术前提。

传播实践中已有回响。除第四章提到的各种由国家"三农"工程项目、各级政府、工会系统以及民间组织、企业所开办的农民工网站外，2009年以来，依托新媒体技术的多种类型的农民工信息服务平台开始出现。2009年，新华网联合中华全国总工会新闻中心、《半月谈》杂志社创办国内首份以农民工群体为主要阅读对象的手机报——《打工E族》，两会期间每天播发一期，免费赠送，农民工可通过这一平台关注两会、参与两会话题讨论。2011年，共青团北京市西城区委开通《融爱西城》手机报，为工作生活在西城区的农民工提供时事、就业培训、维权、文化等内容的资讯。2013年湖北推出首家农民工打工综合信息服务平台，利用湖北垄上频道、《打工服务社》栏目、打工手机报、965333呼叫中心等载体，通过多渠道传播、三屏互动、三网融合等手段，为农民工提供信息、培训、维权、生活等服务。类似的还有2013年年底《广西工人报》依托自治区总工会建立的"职工在线"维权咨询服务平台，建设了"桂工网"工会新闻门户网站、职工（农民工）在线培训公共服务平台、"职工电子书屋"服务平台、"职工婚恋公益联盟"网络平台。劳动午报社开通"劳动手机报"，面向农民工免费推送信息，并联合 12351 职工服务热线、市总工会法律服务中心、工会婚姻家庭协会、职工体育服务中心等工会文体阵地，开展服务农民工的活动。除上述综合类信息服务提供外，还出现了各种针对农民工不同需求的专业类网站，如贵州省农村信用社联合社安顺办事处开办的农民工金融服务网（http：//www.nmgjrfw.com/portal.php）、成都永盟软件发展有限公司面向女性农民工推出的大型网络交友平台"淘男网"（http：//www.51taonan.com/zhiye/nongmingong/zhenghun）、中国移动推出专为农民工求职服务的专区"务工易"（http：//12582.10086.cn/Main/job）等。上述各类传播实践都是基于对新媒体技术和平台的运用，在定向为农民工提供信息方面有所开拓。不过，这类实践的实际收效尚难确证，即有多少农民工在多大程度上从中受益，尚缺乏验证。

第二，开发针对农民工的新媒体技术应用，增加信息沟通渠道，增强信息获取的便利性，如针对农民工的 App 应用、专用手机浏览器等。

信息工具使用的便利性也会影响信息获取质量。已有政府、企业和科研机构注意到了农民工使用新媒体的特殊性，定向开发产品，便利其使用。如 2014 年上半年，重庆市人力社保局为了方便农民工，特别是年轻的农民工找工作，联合企业开发了手机 App 软件。农民工登录重庆就业网（http：//cqjy.cqhrss.gov.cn），点击"春风行动"专栏，就可以在网上找工作。同时，安卓系统手机还可下载"易打工" App 软件，随时了解最新岗位信息。[1] 电子科大也专门开发了帮助农民工找工作的 App 应用。[2] 这类 App 目前已有不少，如"拉一把"（专注

---

[1] 汪一阳：《我市将举办 267 场招聘会帮助农民工在家门口找工作》，http：//www.cqwb.com.cn/cqwb/html/2014-02/12，2014 年 9 月 9 日。

[2] 江浪莎：《电子科大开发 App 帮农民工找工作》，http：//e.chengdu.cn/html/2014-05/22，2014 年 9 月 9 日。

于基建行业农民工招聘，解决农民工无法就业，用工方无法及时补充工人的问题）、"太公民工"（民工通过 App 打卡考勤、获取工资，致力于解决农民工工资支付的问题）、"民工宝"（为农民工打造的求职招聘 App）、"农民贡"（农民工电商平台，提供水电、装修维修、家电保洁、建筑劳务等服务）、"工友工人端"（具有工程项目招聘、农民工工资发放、农民工培训等功能）、"快工帮"（帮老板招工，帮工地工人找老板）等。此外，浏览器厂商欧朋（Opera）开发的浏览器 Lite 专为键盘机型而设计，不仅对手机硬件要求低，还能节省 90% 的手机上网花费。[①] 但存在的问题有两点。一是这类技术开发是基于政府驱动或是企业、科研机构出于社会公益事业理念所采取的零星行为，缺乏足够的市场动力来保证这类行动的持续性。二是很多 App 的实际使用状况并不理想，前面提到的"拉一把"等几个还在运营中的 App 应用都只有不到一万次的下载安装量。这一方面与农民工的媒体使用习惯有关，另一方面也与产品本身的市场适应性或对用户的吸引力有关。如何解决针对农民工的新媒体技术服务的动力问题，是这一路径选择的关键。

第三，提升农民工的"数字素养"，系统性地建构农民工新媒体使用技能培训工程。

类似于"一体化的农民工信息服务系统"这样的政策思路，是从外部入手来促进农民工信息化的方案，即从供方入手。目前政府已有的信息化政策也以此为特色，即强调信息传输的硬件建设，而相对忽视对人的信息使用能力建设。经典的"知沟"理论证明，对于知识的习得，起关键作用的是知识获取习惯、社会经济地位尤其是教育程度等个体内在因素。农民工信息化问题同样如此，要加快农民工信息化

[①] 《欧朋拓展不怕弯腰，让农民工手机也能上网》，http：//digi.tech.qq.com/a/20120503/001760.htm，2014 年 9 月 9 日。

的进程，不仅需要以丰富信息内容为目标的举措，更需要从改善农民工自身信息获取能力出发的针对性服务。当前农民工信息化政策的主要问题就在于过于重视前者而忽视后者。研究表明，人们所具有的传播技能的不同，会影响到他们参与数字传播实践的程度。① 因此，传播技能培训格外重要。② 做好对农民工新媒体使用技能的培训，使其切实掌握以新媒体服务自身发展的方法、路径并形成良好的使用习惯，将是促进农民工信息化现实且有力的途径。政府部门或社会组织对此已有零星尝试，如上海市开展"万名新生代农民工绿色网上行"大型公益培训活动。③ 但这样的培训一是尚未成为常规制度，未形成规模，覆盖的人群还远远不够；二是缺乏系统性，既没有符合农民工特点的通用教材，也没有起码的教学效果评估。因此，建立常规、系统、覆盖全国的农民工新媒体使用技能培训是推进农民工信息化的重要内容。

第四，提供农民工网上创业的政策支持，通过鼓励和扶持一批农民工利用新媒体切实服务个人发展并收到实效，对更广大的农民工群体起到示范效应。

在实地调研中发现，相当一部分新生代农民工对于互联网在现代生活中的重要性已有充分认识，也有通过这个平台来谋求发展的愿望，尤其是对网上创业表现出极大兴趣。但囿于技术和成本，他们采取实际行动的魄力还不够。这时，来自政府的政策扶持就很重要。2012年7月，广东省工商局印发实施《关于鼓励支持广东省网络商品及有关服务健康发展的若干意见》（以下简称《意见》），正式出台23条措施扶持高校毕

---

① Ellen Helsper, Rebecca Eynon, "Pathways to Digital Literacy and Engagement", *European Journal of Communication*, Vol. 28, No. 6, 2013.

② David Buckingham, "Digital Media Literacies: Rethinking Media Education in the Age of the Internet", *Research in Comparative and International Education*, Vol. 2, No. 1, 2007.

③ 蒋培玲：《让更多农民工跨过"数字鸿沟"》，《农民日报》2012年11月10日第5版。

业生、返乡农民工、下岗失业人员、残疾人、退役军人等人员开办网店。上述人员开办网店从事网上经营,并申办为个体工商户的,一律免收登记费;对属于小微企业的,实施登记费用减免优惠。① 广东省得风气之先,这一举措是对新媒体发展条件下农民工现实需求的政策回应。2015年《国务院办公厅关于支持农民工等人员返乡创业的意见》明确提出"继续深化和扩大电子商务进农村综合示范县工作,推动信息入户,引导和鼓励电子商务交易平台渠道下沉,带动返乡人员依托其平台和经营网络创业"。这将为农民工利用新媒体技术经营致富提供政策保障。农民工非常注重实效,只有确认有回报的投资,他们才有尝试的动力,并且也很容易受到身边人的影响。因此,鼓励和扶持一批农民工利用新媒体来实现个人发展,也会对更广大的农民工起到示范效应。值得注意的是,对于农民工群体的网上创业政策扶持是需要不断跟进和更新的,在解决了信息入户、渠道下沉等接口端问题的同时,与其配套的包括新媒体营销培训在内的各种创业软件支撑同样重要。

以互联网和手机为代表的新媒体是农民工在快速推进的信息化浪潮中所面对的新的机遇和挑战,如何趋利去弊,也是对学术界、政府、媒体、社会组织提出的一个重要课题。目前新生代农民工对于互联网新媒体的使用仍处于"初级阶段",他们既能够运用其基本功能,也对其巨大潜力有所感知和期待,但缺乏方法与路径上的更进一步,实现对互联网更多元和深入的运用,以更好地服务于个人职业发展和提升生活质量。而这难以跨越的一步,恰好是国家公共服务应予以投入的领域。基于新媒体的技术特性,从信息的供方和需方两方入手,通过以下手段推进农民工信息化进程。一是利用新媒体增加信息供给,优化信息接收渠道;二是增强农民工的数字素养,有计划、有系统地开

---

① 刘烨:《粤工商出台23条措施鼓励开网店创业》,http://finance.chinanews.com/it/2012/07-25,2014年9月10日。

展新生代农民工互联网使用培训；三是通过政策扶持鼓励农民工利用新媒体服务个人发展，对农民工网上创业予以政策扶持；四是从新生代农民工队伍中培养优秀人才来搭建不同类型的特色网络平台或社区以为本群体服务；等等。现在国家对农民工信息政策的重点应是重视完善基础设施、提供信息内容与教授使用方法并重，只有这样才能帮助农民工真正分享互联网新技术带来的发展机会，也可同步提高业余生活质量。如何将上述路径整合起来形成有系统的农民工信息化建设服务包，是政策制定部门需要认真考量的问题。

　　工业社会见证了传统媒体的兴盛，信息社会则以数字化、智能化新媒体的强势为突出特征。在传统媒体时代，中国的农民工阶层遭受被漠视、污名化、话语空间受挤压、利益表达受限制的际遇。在新媒体时代，农民工阶层与新媒体的关系也发生改变，一方面，这一阶层开始拥有自身的话语工具和发展工具，尽管仍然步履维艰，但也有了改变自身命运的更大可能性；另一方面，由于对技术的疏离和缺乏良好的使用习惯，农民工阶层也面临更大的被信息社会抛弃的风险。

　　对于这个在信息社会仍然处于弱势地位的阶层而言，如何借力新媒体成为信息经济时代主动的受益者，是摆在农民工自身以及学术界、政府、媒体和社会组织面前的共同课题，构建以新媒体运用为核心的农民工信息化指标体系，无疑具有战略意义。此外，如何在新媒体场域之外，让农民工拥有自身的话语空间并能够进行充分的利益表达，同时还原其作为中国社会主义建设者和为中国工业化、城市化进程做出重要贡献的群体的正当面貌，也是传媒行业应该严肃思考的议题。

本章小结

　　与中国农民工阶层的兴起和发展同步的，既有大众传媒对其的种种助力，也有其难以超越媒介困境的现实。这一媒介困境会进一步加深其生存和发展困境。因此，突破农民工阶层的媒介困境也自然成为解决农民工问题的一条重要路径。

若要解除农民工阶层所处的媒介困境或减轻其程度，就媒介自身而言，根本之道在于倡导各类媒体对农民工阶层的更多关注和对后者权益的积极维护，以构建维护性媒介作为对抗媒介施以弱势阶层的不合理行为的路径。同时，农民工阶层媒介困境的消解还需在媒介系统之外的更大场域中寻求破局之道，这便是在作为农民工阶层和大众传媒主体栖居地的城市空间和整个社会空间中呼吁正义，是为对包容性城市和保护性社会的诉求。此外，在信息成为新型发展资源的当今社会，农民工阶层信息化建设对于突破农民工阶层的媒介困境具有基础性意义。

结　　语

　　阶级阶层结构是社会结构的核心部分，阶级阶层结构的转型是整个社会转型的核心过程之一。[①] 把握社会阶级阶层结构变迁是把握社会变迁的重要路径。从媒介的视角看社会阶级阶层结构变迁，为我们理解社会变迁提供了"媒介"和"传播"的维度。

　　本书从媒介与阶层的关系入手，分析了以传统媒体和互联网新媒体为主要构成的大众传媒在中国农民工阶层兴起与发展的过程中所起的作用，为更多元地理解农民工阶层和农民工问题的过去、现在与未来，呈现了来自话语、符号、媒介技术等角度的解读。可以看到，农民工阶层的兴起不仅仅是一种社会现象、经济现象、政治现象和文化现象，它也是一种传播现象——大众传媒整合多种力量，为一个新兴社会阶层进行公开的"命名"；通过多样的形式，建构起"农民工"这一身份群体的符号形象；以自身特有的方式为农民工阶层构建利益表达的话语空间；作为一种信息采集、沟通和赋能的应用工具，成为农民工阶层实现社会发展的依托力量之一。从大众传媒在上述层面的具体效用来看，一方面，其在宣示一个阶层的出场上尽到应尽之责，

---

① 李路路：《改革开放 40 年中国社会阶层结构的变迁》，《武汉大学学报》（哲学社会科学版）2019 年第 1 期。

通过"命名"和"形塑",在农民工社会地位的任何一个或大或小的转变之时快速反应,甚至是引领和推动社会对农民工的认识更新,在不同的媒介载体上积极呈现和塑造这一阶层的社会形象。同时,或开辟专属于农民工的话语空间,或在报道中强化对这一阶层议题的报道,以实践对于一个新兴阶层的话语空间"分配"和构建在大众传媒场域空间内的阶层对话。互联网新媒体则以其突出的应用特性开始更明确地作用于农民工的社会发展,成为这一新兴阶层在城市化、信息化进程中保持发展态势的重要依托。另一方面,整个媒介话语空间中农民工阶层的弱势——从被命名过程中的主体缺位和被以其反感的称谓所定义、一度被赋予负面形象,到被挤压的话语空间和受限的利益表达,再到与精英阶层和城市人群的网络社会区隔,媒介又体现出其话语霸权和再生产甚至是扩大社会不平等的效应。

这种基于传播的力量嵌套在政治、经济、社会和文化生活之中,以其自身特有的方式作用于包括农民工阶层兴起在内的中国社会整体变迁的过程。第一,大众传媒对农民工阶层的观察、想象和呈现,构成整体性社会知识的一部分,既作用于农民工的自我认知,也作用于农民工之外的其他社会构成对这一阶层的认知,由此作用于不同社会阶层之间的相互关系。第二,大众传媒所赋予农民工阶层的符号资本、文化资本和话语权直接影响到他们的利益表达,并进而作用于其在劳动用工、经济报酬、社会保障等多个领域的现实权益,最终影响到社会政治、经济的整体状态。第三,农民工阶层在大众传媒场域的自我书写和他者书写共同构成社会文化景观的一部分。第四,以互联网技术为代表的媒介技术作为信息社会的基本应用,在农民工阶层的社会发展中扮演着举足轻重的角色,由此既在一定程度上影响着农民工阶层的生存状态,也决定着农民工阶层与其他社会阶层的相对发展格局,从而对整体社会格局产生影响。第五,农民工阶层对大众传媒的想象、认知、态度和使用，也多少参与形塑了媒介场域的文化景观与权力结构，尽管与大众传媒之于农民工阶层的影响相比，这种反向的作用似乎不是那么明显和有力。值得注意的是，随着新媒介场景下"用户"对"受众"身份的取代和新媒介技术下沉所带来的"底层"用户的壮大，农民工阶层之于媒介场域的影响或许会超越过往的范式。

整体而言，若以中国社会与以英美为代表的西方社会做对比，"建构"、"对话"和"知沟"范式是解释中国改革开放后新兴社会阶层与大众传媒间关系的主要范式。这也是中国实践所呈现出的媒介与阶层间关系的结构性特点，区别于以英美为代表的西方社会经验。当然，从中国社会内部来看，以大众传媒在中产阶层兴起过程中的角色扮演做对比，会发现媒介—农民工关系中显而易见的"对话"范式的势弱，即虽然媒体对农民工议题的大量报道以及对农民工问题的呼吁在一定程度上可以理解为媒体替代农民工阶层与其他阶层的沟通和对话，但这一过程中明显的主体缺位和整体公共话语空间中农民工份额的稀少，都使得这种"对话"有天然的缺陷。这与改革开放后中国中产阶层兴起之际，大众传媒对这一阶层热切的话语建构和话语空间开拓形成了鲜明对比。

因此，媒介与阶层的关系是复杂的，无论是在不同的社会制度形态及建基其上的媒介制度条件下，或是同样的社会制度形态之下面对不同的社会阶层，媒介—阶层关系都呈现出不同的样态。但无论如何，借助媒介传播和赋权的力量促进不同社会阶层的对话而非制造冲突，缩小信息传播的不平等而非放任其不断扩大，在追求媒介正义的道路上助力构建正义城市和正义社会，都应是媒介事业努力的方向，也是传播活动作为一项人类主动行为的价值追求。

参考文献

一 中文专著

包亚明主编:《现代性与空间的生产》,上海教育出版社 2003 年版。

陈安民、刘晓霞等:《中国农民工——历史与现实的思考》,华龄出版社 2006 年版。

崔传义:《中国农民流动观察》,山西经济出版社 2004 年版。

党静萍、欧宁、徐春英:《城镇化进程中农民工媒介素养与利益表达研究》,中国社会科学出版社 2015 年版。

甘满堂:《农民工改变中国:农村劳动力转移与城乡协调发展》,社会科学文献出版社 2011 年版。

韩长赋:《中国农民工的发展与终结》,中国人民大学出版社 2007 年版。

何晶:《大众传媒与中国中产阶层的兴起:报刊媒介话语中的中产阶层》,中国社会科学出版社 2009 年版。

胡正荣、李煜主编:《社会透镜:新中国媒介变迁六十年:1949—2009》,清华大学出版社 2010 年版。

扈海鹂:《解读大众文化:在社会学的视野中》,上海人民出版社 2003 年版。

李红艳：《观看与被看　凝视与权力——改革开放以来媒介与农民工关系研究》，中国言实出版社 2016 年版。

李培林、李强、孙立平等：《中国社会分层》，社会科学文献出版社 2004 年版。

李强：《农民工与中国社会分层（第二版）》，社会科学文献出版社 2012 年版。

李强：《当代中国社会分层》，生活·读书·新知三联书店、生活书店出版有限公司 2019 年版。

李学孟：《媒介正义论纲》，吉林出版集团股份有限公司 2016 年版。

厉以宁主编：《中国道路与农民工创业》，商务印书馆 2017 年版。

厉以宁、林毅夫、周其仁等：《读懂中国改革.1，新一轮改革的战略和路线图》，中信出版社 2017 年版。

廉思：《中国青年发展报告（2013）No.1——城市新移民的崛起》，社会科学文献出版社 2013 年版。

刘成斌：《农民工的终结：基于社会成本与城镇化背景的考察》，社会科学文献出版社 2017 年版。

柳冬妩：《打工文学的整体观察》，花城出版社出版 2012 年版。

陆学艺主编：《当代中国社会流动》，社会科学文献出版社 2004 年版。

孟繁华：《传媒与文化领导权——当代中国的文化生产与文化认同》，山东教育出版社 2003 年版。

潘西华：《葛兰西文化领导权思想研究》，社会科学文献出版社 2012 年版。

邱林川：《信息时代的世界工厂：新工人阶级的网络社会》，广西师范大学出版社 2013 年版。

任政：《空间正义论：正义的重构与空间生产的批判》，上海社会科学院出版社 2018 年版。

史国衡：《昆厂劳工》，商务印书馆 1946 年版。

陶建杰：《中国新生代农民工研究：信息获取与传播的角度》，上海交通大学出版社2016年版。

汪晖、陈燕谷主编：《文化与公共性》，生活·读书·新知三联书店1998年版。

温铁军：《"三农"问题与制度变迁》，中国经济出版社2009年版。

吴廷俊主编：《中国新闻传播史（1978—2008）》，复旦大学出版社2011年版。

谢建社：《新产业工人阶层——社会转型中的农民工》，社会科学文献出版社2012年版。

于建嵘：《抗争性政治：中国政治社会学基本问题》，人民出版社2010年版。

张天勇、王蜜：《城市化与空间正义——我国城市化的问题批判与未来走向》，人民出版社2015年版。

赵月枝：《传播与社会：政治经济与文化分析》，中国传媒大学出版社2011年版。

郑杭生、李路路等：《当代中国城市社会结构：现状与趋势》，中国人民大学出版社2004年版。

郑小琼：《女工记》，花城出版社2012年版。

郑欣等：《进城：传播学视野下的新生代农民工》，社会科学文献出版社2018年版。

周宏仁：《信息化论》，人民出版社2008年版。

二　中文译著

[德] 阿克塞尔·霍耐特：《为承认而斗争》，胡继华译，上海世纪出版集团上海人民出版社2005年版。

[印度] 阿马蒂亚·森：《以自由看待发展》，任赜、于真译，中国人

民大学出版社 2012 年版。

[美] Edward W. Soja：《第三空间——去往洛杉矶和其他真实和想象地方的旅程》，陆扬等译，上海教育出版社 2005 年版。

[瑞典] 博·罗思坦：《正义的制度：全民福利国家的道德和政治逻辑》，靳继东、丁浩译，中国人民大学出版社 2017 年版。

[英] 弗兰克·韦伯斯特：《信息社会理论》（第三版），曹晋、梁静、李哲等译，北京大学出版社 2011 年版。

[德] 哈贝马斯：《公共领域的结构转型》，曹卫东等译，学林出版社 1999 年版。

[法] 亨利·列斐伏尔：《空间与政治》（第二版），李春译，上海人民出版社 2015 年版。

[美] C.莱特·米尔斯：《白领：美国的中产阶级》（第 2 版），周晓虹译，南京大学出版社 2016 年版。

[英] 罗丝玛丽·克朗普顿：《阶级与分层》（第三版），陈光金译，复旦大学出版社 2011 年版。

[美] 曼纽尔·卡斯特：《千年终结》，夏铸九、黄慧琦等译，社会科学文献出版社 2003 年版。

[美] 南茜·弗雷泽、[德] 阿克塞尔·霍耐特：《再分配，还是承认？——一个政治哲学对话》，周穗明译，上海人民出版社 2009 年版。

[美] 倪志伟、[德] 欧索菲：《自下而上的变革：中国的市场化转型》，阎海峰、尤树洋译，北京大学出版社 2016 年版。

[法] 皮埃尔·布尔迪厄：《区分：判断力的社会批判》，刘晖译，商务印书馆 2015 年版。

[美] 苏珊·S.费恩斯坦：《正义城市》，武烜译，社会科学文献出版社 2016 年版。

[英] E. P. 汤普森：《英国工人阶级的形成》，钱乘旦等译，译林出版社 2013 年版。

[古希腊] 亚里士多德：《政治学》，吴寿彭译，商务印书馆 1996 年版。

[美] 约翰·罗尔斯：《正义论（修订版）》，何怀宏、何包钢、廖申白译，中国社会科学出版社 2009 年版。

三　中文论文

安建华：《工人阶级内部的阶层差异》，《社会学研究》1994 年第 6 期。

邴正、蔡禾、洪大用等：《"转型与发展：中国社会建设四十年"笔谈》，《社会》2018 年第 6 期。

曹晋：《传播技术与社会性别：以流移上海的家政钟点女工的手机使用分析为例》，《新闻与传播研究》2009 年第 1 期。

陈超：《当代文学境遇中的"候鸟"踪迹——城市化进程中"打工文学"的生产、撒播与移植》，《甘肃社会科学》2012 年第 2 期。

陈刚、王卿：《从"寻求生存"到"渴望承认"：媒介"凝视"与农民工主体性身份再建构》，《新闻界》2019 年第 2 期。

陈红梅：《大众媒介与社会边缘群体的关系研究——以拖欠农民工工资报道为例》，《新闻大学》2004 年第 1 期。

陈建胜：《新闻传媒：弱势群体的利益表达渠道》，《新闻大学》2007 年第 3 期。

陈娟、汪金刚：《视角·话语·内容：农民工城市融入的传播研究——以广州为个案》，《现代传播》2016 年第 5 期。

陈韵博：《新一代农民工使用 QQ 建立的社会网络分析》，《国际新闻界》2010 年第 8 期。

池子华：《中国"民工潮"的历史考察》，《社会学研究》1998 年第 4 期。

戴锦华：《大众文化的隐形政治学》，《天涯》1999 年第 2 期。

丁未、宋晨：《在路上：手机与农民工自主性的获得——以西部双峰村农民工求职经历为个案》，《现代传播》2010 年第 9 期。

丁未、田阡：《流动的家园：新媒介技术与农民工社会关系个案研究》，《新闻与传播研究》2009 年第 1 期。

段京肃：《社会的阶层分化与媒介的控制权和使用权》，《厦门大学学报》（哲学社会科学版）2004 年第 1 期。

冯资荣、王桃花：《央视春晚中农民工形象的审美流变》，《当代电视》2011 年第 9 期。

韩德信：《城镇化与当代打工文学》，《中国现代文学研究丛刊》2013 年第 10 期。

贺芒：《〈佛山文艺〉与打工文学的生产》，《文艺争鸣》2009 年第 11 期。

贺雪峰：《改革开放以来国家与农民关系的变迁》，《南京农业大学学报》（社会科学版）2018 年第 6 期。

黄玉顺：《中国正义论纲要》，《四川大学学报》（哲学社会科学版）2009 年第 5 期。

雷蔚真：《信息传播技术采纳在北京外来农民工城市融合过程中的作用探析》，《新闻与传播研究》2010 年第 2 期。

李红艳：《手机：信息交流中社会关系的建构——新生代农民工手机行为研究》，《中国青年研究》2011 年第 5 期。

李敬泽：《当代变革中的自我认识重构——序杨宏海主编〈打工文学评论集〉》，《文艺争鸣》2010 年第 15 期。

李良荣、窦锋昌：《中国新闻改革 40 年：以市场化为中心的考察——基于〈广州日报〉的个案研究》，《新闻与传播评论》2019 年第 3 期。

李灵灵：《媒介变迁与作家群落分化——以打工文学为例》，《文艺争鸣》

2016 年第 12 期。

李路路:《改革开放 40 年中国社会阶层结构的变迁》,《武汉大学学报》（哲学社会科学版）2019 年第 1 期。

李宁:《社会正义视角下弱势群体的保护》,《东岳论丛》2015 年第 4 期。

李培林:《改革开放近 40 年来我国阶级阶层结构的变动、问题和对策》,《中共中央党校学报》2017 年第 6 期。

李培林:《流动民工的社会网络和社会地位》,《社会学研究》1996 年第 4 期。

李树桥:《公民表达权：政治体制改革的前提》,《中国改革》2007 年第 12 期。

李新、刘雨:《当代文化视野中的打工文学与底层叙事》,《东北师大学报》（哲学社会科学版）2009 年第 3 期。

李雪梅:《他者视域中农民工形象的现代性缺失》,《当代文坛》2007 年第 3 期。

李艳红:《一个"差异人群"的群体素描与社会身份建构：当代城市报纸对"农民工"新闻报道的叙事分析》,《新闻与传播研究》2006 年第 2 期。

李卓、左停:《改革开放 40 年来中国农民工问题研究：回顾、反思与展望》,《云南社会科学》2018 年第 6 期。

刘剑:《阶级分析在中国的式微与回归》,《开放时代》2012 年第 9 期。

刘文瑾:《一个话语的寓言——市场逻辑与 90 年代中国大众传媒话语空间的构造》,《新闻与传播研究》1999 年第 2 期。

刘欣、田丰:《社会结构研究 40 年：中国社会学研究者的探索》,《江苏社会科学》2018 年第 4 期。

陆学艺:《重新认识农民问题——十年来中国农民的变化》,《社会学研究》1989 年第 6 期。

蒙晨、邹农俭：《关于亦工亦农阶层状况的调查》，《人口学刊》1985年第4期。

蒙晨、邹农俭：《新的产业　新的阶层　新的社会变化——弶港镇新工人阶层的调查研究》，《社会》1985年第3期。

齐管：《煤矿掘进的新用工形式——对平顶山矿使用农村副业队承包井下工程的调查》，《劳动工作》1981年第6期。

齐同舟、李红涛：《农民工社会处境的再现：一个弱势群体的媒体投影》，《新闻大学》2005年第4期。

沈原：《社会转型与工人阶级的再形成》，《社会学研究》2006年第2期。

苏奎：《女性"城市外来者"形象研究》，《当代文坛》2010年第4期。

苏林森：《被再现的他者：中国工人群体的媒介形象》，《国际新闻界》2013年第8期。

孙皖宁、苗伟山：《底层中国：不平等、媒体和文化政治》，《开放时代》2016年第2期。

孙玮：《多重视角中的媒介分层现象》，《新闻大学》2002年第3期。

孙中伟、刘林平：《中国农民工问题与研究四十年：从"剩余劳动力"到"城市新移民"》，《学术月刊》2018年第11期。

滕朋：《建构与赋权：城市主流媒体中的农民工镜像》，《西安交通大学学报》（社会科学版）2015年第1期。

田丰：《逆成长：农民工社会经济地位的十年变化（2006—2015）》，《社会学研究》2017年第3期。

汪晖、许燕：《"去政治化的政治"与大众传媒的公共性——汪晖教授访谈》，《甘肃社会科学》2006年第4期。

汪建华：《互联网动员与代工厂工人集体抗争》，《开放时代》2011年第11期。

汪勇：《"农民工"称谓的历史演变及其启示》，《南京社会科学》2007年第11期。

王春光：《农民工：一个正在崛起的新工人阶层》，《学习与探索》2005年第1期。

王道勇：《社会称谓视角下的农民工社会形象变迁》，《中州学刊》2016年第1期。

王立新：《试论我国社会分层中人民利益表达制度的建构》，《社会科学》2003年第10期。

王臻荣、常轶军：《论社会主义和谐社会视野下的公民利益表达》，《政治学研究》2007年第2期。

魏强、庄友刚：《城市正义的历史生成与中国建构》，《理论与改革》2019年第4期。

卫凤瑾：《大众传媒与农民话语权——从农民工"跳楼秀"谈起》，《新闻与传播研究》2004年第2期。

夏洁秋：《相互承认的表达：公共政策过程中的大众传媒功能》，《南京社会科学》2007年第9期。

夏倩芳、景义新：《社会转型与工人群体的媒介表达——〈工人日报〉1979—2008年工人议题报道之分析》，《新闻与传播评论》2008年第1期。

徐明华、盛世豪、白小虎：《中国的三元社会结构与城乡一体化发展》，《经济学家》2003年第6期。

徐湛、郑欣：《镜头里的正能量：新闻图片对农民工形象的塑造及变迁——以〈人民日报〉（1980—2012）为例》，《新闻界》2013年第6期。

徐志达、庄锡福：《新生代农民工政治参与：从非制度化到制度化》，《党政干部论坛》2011年第3期。

许向东:《试论农民工报道中传播者的偏见与歧视现象》,《国际新闻界》2008年第2期。

许学峰、任孟山、武闽:《城市农民工群体的传媒境遇及其成因》,《现代传播》2009年第4期。

杨宏海:《"打工文学"的历史记忆》,《南方文坛》2013年第2期。

杨嫚:《消费与身份构建:一项关于武汉新生代农民工手机使用的研究》,《新闻与传播研究》2011年第6期。

杨善华、朱伟志:《手机:全球化背景下的"主动"选择——珠三角地区农民工手机消费的文化和心态解读》,《广东社会科学》2006年第2期。

杨晓军:《农民工对经济增长贡献与成果分享》,《中国人口科学》2012年第6期。

杨正喜、唐鸣:《论新时期农民利益表达机制的构建》,《政治学研究》2006年第2期。

叶继红、王元元:《城市融入进程中的农民工传媒话语缺失与重构》,《重庆社会科学》2009年第10期。

殷冬水、周光辉:《利益表达平衡:社会正义的内在要求——我国社会不公发生逻辑与社会正义实现方式的政治学分析》,《江汉论坛》2013年第2期。

郁勤:《无名者的话语空间——以1990—2012年间的〈江门文艺〉为例》,《五邑大学学报》(社会科学版)2015年第2期。

于文辉、张琪、厉倩:《从城市边缘人到新市民——35年,中国电影农民工形象的变迁》,《中国工人》2014年第11期。

袁靖华:《论媒介正义的概念及其维度——基于拉斯韦尔"5W"传播模式》,《国际新闻界》2012年第4期。

曾润喜、刘琼:《公共议题的媒体建构与政策变迁:基于农民工媒介形象》,《现代传播（中国传媒大学学报）》2017年第4期。

张立新:《由"负重"到"失重"——城市化进程中的"农民工"文学形象嬗变》,《文艺理论研究》2014年第2期。

张一文:《打工文学独特传播方式研究》,《传奇·传记文学选刊（理论研究）》2012年第3期。

赵月枝、吴畅畅:《网络时代社会主义文化领导权的重建?——国家、知识分子与工人阶级政治传播》,《开放时代》2016年第1期。

赵月枝:《构建社会主义媒体的公共性和文化自主性?——重庆卫视改革引发的思考》,《新闻大学》2011年第3期。

周葆华:《新媒体与中国新生代农民工的意见表达——以上海为例的实证研究》,《当代传播》2013年第2期。

四 外文专著

Andrew Calabrese and Colin Sparks, eds., *Toward A Political Economy of Culture: Capitalism and Communication in the Twenty-First Century*, Lanham: Rowman and Littlefield Publishers, 2003.

Craig Calhoun ed., *Habermas and the Public Sphere*, Cambridge: The MIT Press, 1992.

Diana E. Kendall, *Framing Class: Media Representations of Wealth and Poverty in America*, 2nd ed., Lanham: Rowman & Littlefield Publishers, 2011.

Dorothea Kleine, *Technologies of Choice? ICTs, Development and the Capabilities Approach*, Cambridge, London: The MIT Press, 2013.

Greg Philo, *Seeing and Believing: The Influence of Television*, London: Routledge, 1990.

Gwendolyn A. Foster, *Class-Passing: Social Mobility in Film and Popular*

Culture, Carbondale: SIU Press, 2005.

Hagen Koo, *Korean Workers: The Culture and Politics of Class Formation*, Ithaca: Cornell University Press, 2001.

Mark Liechty, *Suitably Modern: Making Middle - Class Culture in A New Consumer Society*, Princeton: Princeton University Press, 2003.

Matthew B. Karush, *Culture of Class: Radio and Cinema in the Making of A Divided Argentina, 1920 - 1946*, Durham & London: Duke University Press, 2012.

Noam Chomsky, *Towards a New Cold War: Essays on the Current Crisis and How We Got There*, New York: Pantheon Books, 1982.

Richard M. Ohmann, *Selling Culture: Magazines, Markets, and Class at the Turn of the Century*, London, New York: Verso, 1996.

Stuart Hall, Dorothy Hobson, Andrew Lowe et al., eds., *Culture, Media, Language*, London: Hutchinson, 1980.

Troy Rondinone, *The Great Industrial War: Framing Class Conflict in the Media, 1865 - 1950*, New Brunswick, New Jersey and London: Rutgers University Press, 2010.

Vincent Mosco and Janet Wasko, *The Critical Communications Review (Vol. I): Labor, the Working Class, and the Media*, Norwood, New Jersey: Ablex Publishing Corporation, 1983.

Wanning Sun, *Subaltern China: Rural Migrants, Media, and Cultural Practices*, Lanham, Boulder, New York, London: Rowman & Littlefield, 2014.

五 外文论文

Ananda Mitra, "Voices of the Marginalized on the Internet: Examples from a

Website for Women of South Asia", *Journal of Communication*, Vol. 54, No. 3, 2004.

Bharat Mehra, Cecelia Merkel and Ann Peterson Bishop, "The Internet for Empowerment of Minority and Marginalized Users", *New Media & Society*, Vol. 6, No. 6, 2004.

Deepa Kumar, "Mass Media, Class, and Democracy: The Struggle over Newspaper Representation of the UPS Strike", *Critical Studies in Media Communication*, Vol. 18, No. 3, 2001.

Ellen Helsper and Rebecca Eynon, "Pathways to Digital Literacy and Engagement", *European Journal of Communication*, Vol. 28, No. 6, 2013.

Fen Lin, "Information Differentiation, Commercialization and Legal Reform: The Rise of a Three-dimensional State-media Regime in China", *Journalism Studies*, Vol. 13, No. 3, 2012.

Hun-Yul Lee, "At the Crossroads of Migrant Workers, Class and Media: A Case Study of A Migrant Workers' Television Project, Media", *Culture & Society*, Vol. 34, No. 3, 2012.

Jack Qiu, "Social Media on the Picket Line", *Media, Culture & Society*, Vol. 38, No. 4, 2016.

James F. Tracy, "'Smile While I Cut Your Throat': Mass Media, Myth, and the Contested 'Harmonization' of the Working Class", *Journal of Communication Inquiry*, Vol. 25, No. 3, 2001.

Jue Sun, "Her voice in the Making: ICTs and the Empowerment of Migrant Women in Pearl River Delta, China", *Asian Journal of Women's Studies*, Vol. 22, No. 4, 2016.

Nicole Zillien and Eszter Hargittai, "Digital Distinction: Status-Specific Types of Internet Usage", *Social Science Quarterly*, Vol. 90,

No. 2, June, 2009.

Rong Wang, "Internet Use and the Building of Social Capital for Development: A Network Perspective", *Information Technologies & International Development*, Vol. 11, No. 2, 2015.

Todd Wolfson and Peter N. Funke, "Communication, Class and Concentric Media Practices: Developing a Contemporary Rubric", *New Media & Society*, Vol. 16, No. 3, 2014.

Siyuan Yin, "Alternative Forms of Media, ICTs, and Underprivileged Groups in China", *Media, Culture & Society*, Vol. 40, No. 8, 2018.

Stockmann Danielaand Mary E. Gallagher, "Remote Control: How the Media Sustain Authoritarian Rule in China", *Comparative Political Studies*, Vol. 44, No. 4, 2011.

后　　记

　　本书是在过去我所做的关于农民工与大众传媒间关系实证研究部分成果的基础上形成的，有的内容已在学术期刊发表。这些研究都围绕着媒介与阶层这一核心主题展开。从博士学位论文写作算起，我对这一议题的关注已经有十多年的时间了。早期重点研究的是中国中产阶层与大众传媒的关系，2009年在博士学位论文基础上出版了《大众传媒与中国中产阶层的兴起：报刊媒介话语中的中产阶层》一书。其实在我读博期间对媒介与阶层这一主题产生兴趣之时，就有个朦胧的想法——要以中国在转型期出现的几个有代表性的社会阶层为对象，系统检视大众传媒在这些社会阶层兴起的过程中扮演的角色。所以最初研究中产阶层，后来是农民工阶层，因而也就有了眼前的这本书。

　　关于此书，在计划出版之前有所犹豫。一方面是随着研究的深入，越来越觉得农民工与传媒之间的关系涉及的面向太多，要想全面覆盖，很难。另一方面是媒介环境变化太快，新的媒介技术和平台不断涌现，尤其是这些年，媒介技术加速迭代，每出现一种新应用，似乎都在从特定的维度重构某种现实世界的场景和运行逻辑，几年前完成的研究已无法囊括眼下正在发生的大变化。对于这本书涉及的较早的研究而言，数据采集已经是五年前的事了。五年时间里媒介环境的变化不能说翻天覆地，但也是日新月异。五年前的数据还能说明现在的问题吗？仔细考虑后，我的看法是，就研究的包容性而言，虽然不能全面覆盖该主题之下的所有分析维度，但可以选取重点面向进行深入分析，通过几个关键点来观察全局，这在方法上是可行的，也有前例可循。关于数据的新鲜度问题，虽然数据是几年前的，但是通过这些数据反映出来的问题及其背后的影响因素依然存在，并具有相当的稳定性，所以核心命题依然成立。因此，便有了这本书的尝试，也算是我对媒介与阶层研究的阶段性成果汇报。之所以说是阶段性成果，是因为当下的文本还有很多遗憾，这些年虽然一直没有中断对这一主题的研究，但繁重的教学工作、琐碎的事务性工作和其他的研究任务让我无法将全部精力投入其中，加之个人能力有限，使得这项研究还有诸多不足之处。因此，一方面要恳请同行批评指正，另一方面还要继续耕耘，不断完善。

  我对于农民工阶层和大众传媒的关系研究，是从对农民工子女的媒介使用研究开始的。十多年前带着一群本科生去北京郊区的民工子弟学校做调查的情形还历历在目。从对农民工子女到新生代农民工再到整个农民工阶层相关议题的研究，陆续得到了中国青年政治学院、中国社会科学院大学科研项目、教育部人文社科研究基金和国家社科基金的支持。在十多年的研究过程中，我所指导的部分本科生和研究生也陆续参与了不同阶段的研究项目，他们通过这些项目积累了学术研究经验，有的以此为基础形成自己的研究项目，有的依托研究数据完成自己的学位论文，有的还得以在学术期刊发表相关论文。本书的第六章即基于我与过去指导的研究生晏齐宏合作发表的一篇文章。虽说面对刚刚开始接触学术研究的学生，领他们入门是一个颇具挑战的过程，大多数时候是刚刚上道就要"离开"课题（去毕业实习或者做毕业论文）了，但我很享受这个跟他们一起成长的过程。我也感谢过去的学生们尤其是部分研究生在收集、整理数据过程中提供的帮助，虽然这本书只用到了我们收集的大量数据中的很小一部分，但收集这些数据的过程中我们获得了更多数据之外的信息和感悟。我很怀念跟他们一起调研、讨论（不光是学术，还有很多其他的话题）、外出开会交流的快乐。我的那些可爱的研究生陈晨、昔蒙、甄毅、牟利、纯子、齐宏、丹丹、治国、晓冬、佳媛、金雕、美华、武文，还有思琪、彭楠都多多少少跟农民工与媒介研究发生过交集，但愿这些经历对他们未来的成长会有些许帮助。

我要感谢我所在的工作单位——中国青年政治学院和 2017 年在整合中国社会科学院、中国青年政治学院资源基础上组建的新大学——中国社会科学院大学，感谢他们一直以来对农民工阶层与大众传媒这个在新闻传播学科显得有些边缘的研究主题的支持。同时要感谢我的同事们，多年来工作上打交道的就是这群人，不知不觉将近二十年的时间就过去了，他们的友善、单纯、散淡、热情营造了一个舒服温暖的小环境，使我可以栖息在此。另一处同道精神家园就是"多闻雅集"，这个由李金铨教授倾力创建的学术社群，自 2005 年初创以来，近 15 年的时间里汇聚了一批新闻传播学界的中青年学人。我也与很多"多友"一样，在这里遇到了知音与挚友。这个社群的存在，使得寂寞的学术研究路多了陪伴、多了色彩。同时，"多友"中也不乏对农民工议题持续关注的同道，郑欣、葆华、艳红、红艳、建杰诸君的研究给了我很多启发，葆华、郑欣、海龙、顺铭、红艳曾给予我指点与帮助，李金铨老师给予我的研究与成长颇多鼓励，均感念在心。

当然，所有要感谢的人中，最重要的当属我的父母。从小到大领受他们给予我的毫无保留的爱与支持，这些让我永远有底气去追求自己想要的东西。我的弟弟，幼时是玩伴，长大是战友，一路前行，时常与我分享重要信息与观点。最特别的人是我的先生和孩子，这是人生旅途中命运的恩赐，与他们的相爱令我可以更从容地面对自己的生活与工作。应该说，家人的支持是我的研究工作能够顺利开展的重要基础。此外，也要感谢诸多亲友长久以来的关心、支持与帮助，他们不仅给我提供方方面面的支撑，也通过他们的故事和感受让我对自己所处的这个世界，有了更多基于一手资料的认识和思考，这些对我的研究工作有独特的助益。

我要感谢本书编辑杨康女士，她的专业与敬业使此书能够得以顺利出版。

最后，也是要特别致谢的是中国近3亿农民工兄弟，他们对中国社会发展的重要贡献已经在无数文献中被反复论证，作为我们中的一分子，他们的劳动成果就渗透在我们的衣食住行中。这本书，疏漏之处还有很多，因而不敢说是献给他们，权且就以这样一种关注来表达对他们的敬意吧！

何　晶

2019 年秋